AF554037

CÓMO GANAR AMIGOS E INFLUIR SOBRE LAS PERSONAS

Dale Carnegie

CÓMO GANAR AMIGOS E INFLUIR SOBRE LAS PERSONAS

El *bestseller* clásico del desarrollo personal

Si este libro le ha interesado y desea que le mantengamos informado de nuestras publicaciones, escríbanos indicándonos qué temas son de su interés (Astrología, Autoayuda, Ciencias Ocultas, Artes Marciales, Naturismo, Espiritualidad, Tradición...) y gustosamente le complaceremos.

Puede consultar nuestro catálogo en www.edicionesobelisco.com

Colección Estudios y Documentos
CÓMO GANAR AMIGOS E INFLUIR SOBRE LAS PERSONAS
Dale Carnegie

1.ª edición: abril de 2026

Título original: *How to Win Friends & Influence People*

Traducción: *Juli Peradejordi*
Corrección: *Ediciones Obelisco*
Diseño de cubierta: *Ediciones Obelisco*

© 2026, Ediciones Obelisco, S. L.
(Reservados los derechos para la presente edición)

Edita: Ediciones Obelisco, S. L.
Collita, 23-25. Pol. Ind. Molí de la Bastida
08191 Rubí - Barcelona - España
Tel. 93 309 85 253
E-mail: info@edicionesobelisco.com

ISBN: 978-84-1172-398-5
DL B 3874-2026

Impreso por CPI Black Print - Barcelona

Printed in Spain

Reservados todos los derechos. Ninguna parte de esta publicación, incluido el diseño de la cubierta, puede ser reproducida, almacenada, transmitida o utilizada en manera alguna por ningún medio, ya sea electrónico, químico, mecánico, óptico, de grabación o electrográfico, sin el previo consentimiento por escrito del editor.
Diríjase a CEDRO (Centro Español de Derechos Reprográficos, www.cedro.org) si necesita fotocopiar o escanear algún fragmento de esta obra

Este libro está dedicado a un hombre que no necesita leerlo: mi querido amigo Homer Croy.

OCHO OBJETIVOS QUE ESTE LIBRO TE AYUDARÁ A LOGRAR

Salir de la rutina mental, concebir nuevas ideas, adquirir nuevas perspectivas, descubrir nuevas ambiciones.

Hacer amigos de forma fácil y rápida.

◆

Aumentar tu popularidad.

◆

Lograr que los demás piensen como tú.

◆

Aumentar tu influencia, tu prestigio, tu habilidad para lograr que las cosas se hagan realidad.

◆

Gestionar bien las quejas, evitar las discusiones, mantener afables y agradables tus relaciones humanas.

◆

Convertirte en un mejor orador, en un conversador más ameno.

◆

Despertar entusiasmo entre tus socios y colaboradores.

◆

Este libro ha logrado todas estas cosas para más de diez millones de lectores en treinta y seis idiomas.

CÓMO (Y POR QUÉ) HE ESCRITO ESTE LIBRO

Durante los primeros treinta y cinco años del siglo XX, las editoriales de Estados Unidos imprimieron más de 200 000 libros diferentes. La mayoría de ellos eran mortalmente aburridos y muchos fueron fracasos financieros. «¿Muchos?», pregunté. El presidente de una de las editoriales más grandes del mundo me confesó que su compañía, después de 75 años de experiencia editorial, todavía perdía dinero en siete de cada ocho libros que publicaba.

¿Por qué, entonces, tenido la temeridad de escribir otro libro? Y, después de haberlo escrito, ¿por qué deberías tú molestarte en leerlo?

Ambas son preguntas justas, y a ambas trataré de dar respuesta.

Desde 1912, he estado dirigiendo cursos educativos para hombres y mujeres de negocios y profesionales en Nueva York. Al principio, dirigía sólo cursos de oratoria pública: cursos diseñados para entrenar a adultos, mediante la experiencia real, a pensar con rapidez y expresar sus ideas con más claridad, más efectividad y más aplomo, tanto en entrevistas de negocios como ante grupos.

Pero, gradualmente, a medida que pasaban los cursos, me di cuenta de que, por mucho que estos adultos necesitaran entrenamiento para hablar eficazmente, necesitaban aún más entrenamiento en el fino arte de llevarse bien con la gente en los contactos sociales y de negocios cotidianos.

También me di cuenta gradualmente de que yo mismo estaba muy necesitado de tal entrenamiento. Al mirar atrás a través de los años, me siento consternado por mi propia y frecuente falta de tacto y comprensión. ¡Cómo desearía que un libro como éste hubiera sido puesto en mis manos hace veinte años! Qué bendición inestimable habría sido.

Tratar con la gente es probablemente el mayor desafío que debes afrontar, especialmente si te dedicas a los negocios. Sí, eso también es cierto si eres ama de casa, arquitecto o ingeniero. Una investigación realizada hace unos años bajo los auspicios de la Fundación Carnegie para el Avance de la Enseñanza descubrió un hecho muy importante y significativo; un hecho que fue confirmado más tarde por nuevos estudios realizados en el Instituto Carnegie de Tecnología.

Estas investigaciones revelaron que incluso en líneas técnicas como la ingeniería, alrededor del 15 % del éxito financiero de uno se debe al conocimiento técnico, y alrededor del 85 % se debe a la habilidad en la ingeniería humana: a la personalidad y la capacidad para liderar a las personas.

Durante muchos años, dirigí cursos cada temporada en el Club de Ingenieros de Filadelfia, así como en el Instituto Estadounidense de Ingenieros Eléctricos. Un total de probablemente más de 1 500 ingenieros han pasado por mis clases. Vinieron a mí porque finalmente se habían dado cuenta, después de años de observación y experiencia, de que los empleados con mayor sueldo en ingeniería no eran precisamente aquellos que sabían más sobre ingeniería. Uno puede, por ejemplo, contratar mera habilidad técnica en ingeniería, contabilidad, arquitectura o cualquier otra profesión por salarios nominales. Pero la persona que tiene conocimientos técnicos, además de la capacidad de expresar ideas, de asumir el liderazgo y de despertar entusiasmo entre las personas... esa persona se encamina hacia una mayor posibilidad de ingresos altos.

En el apogeo de su actividad, John D. Rockefeller dijo que «la capacidad para tratar con la gente es una mercancía tan valiosa como el azúcar o el café». «Y pagaré más por esa capacidad –añadió– que por cualquier otra cosa bajo el sol».

¿No cabría esperar entonces que todas las universidades ofrecieran cursos para desarrollar la capacidad más valiosa bajo el sol? Sin embargo, si existe aunque sea un solo curso práctico y de sentido común de este tipo para adultos en alguna universidad del país, hasta ahora ha pasado completamente desapercibido para mí.

La Universidad de Chicago y las Escuelas Y. M. C. A. realizaron una encuesta para determinar qué quieren estudiar los adultos.

Esa encuesta costó 25 000 dólares y tomó dos años. La última parte de la encuesta se realizó en Meriden, Connecticut. Había sido elegida como una típica ciudad estadounidense. Se entrevistó a cada adulto en Meriden y se le pidió que respondiera a 156 preguntas, tales como: ¿cuál es su negocio o profesión? ¿Su educación? ¿Cómo pasa su tiempo libre? ¿Cuánto cobra? ¿Cuáles son sus pasatiempos? ¿Sus ambiciones? ¿Sus problemas? ¿Qué temas le interesa más estudiar? Y así sucesivamente. Esa encuesta reveló que la salud es el interés principal de los adultos, y que su segundo interés son las personas: cómo entender y llevarse bien con la gente, cómo agradar a los demás, y cómo lograr que otros piensen como uno mismo.

Así que el comité que realizaba esta encuesta resolvió impartir ese mismo curso para adultos en Meriden. Buscaron diligentemente un libro de texto práctico sobre el tema y no encontraron ni uno solo. Finalmente se acercaron a una de las autoridades más destacadas del mundo en educación de adultos y le preguntaron si conocía algún libro que satisficiera las necesidades de este grupo. «No –respondió él– sé lo que quieren esos adultos. Pero el libro que necesitan nunca se ha escrito».

Yo sabía de primera mano que esta afirmación era cierta, pues yo mismo había estado buscando durante años un manual práctico y funcional sobre relaciones humanas.

Dado que tal libro no existía, he intentado escribir uno para usarlo en mis propios cursos. Y aquí está. Espero que te guste.

Durante la preparación de este libro, leí todo lo que pude encontrar sobre el tema. Todo es todo: desde columnas de periódicos y artículos de revistas, hasta registros de los tribunales de familia, escritos de los viejos filósofos y los nuevos psicólogos. Además, contraté a un investigador capacitado para pasar un año y medio en varias bibliotecas leyendo todo lo que yo me había perdido, abriéndose paso a través de eruditos tomos de psicología, estudiando detenidamente cientos de artículos de revistas, buscando en innumerables biografías, tratando de determinar cómo los grandes líderes de todas las épocas habían tratado con la gente. Leímos sus biografías. Leímos las historias de vida de todos los grandes líderes, desde Julio César hasta Thomas Edison. Recuerdo que leímos más de cien biografías de Theodore Roosevelt solamente. Estábamos decididos a no escatimar tiempo ni gastos para descubrir cada idea práctica que alguien hubiera usado alguna vez a lo largo de los siglos para ganar amigos e influir sobre las personas.

Entrevisté personalmente a decenas de personas exitosas, algunas de ellas mundialmente famosas –inventores como Marconi y Edison; líderes políticos como Franklin D. Roosevelt y James Farley; líderes empresariales como Owen D. Young; estrellas de cine como Clark Gable y Mary Pickford; y exploradores como Martin Johnson– y traté de descubrir las técnicas que utilizaban en las relaciones humanas.

De todo este material, preparé una breve charla. La titulé «Cómo ganar amigos e influir sobre las personas». Sobre lo de «breve»... Fue breve al principio, pero pronto se expandió a una conferencia de una hora y treinta minutos. Durante años, di esta charla a los adultos en los cursos del Instituto Carnegie en Nueva York.

Daba la charla e instaba a los oyentes a salir y ponerla a prueba en sus contactos comerciales y sociales, y luego regresar a clase y hablar sobre sus experiencias y los resultados que habían logrado. ¡Qué tarea tan interesante! Estos hombres y mujeres, hambrientos de superación personal, estaban fascinados por la idea de trabajar en un nuevo tipo de laboratorio: el primer y único laboratorio de relaciones humanas para adultos que jamás había existido.

Este libro no fue «escrito» en el sentido habitual de la palabra. Creció como crece un niño. Creció y se desarrolló a partir de ese laboratorio, a partir de las experiencias de miles de adultos.

Hace años, comenzamos con un conjunto de reglas impresas en una tarjeta no más grande que una postal. La temporada siguiente imprimimos una tarjeta más grande, luego un folleto, luego una serie de librillos, cada uno expandiéndose en tamaño y alcance. Después de quince años de experimentación e investigación llegó este libro.

Las reglas que hemos establecido aquí no son meras teorías o conjeturas. Funcionan como magia. Por increíble que parezca, he visto la aplicación de estos principios literalmente revolucionar las vidas de muchas personas.

Para ilustrar esto, daré un ejemplo. Un hombre con 314 empleados se unió a uno de estos cursos. Durante años, había presionado, criticado y condenado a sus empleados sin restricciones ni discreción. La bondad, las palabras de aprecio y de aliento eran ajenas a sus labios. Después de estudiar los principios discutidos en este libro, este empleador alteró drásticamente su filosofía de vida. Así, su empresa se vio imbuida de nueva lealtad, renovado entusiasmo y un nuevo espíritu de trabajo en equipo: 314 enemigos se habían convertido en 314 amigos. Como dijo orgullosamente en un discurso ante la clase: «Antes, cuando caminaba por mi establecimiento, nadie me saludaba. Mis empleados realmente miraban hacia otro lado cuando me veían acercarme. Pero ahora todos son mis amigos e incluso el conserje me llama por mi nombre de pila».

Este empleador obtuvo más ganancias, más tiempo libre y –lo que es infinitamente más importante– encontró mucha más felicidad en su negocio y en su hogar.

Innumerables vendedores han aumentado drásticamente sus ventas mediante el uso de estos principios. Muchos han abierto nuevas cuentas; cuentas que anteriormente habían solicitado en vano. A los ejecutivos se les ha dado mayor autoridad, mayor paga. Un ejecutivo informó de un gran aumento de salario porque aplicó estas lecciones. Otro ejemplo: un ejecutivo en la Philadelphia Gas Works Company estaba destinado a ser destituido cuando tenía 65 años debido a su beligerancia, debido a su incapacidad para liderar a la gente con habilidad. Este entrenamiento no sólo lo salvó de la destitución, sino que le trajo un ascenso y una subida de sueldo.

En innumerables ocasiones, los cónyuges que asisten a la cena ofrecida al final del curso me han dicho que sus hogares han sido mucho más felices desde que sus esposos o esposas comenzaron este entrenamiento.

La gente se asombra frecuentemente de los nuevos resultados que logra. Todo parece cosa de magia. En algunos casos, debido a su entusiasmo, me han llamado a mi casa los domingos porque no podían esperar 48 horas para informarme sobre sus logros en la sesión regular del curso.

Un hombre estaba tan conmovido por una charla sobre estos principios que estuvo discutiéndolos hasta altas horas de la noche con otros miembros de la clase. A las tres de la mañana, los otros se fueron a casa. Pero él estaba tan sacudido por la comprensión de sus propios errores, tan inspirado por la perspectiva de un mundo nuevo y más rico abriéndose ante él, que fue incapaz de dormir. No durmió esa noche, ni el día siguiente, ni la noche siguiente.

¿Quién era él? ¿Un individuo ingenuo y sin formación, que se entusiasmaría con cualquier teoría nueva que apareciera? No, eso estaba lejos de la verdad. Era un comerciante de arte sofisticado y desenvuelto, todo un hombre de mundo, que hablaba tres idiomas con fluidez y era graduado de dos universidades europeas.

Mientras escribía este capítulo, recibí una carta de un alemán de la vieja escuela, un aristócrata cuyos antepasados habían servido durante generaciones como oficiales profesionales del ejército bajo los Hohenzollern. Su carta, escrita desde un vapor transatlántico, me hablaba sobre la aplicación de estos principios con un fervor casi religioso.

Otro hombre, un viejo neoyorquino, graduado de Harvard, un hombre rico, dueño de una gran fábrica de alfombras, declaró que había aprendido más en catorce semanas a través de este sistema de entrenamiento sobre el fino arte de influir sobre las personas que lo que había aprendido sobre el mismo tema durante sus cuatro años en la universidad. ¿Absurdo? ¿Risible? ¿Fantástico? Por supuesto, querido lector, puedes descartar esta declaración con cualquier adjetivo que desees. Simplemente me limitaré a informar, sin más comentarios, de una declaración hecha por un conservador y eminentemente exitoso graduado de Harvard en un discurso público ante aproximadamente 600 personas en el Yale Club de Nueva York la noche del jueves 23 de febrero de 1933:

«En comparación con lo que deberíamos ser –dijo el famoso profesor William James de Harvard–, estamos sólo medio despiertos. Estamos haciendo uso de sólo una pequeña parte de nuestros recursos físicos y mentales. Dicho en términos generales, el individuo humano vive muy por debajo de sus posibilidades. Posee poderes de diversa índole que habitualmente no utiliza».

¡Pues aquí, precisamente, hablo de esos poderes que uno «habitualmente no utiliza»! El único propósito de este libro es ayudarte a descubrir, desarrollar y beneficiarte de esos activos latentes y no utilizados.

«La educación –dijo el doctor John G. Hibben, ex rector de la Universidad de Princeton– es la capacidad para enfrentarse las situaciones de la vida».

Si para cuando hayas terminado de leer los primeros tres capítulos de este libro, no estás entonces un poco mejor preparado para enfrentarte a las situaciones de la vida, consideraré que este libro ha resultado ser un fracaso total para ti. Pues «el gran objetivo de la educación –dijo Herbert Spencer– no es el conocimiento, sino la acción».

Y éste es un libro de acción.

DALE CARNEGIE, 1936

NUEVE SUGERENCIAS PARA OBTENER EL MAYOR BENEFICIO DE ESTE LIBRO

1. Si deseas obtener el máximo rendimiento de este libro, hay un requisito indispensable, un aspecto esencial infinitamente más importante que cualquier regla o técnica. Si no posees este requisito fundamental, no habrá regla sobre cómo estudiar que surta efecto. Y si posees este don esencial, entonces podrás lograr maravillas sin tener que leer ninguna sugerencia sobre cómo sacar el mayor provecho de un libro.

¿Cuál es este requisito mágico? Simplemente el siguiente: un deseo profundo e impulsivo de aprender, una determinación vigorosa de aumentar tu capacidad para tratar con las personas.

¿Cómo puedes desarrollar tal impulso? Recordándote constantemente lo importantes que son estos principios para ti. Imagínate cómo tu dominio de ti mismo te ayudará a llevar una vida más rica, plena, feliz y satisfactoria. Dite a ti mismo una y otra vez: «Mi popularidad, mi felicidad y mi sensación de valía dependen en gran medida de mi habilidad para tratar con las personas».

2. Lee cada capítulo rápidamente al principio para obtener una visión general del tema. Probablemente te sentirás tentado a correr hacia el siguiente. Pero no lo hagas, a menos que estés leyendo por mero entretenimiento. Pero si lees porque quieres aumentar tu destreza en las relaciones humanas, entonces vuelve atrás y relee cada capítulo minuciosamente. A la larga, esto te hará ahorrar tiempo y obtener resultados.

3. Detén frecuentemente la lectura para pensar en lo que estás leyendo. Pregúntate cómo y cuándo puedes aplicar cada sugerencia.

4. Lee con un lápiz, pluma, rotulador o resaltador en la mano. Cuando encuentres una sugerencia que sientas que puedes usar, traza una línea a su lado. Si es una sugerencia de cuatro estrellas, subraya cada frase o resáltala, o márcala con asteriscos. Marcar y subrayar un libro lo hace más interesante y mucho más fácil de repasar rápidamente.

5. Conocí a una mujer que había sido gerente de oficina de una gran compañía de seguros durante quince años. Cada mes, leía todos los contratos de seguro que su compañía había emitido ese mes. Sí, leía muchos de los mismos contratos mes tras mes, año tras año. ¿Por qué? Porque la experiencia le había enseñado que ésa era la única manera de mantener sus disposiciones claramente en mente.

Una vez pasé casi dos años escribiendo un libro sobre oratoria y, sin embargo, descubrí que tenía que volver a repasarlo de vez en cuando para recordar lo que yo mismo había escrito. La rapidez con la que olvidamos es asombrosa.

Por lo tanto, si quieres obtener un beneficio real y duradero de este libro, no creas que con hojearlo una vez será suficiente. Después de leerlo a fondo, deberías dedicar unas pocas horas a repasarlo cada mes. Tenlo en tu escritorio frente a ti todos los días. Échale a menudo un vistazo. Déjate impresionar por las ricas posibilidades de mejora que aún se vislumbran. Recuerda que el uso de estos principios sólo puede convertirse en habitual mediante una práctica constante y vigorosa de repaso y aplicación. No hay otro camino.

6. Bernard Shaw comentó una vez: «Si se le enseña algo a un hombre, nunca aprenderá». Shaw tenía razón. El aprendizaje es un proceso activo. Aprendemos haciendo. Así que, si deseas dominar los principios que estás estudiando en este libro, aplícalos. Aplica estas reglas a cada oportunidad que tengas. Si no lo haces, las olvidarás rápidamente. Sólo el conocimiento que se usa permanece en la mente.

Probablemente te resultará difícil aplicar estas sugerencias todo el tiempo. Lo sé porque yo escribí el libro y, sin embargo, con frecuencia me resultaba difícil aplicar todo lo que defendía. Por ejemplo, cuando uno está disgustado, es mucho más fácil criticar y condenar que tratar de entender el punto de vista de la otra persona. A menudo es más fácil encontrar defectos que encontrar elogios. Es más natural hablar de lo que uno quiere que hablar de lo que quiere la otra persona. Y así sucesivamente. Por tanto, mientras lees este libro, recuerda que no estás tratando meramente de adquirir información. Estás intentando formar nuevos hábitos. Porque sí: estás probando una nueva forma de vida. Eso requerirá tiempo, persistencia y aplicación diaria.

Así que vuelve a estas páginas a menudo. Considera esto como un manual de trabajo sobre relaciones humanas; y siempre que te enfrentes a algún problema específico –como gestionar a un niño, convencer a tu cónyuge de algo o satisfacer a un cliente irritado– piensa antes de hacer lo natural, lo impulsivo. Eso suele ser incorrecto. En su lugar, recurre a estas páginas y revisa los párrafos que has subrayado. Luego prueba estos nuevos caminos y observa cómo hacen magia por ti.

7. Ofrece a tu esposa, a tu hijo o a algún socio de negocios diez céntimos o un dólar cada vez que te sorprendan violando cierto principio. Convierte el dominio de estas reglas en un juego.

8. El presidente de un importante banco de Wall Street describió una vez, en una charla ante una de mis clases, un sistema altamente eficiente que utilizaba para la superación personal. Este hombre tenía poca educación formal; sin embargo, se había convertido en uno de los financieros más importantes de Estados Unidos, y confesó que debía la mayor parte de su éxito a la aplicación constante de su sistema casero. Esto es lo que hace. Lo pondré en sus propias palabras con tanta precisión como pueda recordar.

«Durante años he llevado una agenda que muestra todas las citas que tuve durante el día. Mi familia nunca hacía planes para mí los sábados por la noche, pues sabían que yo dedicaba una parte de cada sábado por la noche al iluminador proceso de autoexamen, repaso y evaluación. Después de cenar me iba a solas, abría mi agenda y pensaba en todas las entrevistas, discusiones y reuniones que habían tenido lugar durante la semana. Me preguntaba:

»"¿Qué errores cometí en esa ocasión?"

»"¿Qué hice que estuviera bien, y de qué manera podría haberlo hecho mejor?"

»"¿Qué lecciones puedo aprender de esa experiencia?"

»A menudo descubría que este repaso semanal me hacía muy infeliz. Con frecuencia me asombraba de mis propios errores garrafales. Por supuesto, a medida que pasaban los años, estos errores se volvían menos frecuentes. A veces me daba una palmadita en la espalda después de una de estas sesiones. Este sistema de autoanálisis y autoeducación, con el que continué año tras año, hizo más por mí que cualquier otra cosa que haya intentado jamás.

»Me ayudó a mejorar mi capacidad para tomar decisiones, y me ayudó enormemente en todos mis contactos con la gente. Ninguna recomendación será suficiente».

¿Por qué no usar un sistema similar para comprobar tu aplicación de los principios discutidos en este libro? Si lo haces, de ello resultarán dos cosas:

Primero, te encontrarás inmerso en un proceso educativo que es a la vez interesante e inestimable.

Segundo, descubrirás que tu capacidad para tratar con la gente y relacionarte mejorará enormemente.

9. Encontrarás al final de este libro varias páginas en blanco en las que deberías registrar tus triunfos en la aplicación de estos principios. Sé específico. Pon nombres, fechas, resultados. Llevar tal registro te inspirará a hacer un mayor esfuerzo. Además, ¡qué fascinantes serán estas anotaciones cuando te topes con ellas alguna noche, años más tarde!

Para obtener el máximo rendimiento de este libro:

a) Desarrolla un deseo profundo e impulsivo de dominar los principios de las relaciones humanas.
b) Lee cada capítulo dos veces antes de pasar al siguiente.
c) Mientras leas, detente frecuentemente para preguntarte cómo puedes aplicar cada sugerencia.
d) Subraya cada idea importante.

e) Repasa este libro cada mes.
f) Aplica estos principios en cada oportunidad. Usa este volumen como un manual de trabajo para ayudarte a resolver tus problemas diarios.
g) Convierte tu aprendizaje en un juego ofreciendo a algún amigo diez centavos o un dólar cada vez que te sorprenda violando uno de estos principios.
h) Comprueba cada semana el progreso que estás haciendo. Pregúntate qué errores has cometido, qué mejoras ha logrado, qué lecciones has aprendido para el futuro.
i) Haz notas en la parte posterior de este libro para saber cómo y cuándo has aplicado estos principios.

PRIMERA PARTE

TÉCNICAS FUNDAMENTALES PARA TRATAR CON LAS PERSONAS

CAPÍTULO 1

SI QUIERES RECOGER MIEL, NO DES PATADAS A LA COLMENA

El 7 de mayo de 1931, la cacería humana más descarnada que Nueva York había conocido jamás llegó a su clímax. Después de semanas de búsqueda, Crowley «Dos Pistolas» –el asesino, el pistolero que no fumaba ni bebía– estaba acorralado, atrapado en el apartamento de su novia en la Avenida West End.

Ciento cincuenta policías y detectives sitiaron su escondite en el último piso. Hicieron agujeros en el techo; trataron de sacar a Crowley, el «matapolicías», con gas lacrimógeno. Luego montaron sus ametralladoras en los edificios circundantes y, durante más de una hora, una de las zonas residenciales más elegantes de Nueva York reverberó con el estallido de los disparos de pistola y el *rat-ta-ta* de las ametralladoras. Crowley, agazapado detrás de un sillón acolchado, disparaba incesantemente a la policía. Diez mil personas presenciaron con los nervios a flor de piel la batalla. Nunca se había visto nada igual en las aceras de Nueva York.

Cuando Crowley fue capturado, el comisario de policía E. P. Mulrooney declaró que el desesperado de las dos pistolas era uno de los criminales más peligrosos jamás encontrados en la historia de Nueva York. «Mataría –dijo el comisario– al oír la caída de una pluma».

Pero, ¿cómo se veía Crowley «Dos Pistolas» a sí mismo? Lo sabemos, porque mientras la policía disparaba contra su apartamento, escribió una carta dirigida «a quien corresponda». Y, mientras escribía, la sangre que fluía de sus heridas dejaba un rastro carmesí en el papel. En esta carta, Crowley decía: «Bajo mi chaqueta hay un corazón cansado, pero aun así bondadoso... Un corazón que no le haría daño a nadie».

Poco tiempo antes de esto, Crowley había estado haciendo arrumacos a su novia en un coche detenido en un camino vecinal de Long Island. De repente, un policía se acercó al coche y dijo:

—Carné de conducir.

Sin decir una palabra, Crowley sacó su arma y derribó al policía con una lluvia de plomo. Mientras el oficial moribundo caía, Crowley saltó del coche, agarró el revólver del oficial y disparó otra bala en el cuerpo postrado. Y ése era el asesino que había escrito: «Bajo mi chaqueta hay un corazón cansado, pero aun así bondadoso... Un corazón que no le haría daño a nadie».

Crowley fue sentenciado a la silla eléctrica. Cuando llegó al pabellón de la muerte en Sing Sing, no dijo: «Esto es lo que recibo por matar a gente». En cambio, dijo: «Esto es lo que recibo por defenderme».

Lo que quiero decir con esta historia es lo siguiente: Crowley «Dos Pistolas» no se culpaba a sí mismo por nada.

¿Es ésa una actitud inusual entre los criminales? Si piensas así, escucha esto:

«He pasado los mejores años de mi vida dando a la gente los placeres más ligeros, ayudándoles a pasar un buen rato, y todo lo que recibo es abuso, la existencia de un hombre perseguido».

El autor de estas palabras es Al Capone. Sí, el «enemigo público» más notorio de los Estados Unidos, el líder de pandillas más siniestro que jamás haya disparado en Chicago. Al Capone no se condenaba a sí mismo. De hecho, se consideraba un benefactor público... Un benefactor público incomprendido y no apreciado.

Y lo mismo hizo Dutch Schultz antes de caer abatido bajo las balas de los gánsteres en Newark. Dutch Schultz, una de las ratas más notorias de Nueva York, dijo en una entrevista periodística que él era un «benefactor público». Y así lo creía.

He mantenido una correspondencia interesante sobre este tema con Lewis Lawes, quien fue alcaide de la infame prisión de Sing Sing en Nueva York durante muchos años, y en ella declaró que «pocos de los criminales en Sing Sing se consideran hombres malos. Son tan humanos como usted y como yo. Así que racionalizan, explican. Pueden decirle por qué tuvieron que forzar una caja fuerte o ser rápidos con el dedo en el gatillo. La mayoría de ellos intenta, mediante una forma de razonamiento, falaz o lógico, justificar sus actos antisociales incluso ante sí mismos, manteniendo en consecuencia con firmeza que nunca deberían haber sido encarcelados en absoluto».

Si Al Capone, Crowley «Dos Pistolas», Dutch Schultz, y los hombres y mujeres desesperados tras los muros de la prisión no se culpan por nada, ¿qué hay de las personas con las que tú y yo entramos en contacto?

John Wanamaker, fundador de las tiendas americanas que llevan su nombre, confesó una vez: «Aprendí hace treinta años que es tonto regañar. Tengo suficientes dificultades para superar mis propias limitaciones como para preocuparme de que Dios no haya distribuido equitativamente el don de la inteligencia».

Wanamaker aprendió esta lección temprano, pero yo personalmente tuve que ir dando tumbos por este viejo mundo durante un tercio de siglo antes de que siquiera empezara a ocurrírseme que noventa y nueve veces de cada cien, las personas no se culpan a sí mismas de nada, sin importar cuán equivocadas puedan estar.

La crítica es inútil porque pone a la persona a la defensiva y por lo general hace que trate de justificarse. La crítica es peligrosa porque hiere el valioso orgullo de la persona, daña su sentido de importancia y despierta resentimiento.

B. F. Skinner, el psicólogo mundialmente famoso, demostró a través de sus experimentos que un animal recompensado por el buen comportamiento aprenderá mucho más rápidamente y retendrá lo que aprende con mucha más eficacia que un animal castigado por el mal comportamiento. Estudios posteriores han demostrado que lo mismo se aplica a los humanos. Al criticar, no logramos cambios duraderos y a menudo incurrimos en resentimiento.

Hans Selye, otro gran psicólogo, dijo: «Tanto como anhelamos la aprobación, tememos la condena».

El resentimiento que engendra la crítica puede desmoralizar a empleados, miembros de la familia y amigos, y aun así no corregir la situación que ha sido condenada.

George B. Johnston de Enid, Oklahoma, es el coordinador de seguridad de una compañía de ingeniería. Una de sus responsabilidades es ver que los empleados usen sus cascos siempre que estén trabajando en el campo. Informó que cada vez que se encontraba con trabajadores que no llevaban cascos, les hablaba con mucha autoridad sobre el reglamento y que debían cumplirlo. Como resultado obtenía una aceptación hosca, y a menudo, en cuanto él se iba, los trabajadores se quitaban los cascos.

Decidió probar un enfoque diferente. La siguiente vez que encontró a algunos de los trabajadores sin usar su casco, les preguntó si es que eran incómodos o no se les ajustaban bien. Luego recordó a los hombres en un tono de voz agradable que el casco estaba diseñado para protegerlos de lesiones y sugirió que siempre se usara en el trabajo. El resultado fue un mayor cumplimiento del reglamento sin resentimiento ni malestar emocional.

Encontrarás ejemplos de la futilidad de la crítica manifestándose en mil páginas de la historia. Toma, por ejemplo, la famosa disputa entre Theodore Roosevelt y el presidente Taft; una disputa que dividió al Partido Republicano, puso a Woodrow Wilson en la Casa Blanca, dejó escritas unas líneas audaces y luminosas durante toda la Primera Guerra Mundial y alteró el flujo de la historia. Repasemos los hechos rápidamente.

Cuando Theodore Roosevelt salió de la Casa Blanca en 1908, apoyó a Taft, quien fue elegido presidente. Luego Theodore Roosevelt se fue a África a cazar leones. Cuando regresó, estalló. Denunció a Taft por su conservadurismo, trató de asegurar la nominación para un tercer mandato para sí mismo, formó el partido Bull Moose y casi demolió al G. O. P., el Partido Republicano. En la elección siguiente, William Howard Taft y el Partido Republicano ganaron sólo dos estados: Vermont y Utah. La derrota más desastrosa que el partido había conocido jamás.

Theodore Roosevelt culpó a Taft, pero ¿se culpó el presidente Taft a sí mismo? Por supuesto que no. Con lágrimas en los ojos, Taft dijo: «No veo cómo podría haber actuado de forma diferente a como lo hice».

¿Quién tenía la culpa? ¿Roosevelt o Taft? Francamente, no lo sé, y no me importa. El punto que estoy tratando de establecer es que ni toda la crítica de Theodore Roosevelt persuadió a Taft de que estaba equivocado. Simplemente hizo que Taft se esforzara por justificarse y reiterara con lágrimas en los ojos: «No veo cómo podría haber actuado de forma diferente a como lo hice».

O toma el escándalo petrolero de Teapot Dome. Mantuvo a los periódicos repicando con indignación a principios de la década de los veinte. ¡Sacudió a la nación entera! En la memoria de los hombres vivos, nada igual había sucedido antes en la vida pública estadounidense. Éstos son los hechos desnudos del escándalo: a Albert B. Fall, secretario del interior en el gabinete de Harding, se le confió el arrendamiento de las reservas de petróleo del gobierno en Elk Hill y Teapot Dome, reservas de petróleo que se habían apartado para el uso futuro de la Marina. ¿Permitió el secretario Fall una licitación competitiva? No, señor. Entregó el contrato gordo y jugoso directamente a su amigo Edward L. Doheny. ¿Y qué hizo Doheny? Le dio al secretario Fall lo que tuvo a bien llamar un «préstamo» de 100 000 dólares. Luego, de una manera prepotente, el secretario Fall ordenó a los marines de los Estados Unidos entrar en el distrito para ahuyentar a los competidores cuyos pozos adyacentes estaban drenando petróleo de las reservas de Elk Hill. Estos competidores, expulsados de su terreno a punta de pistola y bayoneta, corrieron a los tribunales... y destaparon el escándalo de Teapot Dome. Se levantó un hedor tan vil que arruinó a la Administración Harding, asqueó a toda una nación, amenazó con destrozar al Partido Republicano y puso a Albert B. Fall entre rejas.

Fall fue condenado viciosamente; condenado como pocos hombres en la vida pública lo han sido jamás. ¿Se arrepintió? ¡Nunca! Años más tarde, Herbert Hoover insinuó en un discurso público que la muerte del presidente Harding se había debido a la ansiedad mental y la preocupación porque un amigo lo había traicionado. Cuando la señora Fall escuchó eso, saltó de su silla, lloró, sacudió los puños al destino y gritó: «¿Qué? ¿Harding traicionado por Fall? ¡No! Mi marido nunca traicionó a nadie. Ni toda esta casa llena de oro tentaría a mi marido a hacer el mal. Él es quien ha sido traicionado, llevado al matadero y crucificado».

Ahí lo tienen: la naturaleza humana en acción; malhechores, culpando a todos menos a sí mismos. Todos somos así. Así que cuando tú y yo nos veamos tentados a criticar a alguien mañana, recordemos a Al Capone, a Crowley «Dos Pistolas» y a Albert Fall. Comprendamos que las críticas son como palomas mensajeras. Siempre regresan a casa. Comprendamos que la persona a la que vamos a corregir y condenar probablemente se justificará a sí misma y nos condenará a cambio, o dirá, como el elegante Taft: «No veo cómo podría haber actuado de forma diferente a como lo hice».

En la mañana del 15 de abril de 1865, Abraham Lincoln yacía moribundo en una habitación de una pensión barata justo al cruzar la calle del Teatro Ford, donde John Wilkes Booth le había disparado. El largo cuerpo de Lincoln yacía estirado diagonalmente sobre una cama hundida que era demasiado corta para él. Una reproducción barata de la famosa pintura de Rosa Bonheur, «La feria de caballos», colgaba sobre la cama, y un lúgubre mechero de gas parpadeaba con luz amarilla.

Mientras Lincoln yacía moribundo, el secretario de Guerra Stanton dijo: «Ahí yace el gobernante de hombres más perfecto que el mundo ha visto jamás».

¿Cuál fue el secreto del éxito de Lincoln en el trato con las personas? Estudié la vida de Abraham Lincoln durante diez años y dediqué tres años enteros a escribir y reescribir un libro titulado *Lincoln, el desconocido*. Creo que he realizado un estudio tan detallado y exhaustivo de la personalidad y la vida doméstica de Lincoln como es posible para cualquier ser humano. Hice un estudio especial del método de Lincoln para tratar con la gente. ¿Se permitía la crítica? Oh, sí. Cuando era joven en el valle de Pigeon Creek, en Indiana, no sólo criticaba, sino que escribía cartas y poemas ridiculizando a la gente y dejaba caer estas cartas en los caminos rurales donde seguro serían encontradas. Una de estas cartas despertó resentimientos que ardieron durante toda una vida.

Incluso después de que Lincoln se convirtiera en un abogado en ejercicio en Springfield, Illinois, atacó a sus oponentes abiertamente en cartas publicadas en los periódicos. Pero hizo esto sólo una vez de más.

En el otoño de 1842 ridiculizó a un político vanidoso y pugnaz llamado James Shields. Lincoln lo satirizó a través de una carta anónima publicada en el *Springfield Journal*. La ciudad estalló en una gran carcajada. Shields, sensible y orgulloso, hervía de indignación. Descubrió quién había escrito la carta, saltó a su caballo, salió tras Lincoln y lo desafió a batirse en duelo. Lincoln no quería pelear. Se oponía a los duelos, pero no podía librarse de ello y salvar su honor. Se le dio la elección de las armas. Como tenía brazos muy largos, eligió sables de caballería y tomó lecciones de esgrima de un graduado de West Point. En el día señalado, él y Shields se encontraron en un banco de arena en el río Misisipi, preparados para luchar a muerte; pero, en el último minuto, sus padrinos interrumpieron y detuvieron el duelo.

Aquél fue el incidente personal más escabroso en la vida de Lincoln. Le enseñó una lección inestimable sobre el arte de tratar con la gente. Nunca volvió a escribir una carta insultante. Nunca volvió a ridiculizar a nadie. Y, desde ese momento en adelante, casi nunca criticó a nadie por nada.

Una y otra vez, durante la Guerra Civil, Lincoln puso a un nuevo general al frente del Ejército del Potomac, y cada uno a su turno –McClellan, Pope, Burnside, Hooker, Meade– cometió errores trágicos y llevó a Lincoln a caminar de un lado a otro, desesperado. La mitad de la nación condenaba salvajemente a estos generales incompetentes, pero Lincoln, «sin malicia hacia nadie, con caridad para todos», conservaba la calma. Una de sus citas favoritas era: «No juzguéis, y no seréis juzgados».

Y cuando la señora Lincoln y otros hablaban duramente de la gente del sur, Lincoln respondía: «No los critiquen; son exactamente lo que nosotros seríamos en circunstancias similares».

Sin embargo, si algún hombre tuvo alguna vez motivos para criticar, ése fue sin duda Lincoln. Tomemos sólo un ejemplo:

La batalla de Gettysburg se libró durante los primeros tres días de julio de 1863. Durante la noche del 4 de julio, Lee comenzó a retirarse hacia el sur mientras nubes de tormenta inundaban el país con lluvia. Cuando Lee llegó al Potomac con su ejército derrotado, se encontró con un río crecido e infranqueable frente a él, y un victorioso ejército de la Unión detrás. Lee estaba en una trampa. No podía escapar.

Lincoln lo vio. Aquella era una oportunidad de oro, enviada por el cielo; la oportunidad de capturar el ejército de Lee y terminar la guerra de inmediato. Así que, con una oleada de esperanza, Lincoln ordenó a Meade no convocar un consejo de guerra, sino atacar a Lee inmediatamente. Lincoln telegrafió sus órdenes y luego envió un mensajero especial a Meade exigiendo acción inmediata.

¿Y qué hizo el general Meade? Hizo exactamente lo contrario de lo que se le ordenó. Convocó un consejo de guerra en directa violación de las órdenes de Lincoln. Vaciló. Dilató la acción. Telegrafió toda clase de excusas. Se negó rotundamente a atacar a Lee. Finalmente, las aguas bajaron y Lee escapó a través del Potomac con sus fuerzas.

Lincoln estaba furioso.

—¿Qué significa esto? –gritó Lincoln a su hijo Robert–. ¡Gran Dios! ¿Qué significa esto? Los teníamos al alcance de la mano, y sólo teníamos que estirar los brazos y eran nuestros. Sin embargo, nada de lo que dije o hice pudo hacer que el ejército se moviera. Dadas las circunstancias, casi cualquier general podría haber derrotado a Lee. Si yo hubiera ido allí, podría haberlo vencido yo mismo.

Con amarga decepción, Lincoln se sentó y escribió a Meade la siguiente carta. Y recuerda: en este período de su vida Lincoln era extremadamente conservador y comedido en su fraseología. Así que esta carta, viniendo de Lincoln en 1863, equivalía a la reprimenda más severa.

> Mi estimado general:
> No creo que usted aprecie la magnitud de la desgracia que implica la huida de Lee. Estaba a nuestro fácil alcance, y haberlo acorralado habría, en conexión con nuestros otros éxitos re-

> cientes, terminado la guerra. Tal como están las cosas, la guerra se prolongará indefinidamente. Si usted no pudo atacar a Lee con seguridad el lunes pasado, ¿cómo puede hacerlo ahora al sur del río, cuando puede llevar consigo muy pocos hombres, no más de dos tercios de la fuerza que tenía entonces a mano? Sería irrazonable esperar, y yo no espero, que usted pueda lograr demasiado ahora. Su oportunidad de oro se ha esfumado, y estoy inconmensurablemente angustiado por ello.

¿Qué supone usted que hizo Meade cuando leyó la carta?

Meade nunca vio esa carta. Lincoln nunca la envió. Fue encontrada entre sus papeles después de su muerte.

Mi suposición es –y esto es sólo una suposición– que después de escribir esa carta, Lincoln miró por la ventana y se dijo a sí mismo: «Un momento. Tal vez no debería ser tan precipitado. Es bastante fácil para mí sentarme aquí en la quietud de la Casa Blanca y ordenar a Meade que ataque; pero si yo hubiera estado en Gettysburg, y si hubiera visto tanta sangre como ha visto Meade durante la última semana, y si mis oídos hubieran sido perforados por los gritos y alaridos de los heridos y moribundos, tal vez yo tampoco estaría tan ansioso por atacar. Si yo tuviera el temperamento tímido de Meade, quizás habría hecho justo lo que él hizo. De todos modos, ya es agua pasada. Si envío esta carta, aliviará mis sentimientos, pero hará que Meade intente justificarse. Hará que él me condene a mí. Despertará resentimientos, perjudicará toda su utilidad futura como comandante y quizás lo fuerce a renunciar al ejército».

Así que, como ya he dicho, Lincoln dejó la carta a un lado, pues había aprendido por amarga experiencia que las críticas agudas y las reprimendas casi invariablemente terminan en futilidad.

Theodore Roosevelt dijo que cuando él, como presidente, se enfrentaba a un problema desconcertante, solía recostarse y mirar un gran retrato de Lincoln que colgaba sobre su escritorio en la Casa Blanca y preguntarse: «¿Qué haría Lincoln si estuviera en mi lugar? ¿Cómo resolvería este problema?».

Mark Twain perdía los estribos ocasionalmente y escribía cartas que hacían arder el papel. Por ejemplo, una vez le escribió a un hombre que había despertado su ira: «Lo que usted necesita es un permiso de entierro. Sólo tiene que hablar y yo me encargaré de que lo consiga». En otra ocasión le escribió a un editor sobre los intentos de un corrector de tratar de «mejorar mi ortografía y puntuación». Ordenó: «Imprima el asunto de acuerdo con mi copia de aquí en adelante y asegúrese de que el corrector retenga sus sugerencias en esa papilla podrida que tiene por cerebro».

Escribir estas cartas mordaces hacía que Mark Twain se sintiera mejor. Le permitían desahogarse, y las cartas no hacían ningún daño real, porque la esposa de Mark las sacaba secretamente del correo. Nunca fueron enviadas.

¿Conoces a alguien a quien te gustaría cambiar, regular y mejorar? ¡Bien! Eso está muy bien. Estoy totalmente a favor. Pero, ¿por qué no empezar por ti mismo? Desde un punto de vista puramente egoísta, eso es mucho más provechoso que tratar de mejorar a los demás; sí, y mucho menos peligroso. «No te quejes de la nieve en el techo de tu vecino –dijo Confucio– cuando tu propio umbral está sucio».

Cuando yo era joven y trataba de impresionar a la gente, escribí una carta tonta a Richard Harding Davis, un autor que entonces se perfilaba como una gran figura en el horizonte literario de América. Estaba preparando un artículo de revista sobre autores, y le pedí a Davis que me contara sobre su método de trabajo. Unas semanas antes, había recibido una carta de alguien con esta notación al pie: «Dictada pero no leída». Quedé bastante impresionado. Sentí que el escritor debía ser muy grande, ocupado e importante. Yo no estaba ni un poco ocupado, pero estaba ansioso por causar una impresión en Richard Harding Davis, así que terminé mi breve nota con las palabras: «Dictada pero no leída».

Él nunca se molestó en responder la carta. Simplemente me la devolvió con esto garabateado en la parte inferior: «Sus malos modales sólo son superados por su absoluta falta de educación». Es cierto, yo había cometido un error y tal vez merecía esa reprimenda. Pero, siendo humano, me resentí. Me resentí tan agudamente que cuando leí sobre la muerte de Richard Harding Davis diez años después, el único pensamiento que aún persistía en mi mente –me avergüenza admitirlo– era la herida que me había causado.

Si tú y yo queremos despertar en nosotros un resentimiento mañana que pueda perdurar por décadas y hasta la muerte, basta con que nos dejemos llevar por una pequeña crítica punzante; no importa cuán seguros estemos de que está justificada.

Al tratar con la gente, recordemos que no estamos tratando con criaturas de lógica. Estamos tratando con criaturas de emoción, criaturas llenas de prejuicios y motivadas por el orgullo y la vanidad.

La crítica amarga hizo que el sensible Thomas Hardy, uno de los mejores novelistas que jamás haya enriquecido la literatura inglesa, dejara para siempre de escribir ficción. La crítica llevó a Thomas Chatterton, el poeta inglés, al suicidio.

Benjamin Franklin, falto de tacto en su juventud, se volvió tan diplomático, tan hábil en el trato con la gente, que fue nombrado embajador estadounidense en Francia. ¿El secreto de su éxito? «No hablaré mal de ningún hombre –dijo– y hablaré todo lo bueno que sepa de todos».

Cualquier tonto puede criticar, condenar y quejarse, y la mayoría de los tontos lo hacen. Pero se necesita carácter y autocontrol para ser comprensivo y capaz de perdonar.

«Un gran hombre demuestra su grandeza –dijo Carlyle– por la forma en que trata a los hombres pequeños».

Bob Hoover, un famoso piloto de pruebas y artista frecuente en espectáculos aéreos, regresaba a su casa en Los Ángeles desde un espectáculo aéreo en San Diego. Tal como se describe en la revista *Flight Operations*, a noventa metros de altura, ambos motores se detuvieron repentinamente. Mediante maniobras hábiles logró hacer aterrizar el avión, pero quedó gravemente dañado, aunque nadie resultó herido.

El primer acto de Hoover después del aterrizaje de emergencia fue inspeccionar el combustible del avión. Tal como sospechaba, el avión de hélice de la Segunda Guerra Mundial que había estado volando había sido abastecido con combustible de jet en lugar de gasolina.

Al regresar al aeropuerto, pidió ver al mecánico que había dado servicio a su aeroplano. El joven estaba enfermo por la agonía de su error. Las lágrimas corrían por su rostro cuando Hoover se acercó. Acababa de causar la pérdida de un avión muy costoso y podría haber causado también la pérdida de tres vidas.

Puede el lector imaginar la ira de Hoover. Puede imaginar la reprimenda verbal que este meticuloso y orgulloso piloto desataría por ese descuido. Pero Hoover no regañó al mecánico; ni siquiera lo criticó. En cambio, puso su gran brazo alrededor del hombro del hombre y le dijo:

—Para demostrarte que estoy seguro de que nunca volverás a hacer esto, quiero que te encargues del servicio de mi F-51 mañana.

A menudo los padres se sienten tentados a criticar a sus hijos. Esperarás que te diga un «no lo hagas». Pero no lo diré. Simplemente te diré que antes de criticarlos, leas uno de los clásicos del periodismo estadounidense, «Papá olvida». Apareció originalmente como un artículo en el *People's Home Journal*. Lo reimprimimos aquí con el permiso del autor, tal como fue condensado en el *Reader's Digest*.

«Papá olvida» es una de esas pequeñas piezas que, escritas en un momento de sentimiento sincero, tocan una fibra sensible en tantos lectores que se convierten en un favorito inmortal del público. «Desde su primera aparición, "Papá olvida" ha sido reproducido –escribe el autor, W. Livingstone Larned–, en cientos de revistas y boletines internos, y en periódicos de todo el país. Se ha reimpreso casi tan extensamente en muchos idiomas extranjeros. He dado permiso personal a miles que deseaban leerlo desde plataformas escolares, eclesiásticas y de conferencias. Ha estado "en el aire" en innumerables ocasiones y programas. Curiosamente, las publicaciones universitarias lo han usado, y también las revistas de secundaria. A veces, una pequeña pieza parece misteriosamente "conectar". Ésta ciertamente lo hizo».

PAPÁ OLVIDA

W. Livingston Larned

Escucha, hijo: digo esto mientras yaces dormido, con una manita arrugada bajo tu mejilla y los rizos rubios pegados por la humedad en tu frente. He entrado furtivamente en tu cuarto, a solas. Hace sólo unos minutos, mientras estaba sentado leyendo mi periódico en la biblioteca, una sofocante ola de remordimiento me invadió. Culpablemente vine a tu cabecera.

Éstas son las cosas que estaba pensando, hijo: he estado enfadado contigo. Te regañé mientras te vestías para la escuela porque sólo te pasaste una toalla por la cara. Te reprendí por no limpiarte los zapatos. Grité enojado cuando tiraste algunas de tus cosas al suelo.

En el desayuno también encontré fallos. Derramaste cosas. Tragaste la comida sin masticar. Pusiste los codos sobre la mesa. Untaste la mantequilla demasiado espesa en tu pan. Y cuando saliste a jugar y yo iba hacia mi tren, te volviste, agitaste la mano y gritaste: «¡Adiós, papi!», y yo fruncí el ceño y dije, como respuesta: «¡Endereza esos hombros!».

Luego comenzó todo de nuevo al final de la tarde. Al subir por el camino te espié, de rodillas, jugando a las canicas. Había agujeros en tus medias. Te humillé ante tus amiguitos haciéndote marchar delante de mí hacia la casa. Las medias eran costosas, ¡y si tuvieras que comprarlas tú, serías más cuidadoso! Imagina eso, hijo, ¡de parte de un padre!

¿Recuerdas, más tarde, cuando yo estaba leyendo en la biblioteca, cómo entraste tímidamente, con una especie de mirada herida en tus ojos? Cuando levanté la vista por encima de mi periódico, impaciente por la interrupción, vacilaste en la puerta. «¿Qué quieres?», te espeté.

No dijiste nada, pero corriste en una zambullida tempestuosa, echaste tus brazos alrededor de mi cuello y me besaste, y tus pequeños brazos se apretaron con un afecto que Dios había puesto a florecer en tu corazón y que ni siquiera el descuido podía marchitar. Y luego te fuiste, zapateando escaleras arriba.

Bueno, hijo, fue poco después que mi periódico se deslizó de mis manos y un terrible miedo nauseabundo se apoderó de mí. ¿Qué ha estado haciendo el hábito conmigo? El hábito de encontrar fallos, de reprender; ésta era mi recompensa para ti por ser un niño. No era que no te amara; era que esperaba demasiado de la juventud. Te estaba midiendo con la vara de mis propios años.

Y había tanto que era bueno y fino y verdadero en tu carácter. Tu corazoncito era tan grande como el amanecer mismo sobre las amplias colinas. Esto se demostró por tu impulso espontáneo de correr a entrar y darme el beso de buenas noches. Nada más importa esta noche, hijo. He venido a tu cabecera en la oscuridad, y me he arrodillado allí, ¡avergonzado!

Es una expiación débil; sé que no entenderías estas cosas si te las dijera durante tus horas de vigilia. ¡Pero mañana seré un verdadero papá! Seré tu camarada, y sufriré cuando sufras, y reiré cuando rías. Me morderé la lengua cuando vengan palabras impacientes. Seguiré diciendo como si fuera un ritual: «¡No es más que un niño, un niño pequeño!».

Me temo que te he tratado como un hombre. Sin embargo, al verte ahora, hijo, encogido y cansado en tu cama, veo que todavía eres un bebé. Ayer estabas en los brazos de tu madre, con la cabeza en su hombro. He pedido demasiado, demasiado.

En lugar de condenar a la gente, tratemos de entenderla. Tratemos de imaginar por qué hacen lo que hacen. Eso es mucho más provechoso e interesante que la crítica, y engendra simpatía, tolerancia y bondad. «Saberlo todo es perdonarlo todo».

Como dijo el doctor Johnson: «El propio Dios, señor, no se propone juzgar al hombre hasta el final de sus días».

¿Por qué deberíamos hacerlo ni tú ni yo?

◆

PRINCIPIO 1

No critiques, no condenes ni te quejes.

◆

CAPÍTULO 2

EL GRAN SECRETO PARA TRATAR CON LA GENTE

Sólo hay una forma bajo el cielo para conseguir que alguien haga algo. ¿Te has detenido alguna vez a pensar en eso? Sí, sólo una. Y es hacer que la otra persona quiera hacerlo.

Recuerda, no hay otro camino.

Por supuesto, tú puedes hacer que alguien quiera entregarte su reloj poniéndole un revólver en las costillas. Puedes hacer que tus empleados sean cooperativos –hasta que les des la espalda– amenazando con despedirlos. Puedes hacer que un niño haga lo que tú quieras con un látigo o una amenaza. Pero estos métodos crudos tienen repercusiones agudamente indeseables.

La única forma en que puedo conseguir que tú hagas algo es dándote lo que tú quieres.

¿Y qué es lo que quieres tú?

Sigmund Freud dijo que todo lo que tanto tú como yo hacemos surge de dos motivos: el impulso sexual y el deseo de ser grande.

John Dewey, uno de los filósofos más profundos de Estados Unidos, lo expresó de manera un poco diferente. El doctor Dewey dijo que el impulso más profundo en la naturaleza humana es «el deseo de ser importante». Recuerda esa frase: «el deseo de ser importante». Es significativa. Vas a oír hablar mucho de ella en este libro.

¿Qué quieres tú? No muchas cosas, pero las pocas cosas que deseas, las anhelas con una insistencia que no admitirá negativas. Algunas de las cosas que la mayoría de la gente quiere incluyen:

1. Salud y la preservación de la vida.
2. Alimento.
3. Sueño.
4. Dinero y las cosas que el dinero compra.
5. Vida en el más allá.
6. Satisfacción sexual.
7. El bienestar de nuestros hijos.
8. Un sentimiento de importancia.

Casi todos estos deseos se gratifican por lo general: todos excepto uno. Hay un anhelo –casi tan profundo, casi tan imperioso como el deseo de alimento o sueño– que rara vez se gratifica. Es lo que Freud llama «el deseo de ser grande». Es lo que Dewey llama el «deseo de ser importante».

Lincoln comenzó una vez una carta diciendo: «A todo el mundo le gusta un cumplido». William James dijo: «El principio más profundo en la naturaleza humana es el anhelo de ser apreciado». No habló, fíjate bien, del «deseo» o la «gana» o el «antojo» de ser apreciado. Dijo el «anhelo» de ser apreciado.

Aquí hay un hambre humana roedora e inquebrantable, y el raro individuo que satisface honestamente esta hambre del corazón tendrá a la gente en la palma de su mano e «incluso el sepulturero se apenará cuando muera».

El deseo de sentirse importante es una de las principales diferencias distintivas entre la humanidad y los animales.

Para ilustrar: cuando yo era un granjero en Misuri, mi padre criaba finos cerdos Duroc-Jersey y ganado de pedigrí de cara blanca. Solíamos exhibir nuestros cerdos y ganado de cara blanca en las ferias del condado y exposiciones de ganadería por todo el Medio Oeste. Ganábamos primeros premios por docenas. Mi padre prendía sus cintas azules en una sábana de muselina blanca, y cuando amigos o visitantes venían a la casa, sacaba la larga sábana de muselina. Él sostenía un extremo y yo sostenía el otro mientras exhibía las cintas azules.

A los cerdos no les importaban las cintas que habían ganado. Pero a papá sí. Estos premios le daban un sentimiento de importancia.

Si nuestros antepasados no hubieran tenido este impulso ardiente por un sentimiento de importancia, la civilización habría sido imposible. Sin él, habríamos sido casi como animales.

Fue este deseo de sentirse importante lo que llevó a un empleado de tienda de comestibles, pobre y sin educación, a estudiar unos libros de derecho que encontró en el fondo de un barril de trastos domésticos que había comprado por cincuenta centavos. Probablemente haya oído hablar de este empleado de tienda. Su nombre era Lincoln.

Fue este deseo de sentirse importante lo que inspiró a Dickens a escribir sus novelas inmortales. Este deseo inspiró al señor Christopher Wren a diseñar sus sinfonías en piedra. ¡Este deseo hizo que Rockefeller amasara millones que nunca gastó! Y este mismo deseo hizo que la familia más rica de su ciudad construyera una casa demasiado grande para sus necesidades.

Este deseo hace que tú quieras ir a la moda, conducir los coches más recientes y hablar de tus brillantes hijos.

Es este deseo el que atrae a muchos chicos y chicas a unirse a pandillas y participar en actividades criminales. El joven criminal promedio, según E. P. Mulrooney, ex comisionado de policía de Nueva York, está lleno de ego, y su primera petición después del arresto es ver esos periódicos sensacionalistas que lo hacen parecer un héroe. La desagradable perspectiva de cumplir una condena parece remota mientras pueda regodearse con su imagen compartiendo espacio con fotos de figuras deportivas, estrellas de cine y televisión y políticos.

Si me dices cómo obtienes tu sentimiento de importancia, te diré qué tipo de persona eres. Eso determina tu carácter. Eso es lo más significativo sobre ti. Por ejemplo, John D. Rockefeller obtuvo su sentimiento de importancia dando dinero para erigir un hospital moderno en Pekín, China, para atender a millones de personas pobres a las que nunca había visto y nunca vería. Dillinger, por otro lado, obtuvo su sentimiento de importancia siendo un bandido, un ladrón de bancos y asesino. Cuando los agentes del FBI lo estaban cazando, irrumpió en una granja en Minnesota y dijo: «¡Soy Dillinger!». Estaba orgulloso del hecho de ser el «enemigo público número uno». «¡No les voy a hacer daño, pero soy Dillinger!», dijo.

Sí, la única diferencia significativa entre Dillinger y Rockefeller estriba en la forma en que obtenían su sensación de importancia.

La historia destella con divertidos ejemplos de personas famosas que lucharon por conseguir una sensación de importancia. Hasta George Washington quería ser llamado «Su Grandeza, el presidente de los Estados Unidos»; y Colón reclamó el título de «almirante del Océano y virrey de las Indias». Catalina la Grande se negaba a abrir cartas que no estuvieran dirigidas a «Su Majestad Imperial»; y la señora

Lincoln, en la Casa Blanca, se volvió hacia la señora Grant como una tigresa y gritó:

—¿Cómo se atreve a sentarse en mi presencia hasta que yo la invite?

Nuestros millonarios ayudaron a financiar la expedición del almirante Byrd a la Antártida en 1928 con la condición de que se diera sus nombres a cadenas de montañas heladas; y Víctor Hugo aspiraba a nada menos que a que la ciudad de París fuera rebautizada en su honor. Hasta Shakespeare, el más grande de los grandes, trató de agregar brillo a su nombre procurándose un escudo de armas para su familia.

A veces, la gente se convierte en inválida para obtener simpatía y atención, y así conseguir una sensación de importancia. Tomemos, por ejemplo, a la señora McKinley. Ella obtenía una sensación de importancia obligando a su esposo, el presidente de los Estados Unidos, a descuidar asuntos de estado vitales mientras él se recostaba en la cama a su lado durante horas, con el brazo alrededor de ella, arrullándola para que se durmiera.

Alimentaba su insaciable deseo de atención insistiendo en que él permaneciera con ella mientras le arreglaban la dentadura, y una vez armó una escena tempestuosa cuando él tuvo que dejarla sola con el dentista para acudir a una cita con John Hay, su secretario de Estado.

La escritora Mary Roberts Rinehart me habló una vez de una mujer joven, brillante y vigorosa, que se convirtió en inválida para obtener una sensación de importancia.

—Un día –dijo la señora Rinehart–, esta mujer se vio obligada a enfrentarse, digamos, a su propia edad. Los años solitarios se extendían por delante y le quedaba poco que esperar.

»Se metió en cama; y durante diez años su anciana madre subió y bajó al tercer piso, llevándole bandejas y cuidándola. Luego, un día, la anciana madre, agotada por el servicio, se acostó y murió. Durante algunas semanas, la inválida languideció; luego se levantó, se vistió y volvió a vivir».

Algunas autoridades declaran que la gente puede llegar a volverse loca para encontrar, en el mundo onírico de la locura, la sensación de importancia que les ha sido negada en el duro mundo de la realidad. Hay más pacientes sufriendo de enfermedades mentales en los Estados Unidos que de todas las demás enfermedades juntas.

¿Cuál es la causa de la locura?

Nadie puede responder a una pregunta tan vasta, pero sabemos que ciertas enfermedades, como la sífilis, destruyen las células cerebrales y provocan la locura. De hecho, cerca de la mitad de todas las enfermedades mentales pueden atribuirse a causas físicas como lesiones cerebrales, alcohol, toxinas y traumatismos. Pero la otra mitad –y ésta es la parte aterradora de la historia–, la otra mitad de las personas que enloquecen aparentemente no tienen nada orgánicamente incorrecto en sus células cerebrales. En los exámenes *post mortem*, cuando se estudian sus tejidos cerebrales bajo microscopios de la más alta potencia, se encuentra que estos tejidos están aparentemente tan sanos como los tuyos y los míos.

¿Por qué enloquece esta gente?

Le hice esa pregunta al médico jefe de uno de nuestros hospitales psiquiátricos más importantes. Este doctor, que ha recibido los más altos honores y los premios más codiciados por su conocimiento del tema, me dijo francamente que no sabía por qué la gente enloquecía. Nadie lo sabe con certeza. Pero sí dijo que muchas personas que enloquecen encuentran en la locura una sensación de importancia que fueron incapaces de lograr en el mundo de la realidad. Luego me contó esta historia:

—Tengo una paciente ahora mismo cuyo matrimonio resultó ser una tragedia. Quería amor, satisfacción sexual, hijos y prestigio social, pero la vida hizo añicos todas sus esperanzas. Su esposo no la amaba. Se negaba incluso a comer con ella y la obligaba a servirle las comidas en su habitación, en el piso de arriba. No tuvo hijos, ni posición social. Enloqueció. Y en su imaginación, se divorció de su marido y recuperó su apellido de soltera. Ahora cree que se ha casado con la aristocracia inglesa, e insiste en que la llamen «lady Smith». Y en cuanto a los hijos, ahora se imagina que ha tenido un nuevo hijo cada noche. Cada vez que la visito me dice: «Doctor, anoche tuve un bebé».

La vida una vez hizo naufragar todas sus naves de ensueño contra las afiladas rocas de la realidad, pero en las soleadas islas de fantasía de la locura, todos sus bergantines entran a puerto con las velas hinchadas y el viento cantando a través de los mástiles.

¿Trágico? Oh, no lo sé. Su médico me dijo:

—Si pudiera extender mi mano y devolverle la cordura, no lo haría. Es mucho más feliz tal como está.

Si algunas personas tienen tanta hambre de un sentimiento de importancia que llegan a volverse locas para conseguirlo, imagínate qué milagros podemos lograr tú y yo dando a la gente un aprecio honrado a este lado de la locura.

Una de las primeras personas en los negocios estadounidenses en recibir un salario de más de un millón de dólares al año (cuando no existía el impuesto sobre la renta y una persona que ganaba cincuenta dólares a la semana se consideraba acomodada) fue Charles Schwab. Había sido elegido por Andrew Carnegie para convertirse en el primer presidente de la recién formada United States Steel Company en 1921, cuando Schwab tenía sólo treinta y ocho años. (Schwab dejó más tarde la U. S. Steel para hacerse cargo de la entonces problemática Bethlehem Steel Company, y la reconstruyó hasta convertirla en una de las compañías más rentables de América).

¿Por qué pagaba Andrew Carnegie un millón de dólares al año, o más de 3 000 dólares al día, a Charles Schwab? ¿Por qué? ¿Porque Schwab era un genio? No. ¿Porque sabía más sobre la fabricación de acero que otras personas? Tonterías. El propio Charles Schwab me dijo que tenía muchos hombres trabajando para él que sabían más sobre la fabricación de acero que él.

Schwab dice que se le pagaba este salario principalmente debido a su capacidad para tratar con la gente. Le pregunté cómo lo hacía.

Aquí está su secreto expresado en sus propias palabras; palabras que deberían ser fundidas en bronce eterno y colgadas en cada hogar y escuela, en cada tienda y oficina del país; palabras que los niños deberían memorizar en lugar de perder el tiempo memorizando la conjugación de los verbos latinos o la cantidad de lluvia anual en Brasil; palabras que transformarán casi por completo tu vida y la mía si tan sólo las viviéramos:

—Considero que mi capacidad para despertar entusiasmo entre mi gente –dijo Schwab– es el mayor activo que poseo, y la forma de desarrollar lo mejor que hay en una persona es mediante el aprecio y el aliento.

»No hay nada que mate tanto las ambiciones de una persona como las críticas de sus superiores. Yo jamás critico a nadie. Creo en dar a una persona incentivos para trabajar. Por eso me gusta elogiar, pero soy reacio a encontrar faltas. Si algo me gusta, soy sincero en mi aprobación y generoso en mis elogios».

Eso es lo que hacía Schwab. Pero, ¿qué hace la gente promedio? Exactamente lo contrario. Si no les gusta una cosa, arman un escándalo a sus subordinados; si les gusta, no dicen nada. Como dice el viejo dicho: «Me equivoqué una vez y me lo recordaron siempre; hice las cosas bien dos veces y nadie lo mencionó».

—En mi amplia asociación en la vida, reuniéndome con muchas y grandes personas en diversas partes del mundo –declaró Schwab–, todavía tengo que encontrar a la persona, por muy grande o exaltado que sea su puesto, que no hiciera un mejor trabajo y realizara un mayor esfuerzo bajo un espíritu de aprobación del que jamás haría bajo un espíritu de crítica.

Ésa, confesó, había sido una de las razones destacadas del éxito fenomenal de Andrew Carnegie. Carnegie elogiaba a sus asociados tanto en público como en privado.

Carnegie quiso elogiar a sus asistentes incluso en su lápida. Escribió un epitafio para sí mismo que decía: «Aquí yace un hombre que supo rodearse de hombres que eran más inteligentes que él».

El aprecio sincero fue uno de los secretos del éxito del primer John D. Rockefeller en el trato con los hombres. Por ejemplo, cuando uno de sus socios, Edward T. Bedford, hizo perder a la firma un millón de dólares por una mala compra en Sudamérica, John D. podría haber criticado, pero sabía que Bedford había hecho lo mejor que podía, y el incidente se cerró. Así que Rockefeller encontró algo que elogiar; felicitó a Bedford porque había sido capaz de salvar el 60 % del dinero invertido.

—Eso es espléndido –dijo Rockefeller–. No siempre lo hacemos tan bien arriba.

Tengo entre mis recortes una historia que sé que nunca sucedió, pero ilustra una verdad, así que la reproduciré aquí.

Según esta tonta historia, una mujer de granja, al final de un duro día de trabajo, puso ante sus hombres una pila de heno amontonada. Y cuando ellos indignados preguntaron si se había vuelto loca, ella respondió:

—¿Cómo, por qué iba yo a saber que se darían cuenta? Llevo veinte años cocinando para ustedes y en todo ese tiempo no he oído ni una palabra que me hiciera saber que no estaban comiendo heno.

Cuando se realizó un estudio hace unos años sobre las esposas que abandonaban el hogar, ¿cuál crees que se descubrió que era la razón principal? Fue la «falta de aprecio». Y apuesto a que un estudio similar realizado sobre maridos que huyen daría el mismo resultado. A menudo damos tanto por sentados a nuestros cónyuges que nunca les hacemos saber que los apreciamos.

Un miembro de una de nuestras clases contó una petición hecha por su esposa. Ella y un grupo de otras mujeres de su iglesia estaban participando en un programa de superación personal. Ella le pidió a su marido que la ayudara haciendo una lista de seis cosas que él creía que ella podría hacer para convertirse en una mejor esposa. Él informó a la clase:

—Me sorprendió tal petición. Francamente, habría sido fácil para mí enumerar seis cosas que me gustaría cambiar de ella... ¡Cielos, ella podría haber enumerado mil cosas que le gustaría cambiar de mí! Pero no lo hice. En cambio, le dije: «Déjame pensarlo y te daré una respuesta por la mañana».

»A la mañana siguiente me levanté muy temprano, llamé a la floristería e hice que le enviaran seis rosas rojas a mi esposa con una nota que decía: "No puedo pensar en seis cosas que me gustaría cambiar de ti. Te amo tal como eres".

»Cuando llegué a casa esa noche, ¿quién creen que me recibió en la puerta? Así es. ¡Mi esposa! Estaba casi llorando. Huelga decir que me sentí extremadamente contento de no haberla criticado como ella había pedido.

»El domingo siguiente en la iglesia, después de que ella hubiera informado de los resultados de su tarea, varias mujeres con las que había estado estudiando se acercaron a mí y dijeron: "Eso fue la cosa más considerada que he oído jamás". Fue entonces cuando me di cuenta del poder del aprecio».

Florenz Ziegfeld, el productor más espectacular que jamás deslumbró a Broadway, ganó su reputación gracias a su sutil habilidad para «glorificar a la chica americana». Una y otra vez, tomó a criaturitas apagadas a las que nadie miraba dos veces y las transformó en el escenario en visiones glamurosas de misterio y seducción. Conociendo el valor del aprecio y la confianza, hizo que las mujeres se sintieran hermosas por la pura fuerza de su galantería y consideración. Era práctico: aumentó el salario de las coristas de treinta dólares a la semana hasta ciento setenta y cinco. Y también era caballeroso; en la noche de estreno en las Follies, envió telegramas a las estrellas del elenco e inundó a cada corista del espectáculo con rosas a lo *American Beauty*.

Una vez sucumbí a la moda del ayuno y pasé seis días y seis noches sin comer. No fue difícil. Tenía menos hambre al final del sexto día que al final del segundo. Sin embargo, conozco, al igual que tú, a personas que pensarían que han cometido un crimen si dejaran a sus familias o empleados sin comida durante seis días, pero los dejarán pasar seis días, y seis semanas, y a veces sesenta años sin darles el aprecio sincero que anhelan casi tanto como anhelan la comida.

Cuando Alfred Lunt, uno de los grandes actores de su tiempo, interpretó el papel principal en *Reunión en Viena*, dijo: «No hay nada que necesite tanto como alimento para mi autoestima».

Alimentamos los cuerpos de nuestros hijos, amigos y empleados, pero ¿con qué frecuencia alimentamos su autoestima? Les proporcionamos carne asada y patatas para generar energía, pero descuidamos darles palabras amables de aprecio que cantarían en sus recuerdos durante años como la música de las estrellas de la mañana.

Paul Harvey, en una de sus emisiones de radio, «El resto de la historia», contó cómo mostrar un aprecio sincero puede cambiar la vida de una persona. Informó que hace años una maestra en Detroit le pidió a Stevie Morris que la ayudara a encontrar un ratón que se había perdido en el aula. Lo que pasa es que ella apreciaba el hecho de que la naturaleza le había dado a Stevie algo que nadie más en la sala tenía.

La naturaleza le había dado a Stevie un par de oídos notables para compensar sus ojos ciegos. Pero ésta fue realmente la primera vez que se le mostró a Stevie aprecio por esos oídos talentosos. Ahora, años después, él dice que este acto de aprecio fue el comienzo de una nueva vida. A partir de ese momento desarrolló su don auditivo y pasó a convertirse, bajo el nombre artístico de Stevie Wonder, en uno de los grandes cantantes y compositores de pop de los años setenta.[1]

Algunos lectores estarán diciendo ahora mismo mientras leen estas líneas: «¡Bah! ¡Adulación! ¡Palabrería! Ya he probado esas cosas. No funcionan, no con gente inteligente».

Por supuesto que la adulación rara vez funciona con personas con discernimiento. Es superficial, egoísta e insincera. Debería fallar y usualmente lo hace. Es cierto, algunas personas están tan hambrientas, tan sedientas de aprecio que se tragarán cualquier cosa, tal como un hombre que muere de hambre comerá hierba y gusanos.

Incluso la reina Victoria era susceptible a la adulación. El primer ministro Benjamin Disraeli confesó que la empleaba densamente al tratar con la reina. Para usar sus palabras exactas, dijo que la «extendía con paleta». Pero Disraeli fue uno de los hombres más pulidos, hábiles y astutos que jamás gobernó el vasto Imperio Británico. Era un genio en su línea. Lo que funcionaba para él no funcionaría necesariamente para ti y para mí. A la larga, la adulación te hará más daño que bien. La adulación es falsa, y como el dinero falso, eventualmente te meterá en problemas si la vas pasando de mano en mano.

¿La diferencia entre aprecio y adulación? Es simple. Uno es sincero y la otra insincera. Uno viene del corazón; la otra, de los dientes para afuera. Uno es altruista; la otra, egoísta. Uno es universalmente admirado; la otra, universalmente condenada.

Recientemente vi un busto del héroe mexicano general Álvaro Obregón en el castillo de Chapultepec, en la Ciudad

---

1. Aurandt, P.: *Paul Harvey's The Rest of the Story*. Doubleday, Nueva York, 1977. Editado y compilado por Lynne Harvey.

de México. Debajo del busto están talladas estas sabias palabras de la filosofía del general Obregón: «No temas a los enemigos que te atacan. Teme a los amigos que te adulan».

¡No! ¡No! ¡No! ¡No estoy sugiriendo la adulación! Lejos de eso. Estoy hablando de una nueva forma de vida. Permíteme repetirlo: estoy hablando de una nueva forma de vida.

El rey Jorge V tenía un conjunto de seis máximas expuestas en las paredes de su estudio en el Palacio de Buckingham. Una de estas máximas decía: «Enséñame a no ofrecer ni recibir elogios baratos». Eso es todo lo que es la adulación: elogios baratos. Una vez leí una definición de adulación que puede valer la pena repetir: «La adulación es decirle a la otra persona precisamente lo que ella piensa de sí misma».

«Use el lenguaje que quiera –dijo Ralph Waldo Emerson–, pero nunca podrá decir nada más que lo que usted es».

Si todo lo que tuviéramos que hacer fuera adular, todo el mundo se daría cuenta y todos seríamos expertos en relaciones humanas.

Cuando no estamos ocupados pensando en algún problema definido, solemos pasar alrededor del 95 % de nuestro tiempo pensando en nosotros mismos. Ahora bien, si dejamos de pensar en nosotros mismos por un rato y comenzamos a pensar en los puntos buenos de la otra persona, no tendremos que recurrir a la adulación, tan barata y falsa que se puede detectar casi antes de que salga de la boca.

Una de las virtudes más descuidadas de nuestra existencia diaria es el aprecio. De alguna manera, descuidamos elogiar a nuestro hijo o hija cuando trae a casa buenas notas, y fallamos en alentar a nuestros hijos cuando tienen éxito por primera vez horneando un pastel o construyendo una casita para pájaros. Nada complace más a los niños que este tipo de interés y aprobación de los padres.

La próxima vez que disfrutes de un *filet mignon* en el club, envía un mensaje al chef diciendo que estaba excelentemente preparado, y cuando un vendedor cansado te muestre una cortesía inusual, por favor házselo notar.

Todo ministro, conferenciante y orador público conoce el desaliento de volcarse ante una audiencia y no recibir ni una sola onda de comentario apreciativo. Lo que se aplica a los profesionales se aplica doblemente a los trabajadores en oficinas, tiendas y fábricas, y a nuestras familias y amigos. En nuestras relaciones interpersonales nunca debemos olvidar que todos nuestros asociados son seres humanos y tienen hambre de aprecio. Es la moneda de curso legal que disfrutan todas las almas.

Intenta dejar un rastro amistoso de pequeñas chispas de gratitud en sus viajes diarios. Te sorprenderás de cómo encenderán pequeñas llamas de amistad que serán faros de rosas en tu próxima visita.

Pamela Dunham, de New Fairfield, Connecticut, tenía entre sus responsabilidades en su trabajo la supervisión de un conserje que estaba haciendo un trabajo muy deficiente. Los otros empleados se burlaban de él y ensuciaban los pasillos para mostrarle lo mal que lo hacía. Era tan malo que se estaba perdiendo tiempo productivo en el taller.

Sin éxito, Pam intentó varias formas de motivar a esta persona. Notó que ocasionalmente él hacía un trabajo particularmente bueno. Ella se aseguró de elogiarlo por ello frente a las otras personas. Cada día el trabajo que él hacía mejoraba en general, y muy pronto comenzó a hacer todo su trabajo eficientemente. Ahora hace un trabajo excelente y otras personas le dan aprecio y reconocimiento. El aprecio honrado obtuvo resultados donde la crítica y el ridículo fallaron.

Herir a la gente no sólo no la cambia, sino que jamás es necesario. Hay un viejo dicho que he recortado y pegado en mi espejo donde no puedo evitar verlo todos los días:

«Pasaré por este camino una sola vez; cualquier bien,
por tanto, que pueda hacer
o cualquier amabilidad que pueda mostrar
a cualquier ser humano,
permítaseme hacerlo ahora. No permitas que lo aplace
ni lo descuide,
pues no pasaré de nuevo por este camino».

Emerson dijo: «Todo hombre que conozco es superior a mí en algún sentido. En ese sentido, aprendo de él».

Si eso era cierto para Emerson, ¿no es probable que sea mil veces más cierto tanto para ti como para mí? Dejemos de pensar en nuestros logros, en nuestros deseos. Tratemos de descubrir los puntos buenos de la otra persona. Olvidémonos de la adulación. Ofrezcamos aprecio honrado y sincero. Seamos «sinceros en la aprobación y generosos en los elogios». Así, la gente apreciará tus palabras, las atesorará y las repetirá durante toda una vida; las repetirá años después de que tú las hayas olvidado.

◆

PRINCIPIO 2

Demuestra aprecio honrado y sincero.

◆

CAPÍTULO 3

QUIEN PUEDE HACER ESTO TIENE AL MUNDO ENTERO CONSIGO. QUIEN NO PUEDE, MARCHA SOLO POR EL CAMINO

Frecuentemente iba a pescar a Maine durante el verano. Personalmente, me encantan las fresas con crema; pero he descubierto que, por alguna razón extraña, los peces prefieren las lombrices.

Por eso, cuando iba de pesca, no pensaba en lo que yo quería. No cebaba el anzuelo con fresas con crema. En lugar de eso, balanceaba una lombriz o un saltamontes frente al pez y le decía: «¿No te gustaría tener esto?».

¿Por qué no utilizar el mismo sentido común cuando se trata de «pescar» personas?

Eso es lo que hizo Lloyd George, primer ministro de Gran Bretaña durante la Primera Guerra Mundial. Cuando alguien le preguntó cómo había logrado mantenerse en el poder después de que los otros líderes de la guerra –Wilson, Orlando y Clemenceau– hubieran caído en el olvido, respondió que si su permanencia en la cima podía atribuirse a una sola cosa, sería al hecho de haber aprendido que es necesario poner en el anzuelo la carnada que le gusta al pez.

¿Por qué hablar de lo que nosotros queremos? Eso es infantil. Absurdo. Por supuesto, a ti te interesa lo que tú deseas. Te interesa hasta la saciedad. Pero a nadie más le importa. El resto somos igual que tú: nos interesa lo que nosotros deseamos.

De modo que el único medio de que disponemos en este mundo para influir sobre las personas es hablar de lo que ellas quieren y enseñarles cómo conseguirlo.

Recuerda esto mañana, cuando trates de lograr que alguien haga algo. Si, por ejemplo, no quieres que tus hijos fumen, no les regañes y les hables de lo que tú quieres; muéstrales, en cambio, que los cigarrillos pueden impedirles formar parte del equipo de baloncesto o ganar la carrera de los cien metros.

Es bueno recordar esto, independientemente de que se trate de niños, de terneros o de chimpancés. Por ejemplo: un día, Ralph Waldo Emerson y su hijo intentaron meter un ternero en el establo. Pero cometieron el error común de pensar solamente en lo que ellos querían: Emerson empujaba y su hijo tiraba. Pero el ternero estaba haciendo exactamente lo mismo que ellos: pensar solamente en lo que él quería; de modo que puso rígidas las patas y se negó obstinadamente a salir del pastizal.

La sirvienta irlandesa vio el aprieto en que se hallaban. Ella no sabía escribir ensayos ni libros; pero, al menos en esta ocasión, tenía más sentido común –o sentido vacuno– que Emerson. Pensó en lo que quería el ternero; así que puso su dedo maternal en la boca del animal y dejó que este lo chupara mientras lo conducía suavemente hacia el interior del establo.

Cada acto que has realizado desde el día en que naciste, lo has hecho porque querías algo. ¿Qué me dices de aquella vez que entregaste un gran donativo a la Cruz Roja? Sí, eso no es una excepción a la regla. Hiciste la donación a la Cruz Roja porque querías ayudar; querías llevar a cabo un acto hermoso, altruista y divino. «De cierto os digo que todo lo que hicisteis a mis hermanos más pequeños, me lo hicisteis a mí».

Si no hubieras deseado ese sentimiento más de lo que deseabas tu dinero, no hubieras hecho la contribución. Por supuesto, es posible que la hicieras porque te daba vergüenza decir que no o porque un cliente te lo pidió. Pero una cosa es segura: hiciste la contribución porque querías algo.

Harry A. Overstreet, en su iluminador libro *Influencing Human Behaviour*, dice: «La acción surge de lo que deseamos profundamente... Y el mejor consejo que puede darse a los que pretenden ser persuasivos, ya sea en los negocios, en el hogar, en la escuela o en la política, es éste: primero, despierta en los demás un deseo vehemente. Quien puede hacer esto tiene al mundo entero consigo. Quien no puede, marcha solo por el camino».

Andrew Carnegie, el pobre muchacho escocés que comenzó a trabajar por 2 centavos la hora y finalmente regaló 365 millones de dólares, aprendió en los comienzos de su vida que la única forma de influir sobre la gente es hablar en función de lo que el otro quiere. Sólo asistió a la escuela cuatro años y, sin embargo, aprendió a tratar con las personas.

Para ilustrarlo: su cuñada estaba enferma de preocupación por sus dos hijos. Estaban en Yale y se hallaban tan ocupados con sus propios asuntos que habían descuidado escribir a casa y no prestaban la menor atención a las frenéticas cartas de su madre.

Entonces Carnegie ofreció apostar cien dólares a que él podía obtener una respuesta a vuelta de correo, sin siquiera pedirla. Alguien aceptó su apuesta; así que escribió a sus sobrinos una carta charlatana, mencionando casualmente en la posdata que enviaba a cada uno un billete de cinco dólares.

Sin embargo, «olvidó» incluir el dinero.

A vuelta de correo llegaron las respuestas agradeciendo al «querido tío Andrew» su amable nota y... te puedes imaginar cómo continuaba.

Otro ejemplo de persuasión proviene de Stan Novak de Cleveland, Ohio, un participante en nuestro curso. Stan llegó a casa del trabajo una noche y encontró a su hijo menor, Tim, pataleando y gritando en el suelo de la sala. Al día siguiente debía comenzar el jardín de infantes y protestaba diciendo que no iría.

La reacción normal de Stan habría sido mandar al niño a su cuarto y decirle que mejor se hiciera a la idea de ir. No tenía otra opción. Pero esa noche, reconociendo que eso no ayudaría realmente a Tim a comenzar el jardín de infantes con la mejor disposición mental, Stan se sentó y pensó: «Si yo fuera Tim, ¿por qué me entusiasmaría ir al jardín de infantes?». Él y su esposa hicieron una lista de todas las cosas divertidas que haría Tim, como pintar con los dedos, cantar canciones y hacer nuevos amigos. Luego, pasaron a la acción.

—Todos empezamos a pintar con los dedos en la mesa de la cocina: mi esposa Lil, mi otro hijo Bob y yo mismo, divirtiéndonos mucho. Pronto Tim estaba espiando desde la esquina. Enseguida estaba rogando participar. «¡Oh, no! Tienes que ir al jardín de infantes primero para aprender a pintar con los dedos». Con todo el entusiasmo que pude reunir, repasé la lista hablándole en términos que él pudiera entender, contándole toda la diversión que tendría en el jardín de infantes. A la mañana siguiente, creí ser el primero en levantarme. Bajé las escaleras y encontré a Tim profundamente dormido en el sillón de la sala.

»—¿Qué haces aquí? –le pregunté.

»—Estoy esperando para ir al jardín de infantes. No quiero llegar tarde.

»El entusiasmo de toda nuestra familia había despertado en Tim un deseo vehemente que ninguna cantidad de discusiones o amenazas podría haber logrado jamás».

Mañana tal vez quieras persuadir a alguien de que haga algo. Antes de hablar, haz una pausa y pregúntate: «¿Cómo puedo lograr que esta persona quiera hacerlo?».

Esa pregunta nos impedirá lanzarnos imprudentemente a una situación, con una charla inútil sobre nuestros deseos.

En una ocasión alquilé el gran salón de baile de cierto hotel de Nueva York durante veinte noches en cada temporada para celebrar una serie de conferencias.

Al comienzo de una temporada, se me informó repentinamente que tendría que pagar casi el triple de alquiler que antes. Esta noticia me llegó después de que las entradas hubieran sido impresas y distribuidas, y se hubieran impreso todos los anuncios.

Naturalmente, yo no quería pagar el aumento, pero ¿de qué servía hablar con el hotel sobre lo que yo quería? A ellos sólo les interesaba lo que ellos querían. Así que un par de días más tarde fui a ver al gerente.

—Me quedé un poco sorprendido cuando recibí su carta –le dije–, pero no lo culpo en lo más mínimo. Si yo hubiera estado en su posición, probablemente habría escrito una carta similar. Su deber como gerente del hotel es obtener todos los beneficios posibles. Si no lo hace, lo despedirán, y deberían despedirlo. Ahora, tomemos un trozo de papel y escribamos las ventajas y las desventajas que le reportará a usted si insiste en este aumento del alquiler.

Entonces tomé una hoja con membrete, tracé una línea por el centro y encabecé una columna con la palabra «Ventajas» y la otra con «Desventajas».

Escribí bajo el título «Ventajas» estas palabras: «Salón de baile libre». Luego continué diciendo:

—Usted tendrá la ventaja de tener el salón de baile libre para alquilarlo para bailes y convenciones. Ésa es una gran ventaja, pues eventos de ese tipo le pagarán mucho más de lo que puede obtener por una serie de conferencias. Si yo le bloqueo el salón de baile durante veinte noches en el curso de la temporada, es seguro que significará la pérdida de algunos negocios muy rentables para usted.

»Ahora, consideremos las desventajas. Primero, en lugar de aumentar sus ingresos procedentes de mí, va a disminuirlos. De hecho, va a eliminarlos porque no puedo pagar el alquiler que usted pide. Me veré obligado a celebrar estas conferencias en algún otro lugar.

»Hay otra desventaja para usted también. Estas conferencias atraen multitudes de personas educadas y cultas a su hotel. Eso es buena publicidad para usted, ¿no es así? Si gastara cinco mil dólares en anuncios en los periódicos, no podría traer a tanta gente a ver su hotel como la que yo puedo traer con estas conferencias. Eso vale mucho para un hotel, ¿verdad?».

Mientras hablaba, escribí estas dos «desventajas» bajo el encabezado correspondiente, y entregué la hoja de papel al gerente, diciendo:

—Desearía que considerara cuidadosamente tanto las ventajas como las desventajas que van a resultar para usted y luego me dé su decisión final.

Recibí una carta al día siguiente, informándome que mi alquiler aumentaría sólo un 50 % en lugar de un 300 %.

Tenga en cuenta que obtuve esta reducción sin decir una palabra sobre lo que yo quería. Hablé todo el tiempo sobre lo que quería la otra persona y cómo podía conseguirlo.

Supongamos que hubiera hecho lo humano, lo natural; supongamos que hubiera irrumpido en su oficina y dicho: «¿Qué significa esto de subirme el alquiler un 300 % cuando sabe que las entradas ya se han impreso y los anuncios se han hecho? ¡300 %! ¡Ridículo! ¡Absurdo! ¡No lo pagaré!».

¿Qué habría sucedido entonces? Habría comenzado una discusión acaloradísima, y ya sabes perfectamente cómo terminan las discusiones. Incluso si lo hubiera convencido de que estaba equivocado, su orgullo le habría dificultado dar marcha atrás y ceder.

He aquí uno de los mejores consejos jamás dados sobre el fino arte de las relaciones humanas. «Si hay un secreto del éxito –dijo Henry Ford–, reside en la capacidad para apreciar el punto de vista del prójimo y ver las cosas desde su ángulo tanto como del propio».

Eso es tan bueno que quiero repetirlo: «Si hay un secreto del éxito, reside en la capacidad para apreciar el punto de vista del prójimo y ver las cosas desde su ángulo tanto como del propio».

Eso es tan simple, tan obvio, que cualquiera debería ver la verdad de ello a simple vista, y, sin embargo, el 90 % de la gente en esta tierra lo ignora el 90 % del tiempo.

¿Un ejemplo? Mira las cartas que llegarán a tu escritorio mañana por la mañana, y descubrirás que la mayoría de ellas violan esta importante regla del sentido común. Toma ésta como prueba, una carta escrita por el jefe del departamento de radio de una agencia de publicidad con oficinas por todo el continente. Esta carta fue enviada a los gerentes de las estaciones de radio locales de todo el país. (He anotado, en cursiva, mis reacciones a cada párrafo).

Sr. John Blank,
Blankvillc,
Indiana

Estimado señor Blank:

La compañía (...) desea conservar su posición de liderazgo entre las agencias de publicidad en el campo de la radio.

¿A quién le importan los deseos de su compañía? Yo estoy preocupado por mis propios problemas. El banco está ejecutando la hipoteca de mi casa, los insectos están destruyendo las malvarrosas, el mercado de valores se derrumbó ayer. Perdí el tren de las ocho y quince esta mañana. No me invitaron al baile de los Jones anoche, el médico me dice que tengo presión alta, neuritis y caspa. ¿Y qué sucede entonces? Llego a la oficina esta mañana preocupado, abro mi correo y aquí está algún pequeño mequetrefe de Nueva York parloteando sobre lo que su compañía quiere. ¡Bah! Si tan sólo se diera cuenta de la clase de impresión que causa su carta, se saldría del negocio de la publicidad y empezaría a fabricar desinfectante para ovejas.

Las cuentas nacionales de publicidad de esta agencia fueron el baluarte de la red. Nuestras subsiguientes contrataciones de tiempo de estación nos han mantenido en la cima de las agencias año tras año.

Muy bien, sois grandes y ricos y estáis en la cima, ¿verdad? ¿Y qué? Me importaría un bledo que fuerais tan grandes como la General Motors y la General Electric y el Estado Mayor del Ejército de los Estados Unidos, combinados. Si tuvieras por lo menos el sentido común de un colibrí medio tonto, te darías cuenta de que a mí me interesa cuán grande soy yo, no cuán grande eres tú. Toda esta tontería sobre tu enorme éxito me hace sentir pequeño y sin importancia.

Deseamos servir a nuestras cuentas con la última palabra en información sobre estaciones de radio.

¡Deseamos, deseamos! Asno rematado. No me interesa lo que deseáis ni lo que desea el presidente de los Estados Unidos. Déjame decirte de una vez por todas que a mí me interesa lo que yo deseo, y tú no has dicho nada sobre eso todavía en esta absurda carta tuya.

¿Pondrá usted, por tanto, a la compañía (...) en su lista preferente para la información semanal de la estación: cada detalle que sea útil para una agencia al reservar tiempo de manera inteligente?

«Lista preferente». ¡Qué descaro! Me hace sentir insignificante con su gran charla sobre su compañía, y luego me pide que lo ponga en una lista «preferente», y ni siquiera dice «por favor» cuando lo pide.

Un pronto acuse de recibo de esta carta, dándonos sus últimas «novedades», será mutuamente útil.

¡Necio! Me envía una carta circular barata –una carta esparcida a lo largo y ancho como las hojas de otoño– y tie-

ne la desfachatez de pedirme, cuando estoy preocupado por la hipoteca y las malvarrosas y mi presión arterial, que me siente y dicte una nota personal acusando recibo de su carta de formulario; y me pide que lo haga «prontamente». ¿Qué quiere decir con «prontamente»? ¿No sabe que estoy tan ocupado como tú, o al menos me gusta pensar que lo estoy? Y ya que estamos en el tema, ¿quién te ha dado el derecho de darme órdenes? Dices que será «mutuamente útil». Por fin, por fin ha empezado a ver mi punto de vista. Pero es vago acerca de cómo será ventajoso para mí.

Muy atentamente,

John Doe
Gerente del Departamento de Radio

P. D.: La reimpresión adjunta del *Blankville Journal* será de interés para usted, y tal vez quiera transmitirla por su estación.

Finalmente, aquí abajo en la posdata, menciona algo que puede ayudarme a resolver uno de mis problemas. ¿Por qué no empezó su carta con eso? Pero, ¿de qué sirve? Cualquier publicista culpable de perpetrar semejantes tonterías como las que me ha enviado tiene algo mal en el bulbo raquídeo. Éste no necesita una carta con nuestras últimas novedades. Lo que necesita es un litro de yodo en la glándula tiroides.

Ahora bien, si precisamente la gente que dedica su vida a la publicidad y que posa como experta en el arte de influir en las personas para que compren escriben una carta como esa, ¿qué podemos esperar del carnicero, del panadero o del mecánico de automóviles?

Aquí hay otra carta, escrita por el superintendente de una gran terminal de carga a un estudiante de este curso, Edward Vermylen. ¿Qué efecto tuvo esta carta en el hombre a quien iba dirigida? Léela y luego te lo diré.

A. Zerega's Sons, Inc.
28 Front St.
Brooklyn, N. Y. 11201

Atención: Sr. Edward Vermylen
Caballeros:

Las operaciones en nuestra estación de recepción de salida de trenes se ven obstaculizadas porque un porcentaje considerable del negocio total se nos entrega a última hora de la tarde. Esta condición resulta en congestión, horas extras por parte de nuestras fuerzas, retrasos para los camiones y, en algunos casos, retrasos en la carga. El 10 de noviembre, recibimos de su compañía un lote de 510 piezas, que llegó aquí a las 16:20 de la tarde.

Solicitamos su cooperación para superar los efectos indeseables que surgen de la recepción tardía de carga. ¿Podemos pedir que, en los días en que envíen el volumen que se recibió en la fecha mencionada, se haga un esfuerzo ya sea para traer el camión aquí más temprano o para entregarnos parte de la carga durante la mañana?

La ventaja que le reportaría a usted bajo tal arreglo sería la de una descarga más expeditiva de sus camiones y la seguridad de que su negocio seguirá adelante en la fecha de su recepción.

Muy atentamente,

J. B., Director General

Después de leer esta carta, el señor Vermylen, gerente de ventas de A. Zerega's Sons, Inc., me la envió con el siguiente comentario:

> Ésta carta tuvo el efecto contrario al que se pretendía. La carta comienza describiendo las dificultades de la terminal, en las cuales no estamos interesados, hablando en general. Luego se solicita nuestra cooperación sin ningún pensamiento sobre si nos incomodaría, y finalmente, en el último párrafo, se menciona el hecho de que si cooperamos significará una descarga más expeditiva de nuestros camiones con la seguridad de que nuestra carga seguirá adelante en la fecha de su recepción.
>
> En otras palabras, aquello en lo que estamos más interesados se menciona al final, y el efecto total es levantar un espíritu de antagonismo en lugar de cooperación.

Veamos si podemos reescribir y mejorar esta carta. No perdamos tiempo hablando de nuestros problemas. Como aconseja Henry Ford, vamos a «apreciar el punto de vista de la otra persona y ver las cosas desde su ángulo, tanto como desde el nuestro». Aquí hay una forma de revisar la carta. Puede que no sea la mejor manera, pero ¿no es una mejora?

> Sr. Edward Vermylen
> c/o A. Zerega's Sons, Inc.
> 28 Front St.
> Brooklyn, N. Y. 11201
>
> Estimado señor Vermylen:
>
> Su compañía ha sido uno de nuestros buenos clientes durante catorce años. Naturalmente, estamos muy agradeci-

dos por su patrocinio y deseosos de darle el servicio rápido y eficiente que merece. Sin embargo, lamentamos decir que no nos es posible hacerlo cuando sus camiones nos traen un gran cargamento tarde en la tarde, como hicieron el 10 de noviembre. ¿Por qué? Porque muchos otros clientes también hacen entregas a última hora de la tarde. Naturalmente, eso causa congestión. Eso significa que sus camiones son retenidos inevitablemente en el muelle y a veces incluso su carga se retrasa.

Eso es malo, pero puede evitarse. Si hacen sus entregas en el muelle por la mañana cuando sea posible, sus camiones podrán seguir moviéndose, su carga recibirá atención inmediata y nuestros trabajadores llegarán a casa temprano por la noche para disfrutar de una cena con los deliciosos macarrones y fideos que ustedes fabrican.

Independientemente de cuándo lleguen sus envíos, siempre haremos alegremente todo lo que esté a nuestro alcance para servirles con prontitud.

Usted está ocupado. Por favor, no se moleste en responder a esta nota.

Atentamente,

J. B., Director General

Barbara Anderson, que trabajaba en un banco en Nueva York, deseaba mudarse a Phoenix, Arizona, por la salud de su hijo. Utilizando los principios que había aprendido en nuestro curso, escribió la siguiente carta a doce bancos en Phoenix:

Estimado señor:

Mis diez años de experiencia bancaria deberían ser de interés para un banco en rápido crecimiento como el suyo.

En diversas capacidades en operaciones bancarias con la Bankers Trust Company en Nueva York, que han conducido a mi actual asignación como gerente de sucursal, he adquirido habilidades en todas las fases de la banca, incluyendo relaciones con los depositantes, créditos, préstamos y administración.

Me trasladaré a Phoenix en mayo y estoy segura de que puedo contribuir a su crecimiento y beneficio. Estaré en Phoenix la semana del 3 de abril y agradecería la oportunidad de mostrarle cómo puedo ayudar a su banco a alcanzar sus metas.

Sinceramente,

Barbara L. Anderson

¿Crees que la señora Anderson recibió alguna respuesta a esa carta? Once de los doce bancos la invitaron a una entrevista, y ella tuvo la opción de elegir qué oferta bancaria aceptar. ¿Por qué? La señora Anderson no declaró lo que ella quería, sino que escribió en la carta cómo podía ayudarlos a ellos, y se centró en los deseos de ellos, no en los suyos.

Miles de vendedores recorren las aceras hoy, cansados, desanimados y mal pagados. ¿Por qué? Porque sólo piensan en lo que ellos quieren. No se dan cuenta de que ni tú ni yo queremos comprar nada. Si quisiéramos, saldríamos a comprarlo. Pero ambos estamos eternamente interesados en resolver nuestros problemas. Y si los vendedores pueden mostrarnos cómo sus servicios o mercancías nos ayudarán a resolver esos problemas, no necesitarán vendernos nada. Nosotros compraremos. Y a los clientes les gusta sentir que están comprando, no que les están vendiendo.

Sin embargo, muchos vendedores se pasan la vida vendiendo sin ver las cosas desde el ángulo del cliente. Por ejemplo, durante muchos años viví en Forest Hills, una pequeña comunidad de viviendas privadas en el centro del área metropolitana de Nueva York. Un día, mientras corría hacia la estación, me encontré por casualidad con un agente inmobiliario que llevaba muchos años comprando y vendiendo propiedades en esa zona. Él conocía bien Forest Hills, así que le pregunté apresuradamente si mi casa de estuco estaba construida con listones metálicos o con bloques huecos. Me dijo que no lo sabía y me contestó lo que yo ya sabía: que podía averiguarlo llamando a la Asociación de Jardines de Forest Hills. A la mañana siguiente, recibí una carta suya. ¿Me daba la información que yo quería? Podría haberla conseguido en sesenta segundos con una llamada telefónica. Pero no lo hizo. Me dijo de nuevo que yo podía obtenerla telefoneando, y luego me pidió que le permitiera encargarse de mis seguros.

No estaba interesado en ayudarme. Sólo estaba interesado en ayudarse a sí mismo.

J. Howard Lucas, de Birmingham, Alabama, cuenta cómo dos vendedores de la misma compañía manejaron el mismo tipo de situación. Contó lo siguiente:

—Hace varios años, yo estaba en el equipo directivo de una pequeña empresa. Cerca de nosotros tenía su sede la oficina de distrito de una gran compañía de seguros. A sus agentes se les asignaban territorios, y nuestra empresa fue asignada a dos agentes, a quienes me referiré como Carl y John.

»Una mañana, Carl pasó por nuestra oficina y mencionó casualmente que su compañía acababa de introducir una nueva póliza de seguro de vida para ejecutivos; pensó que podría interesarnos más adelante y que volvería a contactarnos cuando tuviera más información al respecto.

»Ese mismo día, John nos vio en la acera mientras regresábamos de una pausa para el café y gritó:

»—¡Oye, Luke, espera, tengo grandes noticias para ustedes!

»Se acercó apresuradamente y, muy emocionado, nos habló de una póliza de seguro de vida para ejecutivos que su compañía había introducido ese mismo día. (Era la misma póliza que Carl había mencionado casualmente). Quería que nosotros fuéramos de los primeros en tenerla. Nos dio algunos datos importantes sobre la cobertura y terminó diciendo:

»—La póliza es tan nueva que voy a hacer que alguien de la oficina central venga mañana a explicarla. Mientras tanto, firmemos las solicitudes y pongámoslas en marcha para que él tenga más información con la que trabajar.

»Su entusiasmo despertó en nosotros un deseo vehemente por esta póliza, aunque todavía no teníamos los detalles. Cuando estuvieron disponibles, confirmaron lo que John había entendido inicialmente sobre la póliza, y él no sólo nos vendió una póliza a cada uno, sino que más tarde duplicó nuestra cobertura.

»Carl podría haber conseguido esas ventas, pero no hizo ningún esfuerzo por despertar en nosotros ningún deseo por las pólizas».

El mundo está lleno de personas codiciosas y egoístas. Por eso, el raro individuo que trata desinteresadamente de servir a los demás tiene una ventaja enorme. Tiene poca competencia. Owen D. Young, un destacado abogado y uno de los grandes líderes empresariales de Estados Unidos, dijo una vez: «Quien puede ponerse en el lugar de los demás, quien puede comprender el funcionamiento de sus mentes, no necesita preocuparse jamás por lo que el futuro le depare».

Si de la lectura de este libro tú sacas una sola cosa –una mayor tendencia a pensar siempre desde el punto de vista de la otra persona y ver las cosas desde su ángulo–, si consigues esa única cosa de este libro, bien podría ser uno de los pilares de tu carrera.

Mirar desde el punto de vista de la otra persona y despertar en ella un deseo vehemente de algo no debe interpretarse como una manipulación de esa persona para que haga algo que sea sólo para su beneficio y en detrimento de ella. Ambas partes deben ganar en la negociación. En las cartas al señor Vermylen, tanto el remitente como el receptor de la correspondencia ganaron al implementar lo sugerido. Tanto el banco como la señora Anderson ganaron con su carta, ya que el banco obtuvo una empleada valiosa y la señora Anderson un trabajo adecuado. Y en el ejemplo de la venta de seguros de John al señor Lucas, ambos ganaron a través de esta transacción.

Otro ejemplo en el que todos ganan mediante este principio de despertar un deseo vehemente proviene de Michael E. Whidden, de Warwick, Rhode Island, vendedor territorial de la Shell Oil Company. Mike quería convertirse en el vendedor número uno de su distrito, pero una estación de servicio lo estaba frenando. Estaba dirigida por un hombre mayor a quien no se podía motivar para que limpiara su estación. Estaba en tan mal estado que las ventas disminuían significativamente.

Este gerente no escuchaba ninguna de las súplicas de Mike para mejorar la estación. Después de muchas exhortaciones y charlas de corazón a corazón –ninguna de las cuales tuvo impacto–, Mike decidió invitar al gerente a visitar la estación Shell más nueva de su territorio.

El gerente quedó tan impresionado por las instalaciones de la nueva estación que, cuando Mike lo visitó la siguiente vez, su estación estaba limpia y había registrado un aumento en las ventas. Esto permitió a Mike alcanzar el puesto número uno en su distrito. Toda su charla y discusión no habían servido de nada, pero al despertar un deseo vehemente en el gerente mostrándole la estación moderna, había logrado su objetivo, y tanto el gerente como Mike se beneficiaron.

La mayoría de la gente pasa por la universidad y aprende a leer a Virgilio y a dominar los misterios del cálculo sin descubrir jamás cómo funcionan sus propias mentes. Por ejemplo: una vez impartí un curso de Oratoria Eficaz para los jóvenes graduados universitarios que entraban a trabajar en la Carrier Corporation, el gran fabricante de aires acondicionados. Uno de los participantes quería persuadir a los otros para que jugaran al baloncesto en su tiempo libre, y esto es más o menos lo que dijo:

—Quiero que salgáis a jugar al baloncesto. A mí me gusta jugar al baloncesto, pero las últimas veces que he ido al gimnasio no ha habido suficiente gente para armar un partido. Dos o tres de nosotros nos las arreglamos lanzando la pelota la otra noche, y me pusieron un ojo morado. Desearía que todos vosotros vinierais mañana por la noche. Quiero jugar al baloncesto.

¿Habló él de algo que tú desearías? No querrías ir a un gimnasio al que nadie más va, ¿verdad? Ni te importaría lo que él quiere. Tampoco querrías tener un ojo morado.

¿Podría haberte mostrado cómo obtener las cosas que tú quieres utilizando el gimnasio? Seguramente. Más energía. Abrir el apetito. Cerebro más despejado. Diversión. Juegos. Baloncesto.

Para repetir el sabio consejo del profesor Overstreet: primero, despierta en los demás un deseo vehemente. Quien puede hacer esto tiene al mundo entero consigo. Quien no puede, marcha solo por el camino.

Uno de los estudiantes del curso de formación del autor estaba preocupado por su hijo pequeño. El niño tenía bajo peso y se negaba a comer adecuadamente. Sus padres utilizaban el método habitual. Lo regañaban y lo sermoneaban. «Mamá quiere que comas esto y aquello». «Papá quiere que crezcas para ser un hombre grande».

¿Prestaba el niño alguna atención a estas súplicas? Aproximadamente tanta como la que tú prestarías a un grano de arena en una playa arenosa.

Nadie con una pizca de sentido común esperaría que un niño de tres años reaccionara al punto de vista de un padre de treinta años. Sin embargo, eso era precisamente lo que ese padre había esperado. Era absurdo. Finalmente se dio cuenta. Así que se dijo a sí mismo: «¿Qué quiere ese niño? ¿Cómo puedo vincular lo que yo quiero con lo que él quiere?».

Fue fácil para el padre cuando empezó a pensar en ello. Su hijo tenía un triciclo que le encantaba montar arriba y abajo por la acera frente a la casa en Brooklyn. Unas puertas más abajo vivía un matón, un niño más grande que tiraba al pequeño de su triciclo y lo montaba él mismo.

Naturalmente, el niño corría gritando hacia su madre, y ella tenía que salir, bajar al matón del triciclo y volver a subir a su hijo. Esto ocurría casi todos los días.

¿Qué quería el niño pequeño? No hacía falta ser Sherlock Holmes para responder a eso. Su orgullo, su ira, su deseo de sentirse importante –todas las emociones más fuertes de su naturaleza– lo incitaban a vengarse, a darle un puñetazo en la nariz al matón. Y cuando su padre le explicó que algún día podría darle una paliza de muerte al niño más grande si tan sólo comía las cosas que su madre quería que comiera –cuando su padre le prometió eso–, ya no hubo ningún problema de alimentación. Ese niño habría comido espinacas, chucrut, caballa salada, cualquier cosa con tal de ser lo suficientemente grande para zurrar al matón que lo había humillado tantas veces.

Después de resolver ese problema, los padres abordaron otro: el niño tenía el profano hábito de mojar la cama.

Dormía con su abuela. Por la mañana, su abuela se despertaba, tocaba la sábana y decía:

—Mira, Johnny, lo que has hecho otra vez.

Él decía:

—No, yo no he hecho nada. Fuiste tú.

Regañarlo, darle nalgadas, avergonzarlo, reiterar que los padres no querían que lo hiciera... Ninguna de estas cosas mantenía la cama seca. Así que los padres se preguntaron: «¿Cómo podemos hacer que este niño quiera dejar de mojar la cama?».

¿Cuáles eran sus deseos? Primero, quería usar pijama como papá en lugar de usar camisón como la abuela. La abuela estaba harta de sus iniquidades nocturnas, así que ofreció con gusto comprarle un par de pijamas si se reformaba. Segundo, quería una cama propia. La abuela no se opuso.

Su madre lo llevó a unos grandes almacenes en Brooklyn, le guiñó el ojo a la vendedora y dijo:

—Aquí hay un pequeño caballero que quisiera hacer unas compras.

La vendedora lo hizo sentir importante diciendo:

—Jovencito, ¿qué puedo mostrarle?

Él se estiró un par de pulgadas más y dijo:

—Quiero comprar una cama para mí.

Cuando le mostraron la que su madre quería que comprara, ella le guiñó el ojo a la vendedora y el niño fue persuadido de comprarla.

La cama fue entregada al día siguiente; y esa noche, cuando papá llegó a casa, el niño corrió a la puerta gritando:

—¡Papi! ¡Papi! ¡Sube y mira la cama que me he comprado!

El padre, mirando la cama, obedeció el mandato de Charles Schwab: es decir, fue «sincero en su aprobación y generoso en sus elogios».

—No vas a mojar esta cama, ¿verdad? –dijo el padre.

—¡Oh no, no! No voy a mojar esta cama.

El niño cumplió su promesa, porque su orgullo estaba involucrado. Ésa era su cama. Él, y sólo él, la había comprado. Y ahora llevaba pijama como un hombrecito. Quería actuar como un hombre. Y lo hizo.

Otro padre, K. T. Dutschmann, ingeniero telefónico y estudiante de este curso, no lograba que su hija de tres años comiera el desayuno. Los métodos habituales de regaños, súplicas y halagos habían terminado en la futilidad. Así que los padres se preguntaron: «¿Cómo podemos hacer que ella quiera hacerlo?».

A la niña le encantaba imitar a su madre, sentirse grande y adulta; así que una mañana la subieron a una silla y la dejaron preparar el desayuno. Justo en el momento psicológico, el padre entró en la cocina mientras ella revolvía el cereal y ella dijo:

—Oh, mira, papi, estoy haciendo el cereal esta mañana.

Se comió dos raciones de cereal sin que nadie tuviera que insistirle, porque estaba interesada en ello. Había logrado un sentimiento de importancia; había encontrado en la preparación del cereal una vía de autoexpresión.

William Winter comentó una vez que «la autoexpresión es la necesidad dominante de la naturaleza humana». ¿Por qué no podemos adaptar esta misma psicología a los tratos comerciales? Cuando tengamos una idea brillante, en lugar de hacer que los demás piensen que es nuestra, ¿por qué no dejar que ellos cocinen y revuelvan la idea por sí mismos? Entonces la considerarán como propia; les gustará y tal vez se coman un par de raciones.

Recuerda: primero, despierta en los demás un deseo vehemente. Quien puede hacer esto tiene al mundo entero consigo. Quien no puede, marcha solo por el camino.

◆

PRINCIPIO 3

Despierta en los demás un deseo vehemente.

◆

◆◆◆

EN RESUMEN...

TÉCNICAS FUNDAMENTALES PARA TRATAR CON LAS PERSONAS

PRINCIPIO 1

No critiques, no condenes ni te quejes.

PRINCIPIO 2

Demuestra aprecio honrado y sincero.

PRINCIPIO 3

Despierta en los demás un deseo vehemente.

◆◆◆

SEGUNDA PARTE

SEIS MANERAS DE AGRADAR A LOS DEMÁS

CAPÍTULO 1

HAZ ESTO Y SERÁS BIENVENIDO EN TODAS PARTES

¿Por qué leer este libro para averiguar cómo ganar amigos? ¿Por qué no estudiar la técnica del mayor ganador de amigos que el mundo ha conocido jamás? ¿De quién se trata? Puede que te lo encuentres mañana bajando por la calle. Cuando estés a tres metros de él, empezará a mover la cola. Si te detienes y lo acaricias, casi se saldrá de sí mismo para demostrarte cuánto te quiere. Y tú sabes que detrás de esta muestra de afecto por su parte no hay motivos ocultos: no quiere venderte ninguna propiedad inmobiliaria y no quiere casarse contigo.

¿Te has detenido alguna vez a pensar que el perro es el único animal que no tiene que trabajar para ganarse la vida? Una gallina tiene que poner huevos, una vaca tiene que dar leche y un canario tiene que cantar. Pero un perro se gana la vida nada más y nada menos que dándote amor.

Cuando yo tenía cinco años, mi padre compró un cachorrito de pelo amarillo por cincuenta centavos. Fue la luz y la alegría de mi infancia. Cada tarde, alrededor de las cuatro y media, se sentaba en el patio delantero con sus hermosos ojos mirando fijamente el camino, y tan pronto como oía mi voz o me veía balanceando mi fiambrera a través de los matorrales, salía disparado como una bala, corriendo sin aliento colina arriba para saludarme con saltos de alegría y ladridos de puro éxtasis.

Tippy fue mi compañero constante durante cinco años. Luego, una noche trágica –nunca la olvidaré–, murió a menos de tres metros de mi cabeza, fulminado por un rayo. La muerte de Tippy fue la tragedia de mi niñez.

Tú nunca leíste un libro de psicología, Tippy. No lo necesitabas. Sabías por algún instinto divino que puedes ganar más amigos en dos meses interesándote sinceramente por los demás que los que puedes ganar en dos años tratando de que los demás se interesen en ti. Permíteme repetir eso: puedes ganar más amigos en dos meses interesándote por los demás que los que puedes ganar en dos años tratando de que los demás se interesen por ti.

Sin embargo, tanto yo como tú conocemos a personas que van dando tumbos por la vida tratando de llamar la atención de los demás para que se interesen por ellas.

Por supuesto, eso no funciona. La gente no está interesada en ti. No está interesada en mí. Están interesados en sí mismos: mañana, tarde y noche.

La Compañía Telefónica de Nueva York realizó un estudio detallado de las conversaciones telefónicas para averiguar qué palabra se utiliza con mayor frecuencia. Ya lo ha adivinado: el pronombre personal «yo». «Yo, yo, yo». Se utilizó 3 900 veces en 500 conversaciones telefónicas. «Yo, yo, yo, yo».

Cuando observas una fotografía de grupo en la que sales, ¿a quién buscas primero?

Si simplemente tratamos de impresionar a la gente y hacer que se interesen por nosotros, nunca tendremos muchos amigos verdaderos y sinceros. Los amigos, los amigos de verdad, no se hacen de esa manera.

Napoleón lo intentó, y en su último encuentro con Josefina dijo: «Josefina, he sido tan afortunado como cualquier hombre en esta tierra y, sin embargo, en esta hora, eres la única persona en el mundo en quien puedo confiar». Y los historiadores dudan de que pudiera confiar incluso en ella.

Alfred Adler, el famoso psicólogo vienés, escribió un libro titulado *What Life Should Mean to You.* En ese libro dice: «Es el individuo que no se interesa por sus semejantes quien tiene las mayores dificultades en la vida y causa las mayores heridas a los demás. De esos individuos surgen todos los fracasos humanos».

Puedes leer docenas de tomos eruditos sobre psicología y no encontrarás una declaración más significativa. La afirmación de Adler es tan rica en significado que voy a dejarla aquí en negrita:

«Es el individuo que no se interesa por sus semejantes quien tiene las mayores dificultades en la vida y causa las mayores heridas a los demás. De esos individuos surgen todos los fracasos humanos»

Una vez tomé un curso de escritura de cuentos en la Universidad de Nueva York, y durante ese curso el editor de una importante revista habló a nuestra clase. Dijo que podía tomar cualquiera de las docenas de historias que llegaban a su escritorio cada día y, después de leer unos pocos párrafos, podía sentir si al autor le gustaba o no la gente. «Si al autor no le gusta la gente –dijo–, a la gente no le gustarán sus historias».

Este editor curtido se detuvo dos veces en el transcurso de su charla sobre la escritura de ficción y se disculpó por predicar un sermón. «Les estoy diciendo –dijo–, las mismas cosas que les diría su predicador, pero recuerden, tienen que interesarse en la gente si quieren ser escritores exitosos».

Si eso es cierto para escribir ficción, puedes estar seguro de que es cierto para tratar con la gente cara a cara.

Pasé una velada en el camerino de Howard Thurston la última vez que apareció en Broadway. Thurston era el decano reconocido de los magos. Durante cuarenta años había viajado por todo el mundo, una y otra vez, creando ilusiones, desconcertando al público y haciendo que la gente jadeara de asombro. Más de 60 millones de personas habían pagado la entrada a su espectáculo, y había obtenido casi 2 millones de dólares en ganancias.

Le pedí al señor Thurston que me contara el secreto de su éxito. Su escolarización ciertamente no tenía nada que ver con ello, pues se escapó de casa siendo un niño pequeño, se convirtió en vagabundo, viajó en vagones de carga, durmió en pajares, mendigó su comida de puerta en puerta y aprendió a leer mirando desde los vagones los carteles a lo largo de las vías del tren.

¿Tenía un conocimiento superior de la magia? No, me dijo que se habían escrito cientos de libros sobre prestidigitación y que decenas de personas sabían tanto sobre el tema como él. Pero él tenía dos cosas que los demás no tenían. Primero, tenía la capacidad de proyectar su personalidad a través de las candilejas. Era un maestro del espectáculo. Conocía la naturaleza humana. Todo lo que hacía, cada gesto, cada entonación de su voz, cada levantamiento de una ceja había sido cuidadosamente ensayado de antemano, y sus acciones estaban cronometradas al segundo. Pero, además de eso, Thurston tenía un interés genuino en la gente. Me dijo que muchos magos miraban al público y se decían a sí mismos: «Bueno, ahí hay un tajo de incautos, un montón de paletos; los engañaré a todos». Pero el método de Thurston era totalmente diferente. Me dijo que cada vez que salía al escenario se decía a sí mismo: «Estoy agradecido porque estas personas vienen a verme. Hacen posible que me gane la vida de una manera muy agradable. Voy a darles lo mejor que pueda».

Declaró que nunca se paraba frente a las candilejas sin antes decirse a sí mismo una y otra vez: «Amo a mi público. Amo a mi público». ¿Ridículo? ¿Absurdo? Tienes el privilegio de pensar lo que quieras. Yo simplemente te lo transmito sin comentarios como una receta utilizada por uno de los magos más famosos de todos los tiempos.

George Dyke, de North Warren, Pensilvania, se vio obligado a retirarse de su negocio de estación de servicio después de treinta años cuando se construyó una nueva carretera sobre el sitio de su estación. No pasó mucho tiempo antes de que los días ociosos de la jubilación comenzaran a aburrirlo, así que empezó a llenar su tiempo tratando de tocar música y charlar con muchos de los violinistas consumados. En su forma humilde y amistosa, se interesó generalmente en conocer los antecedentes y los intereses de cada músico que conocía. Aunque él mismo no era un gran violinista, hizo muchos amigos en esta búsqueda. Asistía a concursos y pronto se hizo conocido entre los fanáticos de la música *country* en la parte este de los Estados Unidos como «El Tío George, el Rascador de Violín del Condado de Kinzua». Cuando escuchamos al tío George, tenía setenta y dos años y disfrutaba cada minuto de su vida. Al tener un interés sostenido en otras personas, creó una nueva vida para sí mismo en un momento en que la mayoría de la gente considera terminados sus años productivos.

Ese también fue uno de los secretos de la asombrosa popularidad de Theodore Roosevelt. Incluso sus sirvientes lo amaban. Su ayuda de cámara, James E. Amos, escribió un libro sobre él titulado *Theodore Roosevelt, Hero to His Valet.* En ese libro, Amos relata este incidente revelador:

> Una vez, mi esposa le preguntó al presidente sobre una codorniz. Ella nunca había visto una y él se la describió con todo detalle. Tiempo después, sonó el teléfono en nuestra cabaña. [Amos y su esposa vivían en una pequeña cabaña en la finca de Roosevelt en Oyster Bay]. Mi esposa contestó y era el mismísimo señor Roosevelt. Dijo que la llamaba para decirle que había una codorniz fuera de su ventana y que, si se asomaba, tal vez podría verla. Pequeñas cosas como ésa eran muy características de él. Siempre que pasaba por nuestra cabaña, aunque no estuviéramos a la vista, lo oíamos gritar: «¡Uh-uuuh! ¿Annie?» o «¡Uh-uuuh! ¿James?». Era sólo un saludo amistoso mientras pasaba.

¿Cómo podían los empleados evitar sentir simpatía por un hombre así? ¿Cómo podría alguien evitar sentir simpatía por él?

Un día, Roosevelt fue de visita a la Casa Blanca cuando el presidente y la señora Taft no estaban. Su aprecio honrado por la gente humilde se demostró por el hecho de que saludó a todos los antiguos sirvientes de la Casa Blanca por su nombre, incluso a las ayudantes de cocina.

«Pero cuando vio a Alice, la ayudante de cocina –escribe Archie Butt–, le preguntó si todavía hacía pan de maíz. Alice le dijo que a veces lo hacía para los sirvientes, pero que nadie lo comía en el piso de arriba. "Demuestran mal gusto –sentenció Roosevelt–, y se lo diré al presidente en cuanto lo vea".

»Alice le trajo un trozo en un plato, y él se fue hacia el despacho comiéndoselo mientras caminaba y saludando a jardineros y obreros al pasar...

»Se dirigió a cada persona tal como lo había hecho en el pasado. Ike Hoover, que había sido jefe de ujieres en la Casa Blanca durante cuarenta años, dijo con lágrimas en los ojos: "Es el único día feliz que hemos tenido en casi dos años, y ninguno de nosotros lo cambiaría por un billete de cien dólares"».

La misma preocupación por la gente aparentemente insignificante ayudó al representante de ventas Edward M. Sykes hijo, de Chatham, Nueva Jersey, a conservar una cuenta.

—Hace muchos años –informó–, visitaba clientes para Johnson & Johnson en el área de Massachusetts. Una de las cuentas era una farmacia en Hingham. Siempre que entraba en esa tienda, hablaba con el empleado de la fuente de soda y con el dependiente durante unos minutos antes de hablar con el dueño para obtener su pedido. Un día me acerqué al dueño y me dijo que me fuera, pues ya no estaba interesado en comprar productos de J&J porque sentía que estaban concentrando sus actividades en tiendas de alimentación y descuentos, en detrimento de la pequeña farmacia. Me fui con el rabo entre las piernas y conduje por el pueblo durante varias horas. Finalmente, decidí volver e intentar al menos explicar nuestra posición al dueño de la tienda.

»Cuando regresé, entré y, como de costumbre, saludé al empleado de la fuente de soda y al dependiente. Cuando me acerqué al dueño, me sonrió y me dio la bienvenida. Luego me hizo un pedido del doble de lo habitual. Lo miré con sorpresa y le pregunté qué había pasado desde mi visita sólo unas horas antes. Señaló al joven de la fuente de soda y dijo que, después de que me fuera, el chico se había acercado y le había dicho que yo era uno de los pocos vendedores que visitaban la tienda que se molestaba en saludarlo a él y a los demás. Le dijo al dueño que, si algún vendedor merecía su negocio, era yo. El dueño estuvo de acuerdo y siguió siendo un cliente leal. Nunca olvidé que interesarse sinceramente por los demás es una cualidad importantísima para un vendedor; de hecho, para cualquier persona».

He descubierto por experiencia personal que uno puede ganarse la atención, el tiempo y la cooperación incluso de las personas más solicitadas si se interesa sinceramente por ellas. Permíteme ilustrarlo.

Hace años dirigí un curso de escritura de ficción en el Instituto de Artes y Ciencias de Brooklyn, y queríamos que autores tan distinguidos y ocupados como Kathleen Norris, Fannie Hurst, Ida Tarbell, Albert Payson Terhune y Rupert Hughes vinieran a Brooklyn y nos brindaran el beneficio de sus experiencias. Así que les escribimos, diciéndoles que admirábamos su trabajo y que estábamos profundamente interesados en obtener sus consejos y aprender los secretos de su éxito.

Cada una de estas cartas estaba firmada por unos ciento cincuenta estudiantes. Dijimos que comprendíamos que estos autores estaban ocupados, demasiado ocupados para preparar una conferencia. Así que adjuntamos una lista de preguntas para que respondieran sobre ellos mismos y sus métodos de trabajo. Eso les gustó. ¿A quién no le gustaría? Así que dejaron sus hogares y viajaron a Brooklyn para echarnos una mano.

Usando el mismo método, persuadí a Leslie M. Shaw, secretario de la Tesorería en el gabinete de Theodore Roosevelt; a George W. Wickersham, fiscal general en el gabinete de Taft; a William Jennings Bryan; a Franklin D. Roosevelt y a muchos otros hombres prominentes para que vinieran a hablar a los estudiantes de mis cursos de oratoria.

A todos nosotros, seamos obreros en una fábrica, empleados en una oficina o incluso un rey en su trono, nos gusta la gente que nos admira. Tomemos al káiser alemán, por ejemplo. Al final de la Primera Guerra Mundial, era probablemente el hombre más salvaje y universalmente despreciado de la Tierra. Incluso su propia nación se volvió contra él cuando huyó a Holanda para salvar el pellejo. El odio contra él era tan intenso que a millones de personas les habría encantado descuartizarlo miembro a miembro o quemarlo en la hoguera. En medio de todo este incendio forestal de furia, un niño pequeño le escribió al káiser una carta sencilla y sincera que resplandecía de bondad y admiración. Este niño decía que, sin importar lo que pensaran los demás, él siempre amaría a Guillermo como su emperador. El káiser se sintió profundamente conmovido por esta carta e invitó al niño a visitarlo. El niño fue, y también su madre… Y el káiser se casó con ella. Ese niño no necesitaba leer un libro sobre cómo ganar amigos e influir sobre las personas. Lo sabía instintivamente.

Si queremos hacer amigos, esforcémonos por hacer cosas por los demás; cosas que requieren tiempo, energía, altruismo y consideración. Cuando el duque de Windsor era príncipe de Gales, tenía programada una gira por Sudamérica, y antes de emprender ese viaje pasó meses estudiando español para poder dar discursos públicos en el idioma del país; y los sudamericanos lo amaron por ello.

Durante años me propuse averiguar los cumpleaños de mis amigos. ¿Cómo? Aunque no tengo la más mínima fe en la astrología, comenzaba preguntando a la otra parte si creía que la fecha de nacimiento tiene algo que ver con el carácter y la disposición. Luego le pedía que me dijera el mes y el día de su nacimiento. Si decía 24 de noviembre, por ejemplo, yo me repetía: «24 de noviembre, 24 de noviembre». En cuanto mi amigo se daba la vuelta, yo anotaba el nombre y el cumpleaños y luego lo transfería a un libro de cumpleaños. Al comienzo de cada año, tenía estas fechas programadas en mi calendario para que llamaran mi atención automáticamente. Cuando llegaba el día natal, allí estaba mi carta o telegrama. ¡Qué impacto causaba! A menudo yo era la única persona en la Tierra que se había acordado.

Si queremos hacer amigos, saludemos a la gente con animación y entusiasmo. Cuando alguien te llame por teléfono, usa la misma psicología. Di «hola» en tonos que demuestren lo complacido que estás de que esa persona llame. Muchas compañías entrenan a sus operadoras telefónicas para saludar a todos los que llaman en un tono de voz que irradie interés y entusiasmo. Quien llama siente que la compañía se preocupa por él. Recordemos eso cuando contestemos el teléfono mañana.

Mostrar un interés genuino en los demás no sólo te gana amigos, sino que puede desarrollar en los clientes lealtad hacia su compañía. En una edición de la publicación del Banco Nacional de Norteamérica de Nueva York, se publicó la siguiente carta de Madeline Rosedale, una depositante:[1]

1. *Eagle*, publicación del National Bank of North America, Nueva York, 31 de marzo de 1978.

Quisiera que supieran cuánto aprecio a su personal. Todos son tan corteses, educados y serviciales. Qué placer es, después de esperar en una larga fila, que el cajero te salude amablemente.

El año pasado mi madre estuvo hospitalizada durante cinco meses. Frecuentemente acudía a Marie Petrucello, una cajera. Ella se preocupaba por mi madre y preguntaba por su progreso.

¿Queda alguna duda de que la señora Rosedale seguirá utilizando este banco?

Charles R. Walters, de uno de los grandes bancos de la ciudad de Nueva York, fue asignado para preparar un informe confidencial sobre cierta corporación. Sólo conocía a una persona que poseía los datos que necesitaba con tanta urgencia. Cuando el señor Walters fue conducido a la oficina del presidente, una joven asomó la cabeza por una puerta y le dijo al presidente que no tenía sellos para él ese día.

—Estoy coleccionando sellos para mi hijo de doce años –explicó el presidente al señor Walters.

El señor Walters expuso su misión y comenzó a hacer preguntas. El presidente fue vago, general, nebuloso. No quería hablar y aparentemente nada podía persuadirlo de hacerlo. La entrevista fue breve y estéril.

—Francamente, no sabía qué hacer –dijo el señor Walters al relatar la historia a la clase–. Entonces recordé lo que su secretaria le había dicho: sellos, hijo de doce años... Y también recordé que el departamento extranjero de nuestro banco recolectaba sellos; sellos sacados de cartas que llegaban a raudales de todos los continentes bañados por los siete mares.

»A la tarde siguiente visité a este hombre y le envié el recado de que tenía algunos sellos para su hijo. ¿Me hicieron pasar con entusiasmo? Sí, señor. No podría haberme estrechado la mano con más entusiasmo ni si se hubiera postulado para el Congreso. Irradiaba sonrisas y buena voluntad. "A mi George le encantará éste", repetía mientras acariciaba los sellos. "¡Y mire éste! Éste es una joya".

»Pasamos media hora hablando de sellos y mirando una foto de su hijo, y luego él dedicó más de una hora de su tiempo a darme cada dato que yo necesitaba, sin que yo siquiera sugiriera que lo hiciera. Me dijo todo lo que sabía, y luego llamó a sus subordinados y los interrogó. Telefoneó a algunos de sus socios. Me cargó de hechos, cifras, informes y correspondencia. En la jerga de los periodistas: obtuve una primicia».

Aquí hay otro ejemplo:

C. M. Knaphle hijo, de Filadelfia, había intentado durante años vender combustible a una gran cadena de tiendas. Pero la compañía seguía comprando su combustible a un distribuidor de fuera de la ciudad y lo transportaba pasando justo por delante de la puerta de la oficina de Knaphle. El señor Knaphle pronunció un discurso una noche ante una de mis clases, vertiendo su ardiente ira sobre las cadenas de tiendas, tildándolas de maldición para la nación.

Y aun así se preguntaba por qué no podía venderles.

Le sugerí que probara tácticas diferentes. Para decirlo brevemente, esto es lo que sucedió. Organizamos un debate entre los miembros del curso sobre si la expansión de las cadenas de tiendas estaba haciendo más mal que bien al país.

Knaphle, a sugerencia mía, tomó el lado negativo; aceptó defender a las cadenas de tiendas y luego fue directamente a un ejecutivo de la organización que despreciaba y dijo: «No estoy aquí para intentar vender combustible. He venido a pedirle que me haga un favor». Luego le contó sobre su debate y dijo: «He acudido a usted en busca de ayuda porque no se me ocurre nadie más capaz de darme los hechos que quiero. Estoy ansioso por ganar este debate y apreciaré profundamente cualquier ayuda que pueda brindarme».

Aquí está el resto de la historia en las propias palabras del señor Knaphle:

—Le había pedido a este hombre nada más y nada menos que un minuto de su tiempo. Fue con ese entendimiento que consintió en verme. Después de exponer mi caso, me señaló una silla y habló conmigo durante exactamente una hora y cuarenta y siete minutos. Llamó a otro ejecutivo que había escrito un libro sobre cadenas de tiendas. Escribió a la Asociación Nacional de Cadenas de Tiendas y consiguió para mí una copia de un debate sobre el tema. Él siente que la cadena de tiendas está prestando un servicio real a la humanidad. Está orgulloso de lo que está haciendo por cientos de comunidades. Sus ojos brillaban mientras hablaba, y debo confesar que me abrió los ojos a cosas que ni siquiera había soñado. Transformó toda mi actitud mental.

»Cuando me iba, caminó conmigo hasta la puerta, puso su brazo alrededor de mi hombro, me deseó suerte en mi debate y me pidió que pasara a verlo de nuevo y le hiciera saber cómo me había ido. Las últimas palabras que me dijo fueron: "Por favor, véame de nuevo más avanzada la primavera. Me gustaría hacerle un pedido de combustible".

»Para mí eso fue casi un milagro. Aquí estaba él ofreciéndose a comprar combustible sin que yo siquiera lo sugiriera. Había avanzado más en dos horas interesándome sinceramente en él y sus problemas de lo que podría haber hecho en diez años tratando de que él se interesara en mí y en mi producto».

Usted no descubrió una nueva verdad, señor Knaphle, pues hace mucho tiempo, cien años antes de que naciera Cristo, un famoso y antiguo poeta romano, Publilius Syrus, comentó: «Nos interesan los demás cuando se interesan por nosotros».

Una demostración de interés, como con cualquier otro principio de las relaciones humanas, debe ser sincera. Debe dar resultados no sólo para la persona que muestra el interés, sino para la que recibe la atención. Es una vía de doble sentido: ambas partes se benefician.

Martin Ginsberg, quien tomó nuestro curso en Long Island, Nueva York, informó cómo el interés especial que una enfermera tomó en él afectó profundamente su vida:

—Era el Día de Acción de Gracias y yo tenía diez años. Estaba en una sala de beneficencia de un hospital municipal y estaba programado para someterme a una cirugía ortopédica mayor al día siguiente. Sabía que sólo podía esperar meses de confinamiento, convalecencia y dolor. Mi padre había muerto; mi madre y yo vivíamos solos en un pequeño apartamento y vivíamos de la asistencia social. Mi madre no podía visitarme ese día.

»A medida que avanzaba el día, me sentí abrumado por una sensación de soledad, desesperación y miedo. Sabía que mi madre estaba sola en casa preocupándose por mí, sin tener a nadie con quien estar, sin tener a nadie con quien comer y sin tener siquiera suficiente dinero para permitirse una cena de Acción de Gracias.

»Las lágrimas brotaron de mis ojos, metí la cabeza bajo la almohada y me cubrí con las sábanas. Lloré en silencio, pero tan amargamente, tanto que el cuerpo me dolía.

»Una joven estudiante de enfermería escuchó mis sollozos y se acercó a mí. Me quitó las sábanas de la cara y comenzó a secarme las lágrimas. Me dijo lo sola que se sentía, teniendo que trabajar ese día y no pudiendo estar con su familia. Me preguntó si cenaría con ella. Trajo dos bandejas de comida: pavo en rebanadas, puré de papas, salsa de arándanos y helado de postre. Me habló e intentó calmar mis miedos. Aunque estaba programada para salir de turno a las 16:00 de la tarde, se quedó en su propio tiempo libre hasta casi las 23:00. Jugó conmigo, habló conmigo y se quedó conmigo hasta que finalmente me quedé dormido.

»Muchos Días de Acción de Gracias han ido y venido desde que tenía diez años, pero nunca pasa uno sin que recuerde ése en particular y mis sentimientos de frustración, miedo, soledad y la calidez y ternura de la extraña que de alguna manera hizo que todo fuera soportable».

Si quieres que los demás te tengan simpatía, si quieres desarrollar amistades verdaderas, si quieres ayudar a los otros al mismo tiempo que te ayudas a ti mismo, ten este principio en mente:

◆

PRINCIPIO 1

Interésate genuinamente por los demás.

◆

CAPÍTULO 2

UNA MANERA SENCILLA DE CAUSAR UNA BUENA IMPRESIÓN

En una cena en Nueva York, una de las invitadas, una mujer que había heredado dinero, estaba ansiosa por causar una impresión agradable en todos. Había derrochado una modesta fortuna en pieles, diamantes y perlas. Pero no había hecho nada en absoluto con su rostro. Irradiaba un actitud agria y egoísmo. No se daba cuenta de lo que todo el mundo sabe: que la expresión que uno lleva en el rostro es mucho más importante que la ropa que lleva puesta en el cuerpo.

Charles Schwab me dijo que su sonrisa valía un millón de dólares. Y probablemente se estaba quedando corto. Porque la personalidad de Schwab, su encanto, su capacidad para hacer que la gente lo quisiera, eran casi totalmente responsables de su extraordinario éxito; y uno de los factores más deliciosos de su personalidad era su cautivadora sonrisa.

Los hechos hablan más alto que las palabras, y una sonrisa dice: «Me gustas. Me haces feliz. Me alegro de verte».

Por eso los perros tienen tanto éxito. Se alegran tanto de vernos que casi se salen de su piel de puro gusto. Así que, naturalmente, nosotros nos alegramos de verlos a ellos.

La sonrisa de un bebé tiene el mismo efecto.

¿Has estado alguna vez en la sala de espera de un médico y has mirado a tu alrededor a todas las caras largas que esperan impacientes a ser atendidas? El doctor Stephen K. Sproul, veterinario de Raytown, Misuri, contó lo ocurrido un típico día de primavera en que su sala de espera estaba llena de clientes esperando para vacunar a sus mascotas. Nadie hablaba con nadie, y probablemente todos estaban pensando en una docena de cosas que preferirían estar haciendo antes que «perder el tiempo» sentados en esa consulta. Nos contó en una de nuestras clases lo siguiente:

—Había seis o siete clientes esperando cuando entró una joven con un bebé de nueve meses y un gatito. La suerte quiso que se sentara junto a un caballero que estaba más que un poco alterado por la larga espera. Lo siguiente que notó fue que el bebé lo miraba con esa gran sonrisa tan característica de los bebés. ¿Qué hizo aquel caballero? Exactamente lo que haríamos usted y yo, por supuesto: le devolvió la sonrisa al niño. Pronto entabló conversación con la mujer sobre su bebé y sobre sus propios nietos, y pronto toda la sala de recepción se unió a la charla, y el aburrimiento y la tensión se convirtieron en una experiencia placentera y agradable.

¿Una mueca insincera? No. Eso no engaña a nadie. Sabemos que es mecánica y nos ofende. Hablo de una verdadera sonrisa, una sonrisa conmovedora, una sonrisa que viene de adentro, la clase de sonrisa que se cotiza a buen precio en el mercado.

El profesor James V. McConnell, psicólogo de la Universidad de Míchigan, expresó sus sentimientos sobre la sonrisa. «La gente que sonríe –dijo– tiende a gestionar, enseñar y vender con mayor eficacia, y a criar hijos más felices. Hay mucha más información en una sonrisa que en un ceño fruncido. Por eso el estímulo es un dispositivo de enseñanza mucho más eficaz que el castigo».

La jefa de personal de unos grandes almacenes de Nueva York me dijo que prefería contratar a una vendedora que no hubiera terminado la escuela primaria, si tenía una sonrisa agradable, antes que contratar a un doctor en filosofía con cara de pocos amigos.

El efecto de una sonrisa es poderoso, incluso cuando no se ve. Las compañías telefónicas de todo Estados Unidos tienen un programa llamado «Poder telefónico» que se ofrece a los empleados que utilizan el teléfono para vender sus servicios o productos. En este programa sugieren que se sonría cuando se habla por teléfono. Su «sonrisa» se transmite a través de la voz.

Robert Cryer, gerente de un departamento de informática de una empresa de Cincinnati, Ohio, contó cómo había encontrado con éxito al candidato adecuado para un puesto difícil de cubrir:

—Estaba tratando desesperadamente de reclutar a un doctor en informática para mi departamento. Finalmente localicé a un joven con la cualificación ideal que estaba a punto de graduarse en la Universidad de Purdue. Después de varias conversaciones telefónicas supe que tenía varias ofertas de otras empresas, muchas de ellas más grandes y conocidas que la mía. Me encantó que aceptara mi oferta. Después de que empezara a trabajar, le pregunté por qué nos había elegido a nosotros por encima de los demás. Se detuvo un momento y luego dijo: «Creo que fue porque los gerentes de las otras empresas hablaban por teléfono de una manera fría y comercial, lo que me hacía sentir como una transacción de negocios más. Su voz sonaba como si se alegrara de escucharme… Como si realmente quisiera que yo formara parte de su organización». Pueden estar seguros de que sigo contestando a mi teléfono con una sonrisa.

El presidente del consejo de administración de una de las mayores empresas de caucho de los Estados Unidos me dijo que, según sus observaciones, la gente rara vez tiene éxito en algo a menos que se divierta haciéndolo. Este líder industrial no tiene mucha fe en el viejo adagio de que el trabajo duro por sí solo es la llave mágica que abrirá la puerta a nuestros deseos. «He conocido a personas –dijo– que triunfaron porque se divertían enormemente dirigiendo sus negocios. Más tarde, vi a esas personas cambiar a medida que la diversión se convertía en trabajo. El negocio se había vuelto monótono. Perdieron toda la alegría en él, y fracasaron».

Debes divertirte cuando te encuentras con la gente si esperas que la gente se divierta cuando se encuentra contigo.

He pedido a miles de personas de negocios que sonrían a alguien cada hora del día durante una semana y luego vengan a clase y hablen de los resultados. ¿Cómo funcionó? Veamos... Aquí hay una carta de William B. Steinhardt, un corredor de bolsa de Nueva York. Su caso no es aislado. De hecho, es típico de cientos de casos.

> He estado casado durante más de dieciocho años –escribió el señor Steinhardt–, y en todo ese tiempo rara vez sonreí a mi esposa o le dije dos docenas de palabras desde el momento en que me levantaba hasta que estaba listo para salir a mis negocios. Yo era uno de los peores gruñones que jamás haya caminado por Broadway.
>
> Cuando usted me pidió que diera una charla sobre mi experiencia con las sonrisas, pensé que lo intentaría durante una semana. Así que, a la mañana siguiente, mientras me peinaba, miré mi cara de vinagre en el espejo y me dije a mí mismo: «Bill, hoy vas a borrar esa mueca agria de tu cara. Vas a sonreír. Y vas

a empezar ahora mismo». Al sentarme a desayunar, saludé a mi esposa con un «buenos días, querida», y sonreí al decirlo.

Usted me advertiste que ella podría sorprenderse. Bueno, subestimaste su reacción. Estaba desconcertada. Estaba conmocionada. Le dije que en el futuro podía esperar esto como algo habitual, y lo mantuve cada mañana.

Este cambio de actitud mío trajo más felicidad a nuestro hogar en los dos meses desde que empecé que la que hubo durante todo el último año.

Al salir para mi oficina, saludo al ascensorista del edificio de apartamentos con un «buenos días» y una sonrisa. Saludo al portero con una sonrisa. Sonrío al cajero de la taquilla del metro cuando pido cambio. Mientras estoy en el piso de la Bolsa, sonrío a gente que hasta hace poco nunca me había visto sonreír.

Pronto descubrí que todo el mundo me devolvía la sonrisa. Trato a quienes vienen a mí con quejas o agravios de una manera alegre. Sonrío mientras los escucho y encuentro que las reclamaciones se resuelven mucho más fácilmente. Encuentro que las sonrisas me están trayendo dólares, muchos dólares cada día.

Comparto mi oficina con otro corredor. Uno de sus empleados es un joven agradable, y yo estaba tan eufórico por los resultados que estaba obteniendo que le conté recientemente sobre mi nueva filosofía de las relaciones humanas. Él entonces confesó que cuando vine por primera vez a compartir mi oficina con su firma, pensó que yo era un gruñón terrible, y que sólo recientemente había cambiado de opinión. Dijo que yo era realmente humano cuando sonreía.

También he eliminado la crítica de mi sistema. Ahora doy aprecio y elogios en lugar de condena. He dejado de hablar de

> lo que yo quiero. Ahora estoy tratando de ver el punto de vista de la otra persona. Y estas cosas han revolucionado literalmente mi vida. Soy un hombre totalmente diferente, un hombre más feliz, un hombre más rico, más rico en amistades y felicidad; las únicas cosas que importan mucho, después de todo.

¿No tienes ganas de sonreír? ¿Entonces qué? Dos cosas. Primero, oblígate a sonreír. Si estás solo, oblígate a silbar o tararear una melodía o cantar. Actúa como si ya fueras feliz, y eso tenderá a hacerte feliz. Así es como lo expresó el psicólogo y filósofo William James:

«La acción parece seguir al sentimiento, pero en realidad la acción y el sentimiento van juntos; y al regular la acción, que está bajo el control más directo de la voluntad, podemos regular indirectamente el sentimiento, que no lo está.

»Así pues, el camino soberano y voluntario hacia la alegría, si hemos perdido la alegría, es sentarse alegremente y actuar y hablar como si la alegría ya estuviera allí...».

Todo el mundo en el mundo busca la felicidad, y hay una forma segura de encontrarla: controlando tus pensamientos. La felicidad no depende de condiciones externas. Depende de condiciones internas.

No es lo que tienes, o quién eres, o dónde estás, o qué estás haciendo lo que te hace feliz o infeliz. Es lo que piensas al respecto. Por ejemplo, dos personas pueden estar en el mismo lugar, haciendo lo mismo; ambas pueden tener aproximadamente la misma cantidad de dinero y prestigio, y sin embargo una puede ser miserable y la otra feliz. ¿Por qué? Debido a una actitud mental diferente. He visto tantas caras felices entre los campesinos pobres trabajando con sus herramientas primitivas en el calor devastador de los trópicos como he visto en oficinas con aire acondicionado en Nueva York, Chicago o Los Ángeles.

«Nada es bueno ni malo –dijo Shakespeare–, sino que el pensamiento lo hace así».

Abe Lincoln comentó una vez que «casi todas las personas son tan felices como deciden serlo». Tenía razón. Vi una vívida ilustración de esa verdad mientras subía las escaleras de la estación del Ferrocarril de Long Island en Nueva York. Justo delante de mí, treinta o cuarenta muchachos lisiados con bastones y muletas luchaban por subir las escaleras. Uno de los chicos tuvo que ser subido en brazos. Me asombró su risa y alegría. Hablé de ello con uno de los hombres a cargo de los muchachos.

—Oh, sí –dijo–, cuando un chico se da cuenta de que va a ser lisiado de por vida, se conmociona al principio; pero después de superar la conmoción, generalmente se resigna a su destino y entonces se vuelve tan feliz como los chicos normales.

Sentí ganas de quitarme el sombrero ante aquellos muchachos. Me enseñaron una lección que espero no olvidar nunca.

Trabajar completamente solo en una habitación cerrada en una oficina no sólo es solitario, sino que le niega a uno la oportunidad de hacer amigos con otros empleados de la compañía. La señora María González de Guadalajara, México, tenía un trabajo así. Envidiaba la camaradería compartida de otras personas en la empresa mientras escuchaba su charla y risas. Cuando pasaba junto a ellos en el pasillo durante las primeras semanas de su empleo, tímidamente miraba hacia otro lado.

Después de unas semanas, se dijo a sí misma: «María, no puedes esperar que esas mujeres vengan a ti. Tienes que salir y conocerlas». La siguiente vez que caminó hacia el bebedero, puso su sonrisa más brillante y dijo: «Hola, ¿qué tal está hoy?» a cada una de las personas con las que se cruzó. El efecto fue inmediato. Las sonrisas y los holas fueron devueltos, el pasillo pareció más brillante, el trabajo más amigable. Se desarrollaron conocidos y algunos maduraron en amistades. Su trabajo y su vida se volvieron más placenteros e interesantes.

Lee con atención este fragmento de sabio consejo del ensayista y editor Elbert Hubbard; pero recuerda que leerlo no te servirá de nada a menos que lo apliques:

> Cada vez que salga al aire libre, retraiga la barbilla, lleve la coronilla alta y llene los pulmones al máximo; beba la luz del sol; salude a sus amigos con una sonrisa y ponga el alma en cada apretón de manos. No tema ser malinterpretado y no pierda ni un minuto pensando en sus enemigos. Trate de fijar firmemente en su mente lo que le gustaría hacer; y entonces, sin desviarse de la dirección, se moverá directamente hacia la meta. Mantenga su mente en las cosas grandes y espléndidas que le gustaría hacer, y entonces, a medida que los días se deslicen, se encontrará aprovechando inconscientemente las oportunidades que se requieren para el cumplimiento de su deseo, tal como el insecto de coral toma de la corriente de la marea el elemento que necesita. Imagine en su mente a la persona capaz, seria y útil que desea ser, y el pensamiento que sostiene lo transformará hora tras hora en ese individuo particular... El pensamiento es supremo. Preserve una actitud mental correcta: la actitud de coraje, franqueza y buen humor. Pensar correctamente es crear. Todas las cosas vienen a través del deseo y cada oración sincera es respondida. Nos convertimos en

aquello en lo que se fija nuestro corazón. Lleve la barbilla hacia adentro y la coronilla alta. Somos dioses en estado de crisálida.

Los antiguos chinos eran un grupo sabio, sabios en las cosas del mundo; y tenían un proverbio que tú y yo deberíamos recortar y pegar dentro de nuestros sombreros. Dice así: «El hombre que no sabe sonreír no debe abrir una tienda».

Tu sonrisa es una mensajera de tu buena voluntad. Tu sonrisa ilumina la vida de todos los que la ven. Para alguien que ha visto a una docena de personas fruncir el ceño, poner mala cara o volver el rostro, tu sonrisa es como el sol rompiendo a través de las nubes. Especialmente cuando ese alguien está bajo presión de sus jefes, sus clientes, sus maestros o padres o hijos, una sonrisa puede ayudarle a darse cuenta de que no todo es desesperanza, de que hay alegría en el mundo.

Hace algunos años, unos grandes almacenes de la ciudad de Nueva York, en reconocimiento a las presiones bajo las que se encontraban sus vendedores durante la fiebre de Navidad, presentaron a los lectores de sus anuncios la siguiente filosofía sencilla:

El valor de una sonrisa en Navidad

No cuesta nada, pero crea mucho.
Enriquece a quienes la reciben, sin empobrecer a quienes la dan.
Ocurre en un instante y su recuerdo a veces dura para siempre.
Nadie es tan rico que pueda pasar sin ella, y nadie tan pobre que no se enriquezca con sus beneficios.
Crea felicidad en el hogar, fomenta la buena voluntad en los negocios y es la contraseña de los amigos.

Es descanso para el fatigado, luz para el desanimado, sol para el triste y el mejor antídoto de la Naturaleza contra las preocupaciones.

Sin embargo, no se puede comprar, ni mendigar, ni pedir prestada, ni robar, pues es algo que no sirve de nada a nadie hasta que se regala.

Y si en el ajetreo de última hora de las compras navideñas alguno de nuestros vendedores estuviera demasiado cansado para darte una sonrisa, ¿podemos pedirte que nos dejes una de las tuyas?

¡Porque nadie necesita tanto una sonrisa como aquellos a quienes no les queda ninguna que dar!

◆

PRINCIPIO 2

Sonríe.

◆

CAPÍTULO 3

SI NO HACES ESTO, PODRÁS ENCONTRARTE CON PROBLEMAS

Akká por 1898, sucedió algo trágico en el condado de Rockland, Nueva York. Había muerto un niño, y en ese día en particular los vecinos se preparaban para ir al funeral. Jim Farley salió al granero para enganchar su caballo. El suelo estaba cubierto de nieve, el aire era frío y cortante; el caballo no había hecho ejercicio en días, y mientras lo llevaban al abrevadero, giró juguetonamente, lanzó ambas patas traseras al aire y mató a Jim Farley. Así que el pequeño pueblo de Stony Point tuvo dos funerales esa semana en lugar de uno. Jim Farley dejó tras de sí una viuda y tres hijos, y unos pocos cientos de dólares en un seguro.

Su hijo mayor, Jim, tenía diez años, y se puso a trabajar en una ladrillera, cargando arena, vertiéndola en los moldes y poniendo los ladrillos de canto para que se secaran al sol. Este chico, Jim, nunca tuvo la oportunidad de recibir mucha educación. Pero con su simpatía natural, tenía un talento especial para caerle bien a la gente, así que entró en política, y a medida que pasaban los años, desarrolló una asombrosa habilidad para recordar los nombres de las personas.

Nunca vio el interior de una escuela secundaria; pero antes de cumplir los cuarenta y seis años de edad, cuatro universidades lo habían honrado con títulos y se había convertido en presidente del Comité Nacional Demócrata y director general de Correos de los Estados Unidos.

Una vez entrevisté a Jim Farley y le pregunté el secreto de su éxito. Dijo:

—Trabajo duro.

Y yo dije:

—Déjese de bromas.

Entonces me preguntó cuál pensaba yo que era la razón de su éxito. Respondí:

—Entiendo que usted puede llamar a diez mil personas por su nombre de pila.

—No. Se equivoca –dijo–. Puedo llamar a cincuenta mil personas por su nombre de pila.

Y no creas que no fue por eso. Esa habilidad ayudó al señor Farley a llevar a Franklin D. Roosevelt a la Casa Blanca cuando dirigió la campaña de Roosevelt en 1932.

Durante los años en que Jim Farley viajó como vendedor para una empresa de yeso, y durante los años en que ocupó el cargo de secretario municipal en Stony Point, construyó un sistema para recordar nombres.

Al principio, era uno muy sencillo. Cada vez que conocía a un nuevo conocido, averiguaba su nombre completo y algunos datos sobre su familia, negocio y opiniones políticas. Fijaba bien todos estos hechos en su mente como parte del cuadro, y la próxima vez que se encontraba con esa persona, aunque fuera un año más tarde, era capaz de estrecharle la mano, preguntar por la familia y preguntar por las malvarrosas del patio trasero. ¡No es de extrañar que desarrollara seguidores!

Durante meses, antes de que comenzara la campaña de Roosevelt para la presidencia, Jim Farley escribió cientos de cartas al día a gente de todos los estados del oeste y del noroeste. Luego subió a un tren y en diecinueve días recorrió veinte estados y más de treinta mil kilómetros, viajando en calesa, tren, automóvil y barco. Se dejaba caer por el pueblo para reunirse con su gente en el almuerzo o el desayuno, el té o la cena, y darles una «charla íntima». Luego salía corriendo de nuevo hacia otra etapa de su viaje.

Tan pronto como regresaba al este, escribía a una persona en cada pueblo que había visitado, pidiendo una lista de todos los invitados con los que había hablado. La lista final contenía miles y miles de nombres; y, sin embargo, a cada persona de esa lista se le pagó la sutil lisonja de recibir una carta personal de James Farley. Estas cartas comenzaban con «Querido Bill» o «Querida Jane», y siempre estaban firmadas «Jim».

Jim Farley descubrió temprano en la vida que la persona promedio está más interesada en su propio nombre que en todos los demás nombres de la Tierra juntos. Recuerda ese nombre y pronúncialo con facilidad, y habrás hecho un cumplido sutil y muy eficaz. Pero si lo olvidas o lo escribes mal, y te habrás puesto en una clara desventaja. Por ejemplo, una vez organicé un curso de oratoria en París y envié cartas modelo a todos los residentes estadounidenses de la ciudad. Las mecanógrafas francesas, con aparentemente poco conocimiento del inglés, rellenaron los nombres y, naturalmente, cometieron errores. Un hombre, el gerente de un gran banco americano en París, me escribió una mordaz reprimenda porque su nombre había sido mal escrito.

A veces es difícil recordar un nombre, particularmente si es difícil de pronunciar. En lugar de intentar siquiera aprenderlo, mucha gente lo ignora o llama a la persona por un apodo fácil. Sid Levy visitó durante algún tiempo a un cliente cuyo nombre era Nicodemus Papadoulos. La mayoría de la gente simplemente lo llamaba «Nick». Levy nos contó:

—Hice un esfuerzo especial para decir su nombre varias veces para mis adentros antes de hacer mi visita. Cuando lo saludé por su nombre completo: «Buenas tardes, señor Nicodemus Papadoulos», se quedó impactado. Durante lo que parecieron varios minutos, no hubo respuesta alguna por su parte. Finalmente, dijo con lágrimas rodando por sus mejillas: «Señor Levy, en los quince años que llevo en este país, nadie ha hecho nunca el esfuerzo de llamarme por mi nombre correcto».

¿Cuál fue la razón del éxito de Andrew Carnegie?

Se le llamaba «el rey del acero». Sin embargo, él mismo sabía poco sobre la fabricación del acero. Tenía a cientos de personas trabajando para él que sabían mucho más de acero que él.

Pero sabía cómo tratar a la gente, y eso es lo que lo hizo rico. Al principio de su vida demostró un talento para la organización, un genio para el liderazgo. A los diez años, ya había descubierto la asombrosa importancia que la gente otorga a su propio nombre. Y utilizó ese descubrimiento para obtener cooperación. Para ilustrar esto: cuando era niño en Escocia, consiguió una coneja. ¡Presto! Pronto tuvo todo un nido de conejitos… y nada con qué alimentarlos. Pero tuvo una idea brillante. Les dijo a los niños y niñas del vecindario que, si salían a arrancar suficiente trébol y dientes de león para alimentar a los conejos, bautizaría a los conejitos con sus nombres.

El plan funcionó por arte de magia, y Carnegie nunca lo olvidó.

Años más tarde, ganó millones utilizando la misma psicología en los negocios. Por ejemplo, quería vender rieles de acero al Ferrocarril de Pensilvania. J. Edgar Thomson era entonces el presidente del Ferrocarril de Pensilvania. Así que Andrew Carnegie construyó una enorme planta de acero en Pittsburgh y la llamó «Edgar Thomson Steel Works».

Aquí tienes una adivinanza. A ver si puedes resolverla. Cuando el Ferrocarril de Pensilvania necesitó rieles de acero, ¿a quién supones que se los compró J. Edgar Thomson? ¿A Sears, Roebuck? No. Para nada. Prueba otra vez.

Cuando Carnegie y George Pullman luchaban por la supremacía en el negocio de los coches cama de los ferrocarriles, el rey del acero recordó de nuevo la lección de los conejos.

La Central Transportation Company, que Andrew Carnegie controlaba, estaba peleando con la compañía que poseía Pullman. Ambas luchaban por conseguir el negocio de coches cama de la compañía de ferrocarril Union Pacific, embistiéndose mutuamente, rebajando precios y destruyendo toda posibilidad de beneficio. Tanto Carnegie como Pullman habían ido a Nueva York para ver a la junta directiva del Union Pacific. Reunidos una noche en el Hotel St. Nicholas, Carnegie dijo:

—Buenas noches, señor Pullman, ¿no estamos haciendo el ridículo los dos?

—¿Qué quiere decir? –exigió Pullman.

Entonces Carnegie expresó lo que tenía en mente: una fusión de sus dos intereses. Describió en términos brillantes las ventajas mutuas de trabajar juntos en lugar de hacerlo uno contra el otro. Pullman escuchó atentamente, pero no estaba totalmente convencido. Finalmente preguntó:

—¿Cómo llamaría a la nueva compañía?

Y Carnegie respondió prontamente:

—Pues, la Pullman Palace Car Company, por supuesto.

El rostro de Pullman se iluminó.

—Pase a mi habitación –dijo–. Hablemos de ello.

Esa charla hizo historia industrial.

Esta política de recordar y honrar los nombres de sus amigos y socios comerciales fue uno de los secretos del liderazgo de Andrew Carnegie. Él se sentía orgulloso del hecho de poder llamar a muchos de los trabajadores de su fábrica por su nombre de pila, y se jactaba de que, mientras él estuvo personalmente a cargo, ninguna huelga perturbó jamás sus llameantes acerías.

Benton Love, presidente del consejo de Texas Commerce Bancshares, cree que cuanto más grande se hace una corporación, más fría se vuelve. «Una forma de darle calidez –dijo una vez– es recordar los nombres de las personas. El ejecutivo que me dice que no puede recordar nombres me está diciendo al mismo tiempo que no puede recordar una parte significativa de su negocio y que está operando sobre arenas movedizas».

Karen Kirsch de Rancho Palos Verdes, California, azafata de TWA, adoptó la costumbre de aprender los nombres de tantos pasajeros en su cabina como fuera posible y usar el nombre al servirles. Esto resultó en muchos cumplidos sobre su servicio, expresados tanto a ella directamente como a la aerolínea. Un pasajero escribió: «No había volado con TWA desde hacía algún tiempo, pero voy a empezar a volar únicamente con TWA de ahora en adelante. Ustedes me hacen sentir que su aerolínea se ha convertido en una aerolínea muy personalizada y eso es importante para mí».

La gente se siente tan orgullosa de sus nombres que se esfuerza por perpetuarlos a cualquier precio. Incluso el viejo, rudo y fanfarrón P. T. Barnum, el mayor hombre del espectáculo de su tiempo, decepcionado por no tener hijos varones que llevaran su nombre, ofreció a su nieto, C. H. Seeley, 25 000 dólares si se llamaba a sí mismo «Barnum» Seeley.

Durante muchos siglos, nobles y magnates mantuvieron a artistas, músicos y autores para que sus obras creativas les fueran dedicadas.

Las bibliotecas y los museos deben sus colecciones más ricas a personas que no pueden soportar pensar que sus nombres puedan desaparecer de la memoria de la raza humana. La Biblioteca Pública de Nueva York tiene sus colecciones Astor y Lenox. El Museo Metropolitano perpetúa los nombres de Benjamin Altman y J. P. Morgan. Y casi todas las iglesias están embellecidas por vidrieras que conmemoran los nombres de sus donantes. Muchos de los edificios en el campus de la mayoría de las universidades llevan los nombres de donantes que contribuyeron con grandes sumas de dinero por este honor.

La mayoría de la gente no recuerda nombres por la sencilla razón de que no se toman el tiempo y la energía necesarios para concentrarse, repetir y fijar los nombres de forma indeleble en sus mentes. Se excusan a sí mismos diciendo que están demasiado ocupados.

Pero probablemente no estaban más ocupados que Franklin D. Roosevelt, y él se tomaba el tiempo para recordar y evocar incluso los nombres de los mecánicos con los que entraba en contacto.

Para ilustrarlo: la organización Chrysler construyó un coche especial para el señor Roosevelt, quien no podía usar un coche estándar porque tenía las piernas paralizadas. W. F. Chamberlain y un mecánico lo entregaron en la Casa Blanca. Tengo frente a mí una carta del señor Chamberlain relatando sus experiencias.

> Le enseñé al presidente Roosevelt cómo manejar un coche con un montón de artilugios inusuales, pero él me enseñó mucho sobre el bello arte de tratar con la gente.
>
> Cuando me presenté en la Casa Blanca –escribe el señor Chamberlain– el presidente fue extremadamente agradable y alegre. Me llamó por mi nombre, me hizo sentir muy cómodo y me impresionó particularmente el hecho de que estaba vitalmente interesado en las cosas que tenía que mostrarle y contarle. El coche estaba diseñado de tal manera que podía operarse enteramente con las manos. Una multitud se reunió alrededor para mirar el coche; y él comentó: «Creo que es maravilloso. Todo lo que hay que hacer es tocar un botón y se mueve, y se puede conducir sin esfuerzo. Creo que es grandioso; no sé qué lo hace andar. Me encantaría tener tiempo para desmontarlo y ver cómo funciona».
>
> Cuando los amigos y socios de Roosevelt admiraron la máquina, él dijo en su presencia: «Señor Chamberlain, ciertamente aprecio todo el tiempo y el esfuerzo que ha dedicado a desarrollar este coche. Es un trabajo excelente». Admiró el radiador, el espejo retrovisor especial y el reloj, el foco especial, el tipo de tapicería, la posición del asiento del conductor, las maletas especiales en el maletero con su monograma en cada maleta. En otras palabras, se fijó en cada detalle al que sabía que yo había dedicado considerable pensamiento. Se encargó de llamar la atención sobre estas diversas piezas de equipamiento a la señora Roosevelt, a la señorita Perkins, la secretaria

de Trabajo, y a su secretario. Incluso incluyó al viejo portero de la Casa Blanca en la escena diciendo: «George, querrás cuidar particularmente bien de estas maletas».

Cuando terminó la lección de conducción, el presidente se volvió hacia mí y dijo: «Bueno, señor Chamberlain, he tenido esperando a la Junta de la Reserva Federal durante treinta minutos. Supongo que será mejor que vuelva al trabajo».

Llevé a un mecánico conmigo a la Casa Blanca. Fue presentado a Roosevelt cuando llegó. No habló con el presidente, y Roosevelt escuchó su nombre sólo una vez. Era un tipo tímido y se mantuvo en segundo plano. Pero antes de dejarnos, el presidente buscó al mecánico, le estrechó la mano, lo llamó por su nombre y le agradeció haber venido a Washington. Y no hubo nada de rutinario en su agradecimiento. Sentía lo que decía. Pude percibirlo.

Unos días después de regresar a Nueva York, recibí una fotografía autografiada del presidente Roosevelt y una pequeña nota de agradecimiento expresando nuevamente su aprecio por mi asistencia. Cómo encontró tiempo para hacerlo es un misterio para mí.

Franklin D. Roosevelt sabía que una de las formas más sencillas, más obvias y más importantes de ganar buena voluntad era recordando nombres y haciendo que la gente se sintiera importante. Sin embargo, ¿cuántos de nosotros lo hacemos?

La mitad de las veces que nos presentan a un extraño, charlamos unos minutos y ni siquiera podemos recordar su nombre para cuando nos despedimos.

Una de las primeras lecciones que aprende un político es ésta: «Recordar el nombre de un votante es tener habilidad política. Olvidarlo es el olvido».

Y la capacidad de recordar nombres es casi tan importante en los contactos comerciales y sociales como lo es en la política.

Napoleón III, emperador de Francia y sobrino del gran Napoleón, se jactaba de que, a pesar de todos sus deberes reales, podía recordar el nombre de cada persona que conocía.

¿Su técnica? Simple. Si no oía el nombre claramente, decía: «Lo siento mucho. No capté el nombre con claridad». Luego, si era un nombre inusual, decía: «¿Cómo se escribe?».

Durante la conversación, se tomaba la molestia de repetir el nombre varias veces, y trataba de asociarlo en su mente con las facciones, la expresión y la apariencia general de la persona.

Si la persona era alguien de importancia, Napoleón se tomaba aún más molestias. Tan pronto como su alteza real estaba a solas, escribía el nombre en un trozo de papel, lo miraba, se concentraba en él, lo fijaba con seguridad en su mente y luego rompía el papel. De esta manera, obtenía una impresión visual del nombre además de una impresión auditiva.

Todo esto lleva tiempo, pero «los buenos modales», dijo Emerson, «se componen de pequeños sacrificios».

La importancia de recordar y usar nombres no es sólo prerrogativa de reyes y ejecutivos corporativos. Funciona para todos nosotros. Ken Nottingham, un empleado de General Motors en Indiana, solía almorzar en la cafetería de la compañía. Notó que la mujer que trabajaba detrás del mostrador siempre tenía el ceño fruncido.

—Había estado haciendo sándwiches durante unas dos horas y yo era sólo otro sándwich para ella. Le dije lo que quería. Pesó el jamón en una pequeña balanza, luego me dio una hoja de lechuga, unas pocas papas fritas y me las entregó.

»Al día siguiente pasé por la misma fila. La misma mujer, el mismo ceño fruncido. Sonreí y dije: "Hola, Eunice", y luego le dije lo que quería. Bueno, ella se olvidó de la balanza, apiló el jamón, me dio tres hojas de lechuga y colmó el plato de papas fritas hasta que se cayeron».

Debemos ser conscientes de la magia contenida en un nombre y darnos cuenta de que este único elemento es propiedad total y completa de la persona con la que estamos tratando y de nadie más.

El nombre distingue al individuo; lo hace único entre todos los demás. La información que estamos impartiendo o la petición que estamos haciendo adquiere una importancia especial cuando abordamos la situación con el nombre del individuo. Desde la camarera hasta el alto ejecutivo, el nombre obrará magia cuando tratamos con los demás.

◆

PRINCIPIO 3

Recuerda que, para toda persona, su nombre es el sonido más dulce e importante en cualquier idioma.

◆

CAPÍTULO 4

TRUCOS PARA CONVERTIRTE EN UN BUEN CONVERSADOR

Hace algún tiempo, asistí a una partida de bridge. Yo no juego al bridge, y había una mujer allí que tampoco jugaba. Ella había descubierto que yo había sido una vez el gerente de Lowell Thomas antes de que él saliera en la radio y que yo había viajado mucho por Europa mientras le ayudaba a preparar las conferencias de viajes ilustradas que él daba entonces. Así que dijo:

—Oh, señor Carnegie, quiero que me cuente sobre todos los lugares maravillosos que ha visitado y las vistas que ha contemplado.

Mientras nos sentábamos en el sofá, ella comentó que ella y su marido habían regresado recientemente de un viaje a África.

—¡África! –exclamé–. ¡Qué interesante! Siempre he querido ver África, pero nunca llegué allí, excepto por una estancia de veinticuatro horas una vez en Argel. Dígame, ¿visitó el país de la caza mayor? ¿Sí? Qué afortunada. La envidio. Cuénteme sobre África.

Eso la mantuvo hablando durante cuarenta y cinco minutos. Nunca volvió a preguntarme dónde había estado yo o qué había visto. No quería oírme hablar de mis viajes. Todo lo que quería era un oyente interesado, para poder expandir su ego y contar dónde había estado ella.

¿Era ella inusual? No. Mucha gente es así.

Por ejemplo, conocí a un distinguido botánico en una cena ofrecida por un editor de libros de Nueva York. Nunca había hablado con un botánico antes, y lo encontré fascinante. Literalmente me senté al borde de mi silla y escuché mientras hablaba de plantas exóticas y experimentos en el desarrollo de nuevas formas de vida vegetal y jardines interiores (e incluso me contó hechos asombrosos sobre la humilde patata). Yo tenía un pequeño jardín interior propio, y él tuvo la bondad de decirme cómo resolver algunos de mis problemas.

Como dije, estábamos en una cena. Debía de haber una docena de invitados más, pero violé todos los cánones de cortesía, ignoré a todos los demás y hablé durante horas con el botánico.

Llegó la medianoche. Di las buenas noches a todos y me marché. El botánico se volvió entonces hacia nuestro anfitrión y me dedicó varios cumplidos halagadores. Yo era «sumamente estimulante». Yo era esto y aquello, y terminó diciendo que yo era un «interesante conversador».

¿Un interesante conversador? Vamos, si apenas había dicho nada. No podría haber dicho nada sobre el tema aunque hubiera querido, pues no sabía más de botánica que de la anatomía de un pingüino. Pero había hecho esto: había escuchado atentamente. Había escuchado porque estaba genuinamente interesado. Y él lo sintió. Naturalmente, eso le complació. Esa clase de escucha es uno de los cumplidos más altos que podemos pagar a cualquiera. «Pocos seres humanos –escribió Jack Woodford en *Strangers in Love*– son inmunes a la adulación implícita de la atención absorta». Fui incluso más lejos que prestarle atención absorta. Fui «sincero en mi aprobación y generoso en mis elogios».

Le dije que me había entretenido e instruido inmensamente, y así había sido. Le dije que deseaba tener su conocimiento, y así era. Le dije que me encantaría vagar por los campos con él, y así es. Le dije que debía verle de nuevo, y así lo hice.

Y así logré que pensara en mí como un buen conversador cuando, en realidad, no había sido más que un buen oyente y le había animado a hablar.

¿Cuál es el secreto, el misterio, de una entrevista de negocios exitosa? Bueno, según el expresidente de Harvard Charles W. Eliot: «No hay ningún misterio sobre un trato comercial exitoso... La atención exclusiva a la persona que le está hablando es muy importante. Nada es tan adulador como eso».

El propio Eliot era un maestro consumado del arte de escuchar. Henry James, uno de los primeros grandes novelistas de Estados Unidos, recordaba: «La escucha del doctor Eliot no era mero silencio, sino una forma de actividad. Sentado muy erguido sobre la base de su columna con las manos unidas en el regazo, sin hacer ningún movimiento excepto girar los pulgares uno alrededor del otro más rápido o más despacio, se enfrentaba a su interlocutor y parecía estar oyendo con los ojos además de con los oídos. Escuchaba con su mente y consideraba atentamente lo que usted tenía que decir mientras lo decía... Al final de una entrevista, la persona que había hablado con él sentía que había dicho lo que tenía que decir».

Evidente, ¿verdad? No tienes que estudiar cuatro años en Harvard para descubrir eso. Sin embargo, tanto tú como yo conocemos a dueños de grandes almacenes que alquilarán un espacio costoso, comprarán sus mercancías económicamente, decorarán sus escaparates de forma atractiva, gastarán miles de dólares en publicidad y luego contratarán a dependientes que no tienen el sentido común de ser buenos oyentes; dependientes que interrumpen a los clientes, los contradicen, los irritan y hacen todo menos echarles de la tienda.

Unos grandes almacenes de Chicago casi perdieron a una cliente habitual que gastaba varios miles de dólares cada año en esa tienda porque una dependienta no quiso escuchar. La señora Henrietta Douglas, que asistió a nuestro curso en Chicago, había comprado un abrigo en una venta especial. Después de llevarlo a casa, notó que había un desgarro en el forro. Regresó al día siguiente y pidió a la dependienta que se lo cambiara. La dependienta se negó incluso a escuchar su queja.

—Usted compró esto en una venta especial –dijo, y señaló un letrero en la pared–. Lea esto: «Todas las ventas son definitivas». Una vez que lo compró, tiene que quedárselo. Cosa el forro usted misma.

—Pero esto era mercancía dañada –se quejó la señora Douglas.

—No hay diferencia –interrumpió la dependienta–. Definitivo es definitivo.

La señora Douglas estaba a punto de marcharse indignada, jurando no volver jamás a esa tienda, cuando fue saludada por el gerente del departamento, que la conocía por sus muchos años de patrocinio. La señora Douglas le contó lo que había sucedido.

El gerente escuchó atentamente toda la historia, examinó el abrigo y luego dijo:

—Las ventas especiales son «definitivas» para que podamos deshacernos de la mercancía al final de la temporada. Pero esta política de «no devolución» no se aplica a los artículos dañados. Ciertamente repararemos o reemplazaremos el forro, o si lo prefiere, le devolveremos su dinero.

¡Qué diferencia de trato! Si ese gerente no hubiera aparecido y escuchado a la cliente, una clienta a largo plazo de esa tienda podría haberse perdido para siempre.

Escuchar es tan importante en la vida hogareña de uno como en el mundo de los negocios. Millie Esposito de Croton-on-Hudson, Nueva York, se impuso la tarea de escuchar con cuidado cuando uno de sus hijos quería hablar con ella. Una noche estaba sentada en la cocina con su hijo, Robert, y tras una breve discusión sobre algo que él tenía en mente, Robert dijo:

—Mamá, sé que me quieres mucho.

La señora Esposito se conmovió y dijo:

—Por supuesto que te quiero mucho. ¿Lo dudabas?

Robert respondió:

—No, pero realmente sé que me quieres porque siempre que quiero hablarte de algo dejas lo que estás haciendo y me escuchas.

El quejoso crónico, incluso el crítico más violento, frecuentemente se suavizará y se apaciguará en presencia de un oyente paciente y comprensivo; un oyente que guarde silencio mientras el iracundo criticón se dilata como una cobra real y escupe el veneno de su sistema. Para ilustrarlo: la Compañía Telefónica de Nueva York descubrió hace unos años que tenía que tratar con uno de los clientes más viciosos que jamás haya maldecido a un representante de servicio al cliente. Y maldecía de verdad. Despotricaba. Amenazaba con arrancar el teléfono de raíz. Se negaba a pagar ciertos cargos que declaraba falsos. Escribía cartas a los periódicos. Presentó innumerables quejas ante la Comisión de Servicios Públicos, e inició varias demandas contra la compañía telefónica.

Por fin, uno de los más hábiles «solucionadores de problemas» de la compañía fue enviado a entrevistar a este petrel de las tormentas. Este «solucionador de problemas» escuchó y dejó que el cliente cascarrabias disfrutara vertiendo su diatriba. El representante telefónico escuchó y dijo «sí» y simpatizó con su agravio.

—Él despotricó y yo escuché durante casi tres horas –dijo el «solucionador de problemas» al relatar sus experiencias ante una de las clases–. Luego volví y escuché un poco más. Lo entrevisté cuatro veces, y antes de que terminara la cuarta visita me había convertido en miembro fundador de una organización que él estaba iniciando. La llamó la «Asociación Protectora de Abonados Telefónicos». Todavía soy miembro de esta organización y, que yo sepa, soy el único miembro en el mundo hoy en día además de este señor.

»Escuché y simpaticé con él en cada punto que había planteado durante estas entrevistas. Nunca había tenido a un representante telefónico que hablara con él de esa manera antes, y se volvió casi amistoso. El punto por el que fui a verlo ni siquiera se mencionó en la primera visita, ni se mencionó en la segunda o la tercera, pero en la cuarta entrevista, cerré el caso por completo, pagó todas sus facturas por completo y, por primera vez en la historia de sus dificultades con la compañía telefónica, retiró voluntariamente sus quejas de la Comisión de Servicios Públicos».

Sin duda, el señor cascarrabias se había sentido un santo cruzado que defendía los derechos públicos contra una explotación despiadada. Pero, en realidad, lo que realmente quería era un sentido de importancia. Obtuvo esa sensación al principio pataleando y quejándose. Pero tan pronto como obtuvo su sentido de importancia de un representante de la compañía, sus agravios imaginarios se desvanecieron en el aire.

Una mañana, hace años, un cliente furioso irrumpió en la oficina de Julian F. Detmer, fundador de la Detmer Woollen Company, que más tarde se convirtió en el mayor distribuidor de lanas del mundo para la industria de la sastrería.

—Este hombre nos debía una pequeña suma de dinero –me explicó el señor Detmer–. El cliente lo negaba, pero nosotros sabíamos que estaba equivocado. Así que nuestro departamento de crédito insistió en que pagara. Después de recibir varias cartas de nuestro departamento de crédito, hizo su maleta, viajó a Chicago y se apresuró a entrar en mi oficina para informarme no sólo que no iba a pagar esa cuenta, sino que nunca más compraría ni un dólar en mercancía a la Detmer Woollen Company.

»Escuché pacientemente todo lo que tenía que decir. Tuve la tentación de interrumpirlo, pero me di cuenta de que sería una mala política. Así que dejé que se desahogara. Cuando finalmente se calmó y estuvo en un estado de ánimo receptivo, le dije en voz baja:

»—Quiero agradecerle por venir a Chicago para contarme esto. Me ha hecho un gran favor, pues si nuestro departamento de crédito le ha molestado, puede molestar a otros buenos clientes, y eso sería lamentable. Créame, estoy mucho más ansioso por escuchar esto que usted por contarlo.

»Eso era lo último que esperaba que yo dijera. Creo que estaba un poco decepcionado, porque había venido a Chicago para decirme cuatro verdades, pero allí estaba yo agradeciéndole en lugar de pelear con él. Le aseguré que borraríamos el cargo de los libros y lo olvidaríamos, porque él era un hombre muy cuidadoso con una sola cuenta que atender, mientras que nuestros empleados tenían que ocuparse de miles. Por lo tanto, era menos probable que él se equivocara a que lo hiciéramos nosotros.

»Le dije que entendía exactamente cómo se sentía y que, si yo estuviera en su lugar, indudablemente sentiría exactamente lo mismo que él. Dado que ya no nos iba a comprar más, le recomendé otras casas de lanas.

»En el pasado, solíamos almorzar juntos cuando venía a Chicago, así que lo invité a almorzar conmigo ese día. Aceptó a regañadientes, pero cuando volvimos a la oficina hizo un pedido más grande que nunca. Regresó a casa mucho más tranquilo y, queriendo ser tan justo con nosotros como nosotros lo habíamos sido con él, revisó sus facturas, encontró una que se había traspapelado y nos envió un cheque con sus disculpas.

»Más tarde, cuando su esposa dio a luz a un niño, le puso a su hijo el segundo nombre de Detmer, y siguió siendo amigo y cliente de la casa hasta su muerte, veintidós años después».

Hace años, un pobre niño inmigrante holandés lavaba las ventanas de una panadería después de la escuela para ayudar a mantener a su familia. Su gente era tan pobre que, además, solía salir a la calle con una cesta todos los días para recoger trozos de carbón sueltos que habían caído en la cuneta donde los vagones de carbón habían entregado combustible. Ese muchacho, Edward Bok, nunca tuvo más de seis años de escolaridad en su vida; sin embargo, con el tiempo se convirtió en uno de los editores de revistas más exitosos en la historia del periodismo estadounidense. ¿Cómo lo hizo? Ésa es una larga historia, pero cómo comenzó se puede contar brevemente. Empezó utilizando los principios de este capítulo.

Dejó la escuela a los trece años y se convirtió en mensajero de Western Union, pero ni por un momento abandonó la idea de educarse. En cambio, comenzó a educarse a sí mismo. Ahorró el dinero de sus pasajes y se quedó sin almorzar hasta que tuvo suficiente dinero para comprar una enciclopedia de biografía estadounidense, y entonces hizo algo inaudito. Leyó las vidas de personas famosas y les escribió pidiéndoles información adicional sobre su infancia. Era un buen oyente. Pidió a personas famosas que le contaran más sobre sí mismas. Escribió al general James A. Garfield, que entonces se postulaba para presidente, y le preguntó si era cierto que alguna vez fue conductor de mulas en un canal; y Garfield respondió. Escribió al general Grant preguntándole sobre una batalla determinada, y Grant le dibujó un mapa e invitó a este chico de catorce años a cenar y pasó la noche hablando con él.

Pronto, nuestro mensajero de Western Union mantenía correspondencia con muchas de las personas más famosas de la nación: Ralph Waldo Emerson, Oliver Wendell Holmes, Longfellow, la señora de Abraham Lincoln, Louisa May Alcott, el general Sherman y Jefferson Davis. No sólo mantuvo correspondencia con estas personas distinguidas, sino que tan pronto como tuvo vacaciones, visitó a muchos de ellos como huésped bienvenido en sus hogares. Esta experiencia le infundió una confianza inestimable. Estos hombres y mujeres encendieron en él una visión y una ambición que dieron forma a su vida. Y todo esto, permíteme repetirlo, fue posible únicamente mediante la aplicación de los principios que estamos discutiendo aquí.

Isaac F. Marcosson, un periodista que entrevistó a cientos de celebridades, declaró que muchas personas no logran causar una impresión favorable porque no escuchan con atención: «Han estado tan preocupados por lo que van a decir a continuación que no mantienen los oídos abiertos... Personas muy importantes me han dicho que prefieren buenos oyentes a buenos conversadores, pero la capacidad de escuchar parece más rara que casi cualquier otra buena cualidad».

Y no sólo los personajes importantes anhelan un buen oyente, sino también la gente común. Como dijo una vez el *Reader's Digest*: «Muchas personas llaman a un médico cuando todo lo que quieren es una audiencia».

Durante las horas más oscuras de la Guerra Civil, Lincoln escribió a un viejo amigo en Springfield, Illinois, pidiéndole que fuera a Washington. Lincoln dijo que tenía algunos problemas que quería discutir con él. El viejo vecino se presentó en la Casa Blanca, y Lincoln habló con él durante horas sobre la conveniencia de emitir una proclamación para liberar a los esclavos. Lincoln repasó todos los argumentos a favor y en contra de tal medida, y luego leyó cartas y artículos de periódicos, algunos denunciándolo por no liberar a los esclavos y otros denunciándolo por temor a que fuera a liberarlos. Después de hablar durante horas, Lincoln estrechó la mano de su viejo vecino, le dio las buenas noches y lo envió de regreso a Illinois sin siquiera pedirle su opinión. Lincoln había hablado todo el tiempo. Eso pareció aclarar su mente. «Parecía sentirse más aliviado después de esa charla», dijo el viejo amigo. Lincoln no había querido consejos. Simplemente había querido un oyente amistoso y comprensivo con quien pudiera desahogarse. Eso es lo que todos queremos cuando estamos en problemas. Eso es frecuentemente todo lo que quiere el cliente irritado, y el empleado insatisfecho o el amigo herido.

Uno de los grandes oyentes de los tiempos modernos fue Sigmund Freud. Un hombre que conoció a Freud describió su manera de escuchar: «Me impresionó tanto que nunca lo olvidaré. Tenía cualidades que nunca había visto en ningún otro hombre. Nunca había visto una atención tan concentrada. No existía ese asunto de la "mirada penetrante que atraviesa el alma". Sus ojos eran suaves y afables. Su voz era baja y amable. Sus gestos eran pocos. Pero la atención que me brindó, su aprecio por lo que dije, incluso cuando lo dije mal, fue extraordinario. No tiene idea de lo que significó ser escuchado de esa manera».

Si quiere saber cómo hacer que la gente lo rehúya, se ría de usted a sus espaldas e incluso lo desprecie, aquí tiene la receta: nunca escuche a nadie por mucho tiempo. Hable incesantemente de usted mismo. Si tiene una idea mientras la otra persona está hablando, no espere a que termine: irrumpa de inmediato e interrumpa en medio de una frase.

¿Conoce gente así? Yo sí, desafortunadamente; y lo asombroso es que algunos de ellos son prominentes.

Pelmazos, eso es todo lo que son: pelmazos intoxicados con sus propios egos, borrachos con un sentido de su propia importancia.

Las personas que hablan sólo de sí mismas piensan sólo en sí mismas. Y «esas personas que piensan sólo en sí mismas –dijo el doctor Nicholas Murray Butler, presidente durante mucho tiempo de la Universidad de Columbia– son irremediablemente incultas. No son educadas, sin importar cuán instruidas puedan estar».

Así que, si aspiras a ser un buen conversador, sé un buen oyente. Para ser interesante, interésate. Haz preguntas que a las otras personas les guste responder. Anímalos a hablar de sí mismos y de sus logros.

Recuerda que las personas con las que hablas están cien veces más interesadas en sí mismas y en sus necesidades y problemas que en ti y tus problemas. El dolor de muelas de una persona significa más para esa persona que una hambruna en China que mata a un millón de personas. Un forúnculo en el cuello le interesa a uno más que cuarenta terremotos en África. Piensa en eso la próxima vez que inicies una conversación.

◆

PRINCIPIO 4

Sé un buen oyente.

Anima a los demás a hablar de sí mismos.

◆

CAPÍTULO 5

CÓMO INTERESAR A LA GENTE

Todo aquel que alguna vez fue invitado de Theodore Roosevelt se asombraba de la amplitud y diversidad de sus conocimientos. Ya fuera su visitante un vaquero o un Rough Rider, un político de Nueva York o un diplomático, Roosevelt sabía qué decir. ¿Y cómo lo hacía? La respuesta era simple. Siempre que Roosevelt esperaba un visitante, se quedaba despierto hasta tarde la noche anterior, leyendo sobre el tema en el que sabía que su invitado estaba particularmente interesado.

Porque Roosevelt sabía, como saben todos los líderes, que el camino real hacia el corazón de una persona es hablar de las cosas que él o ella más atesora.

El afable William Lyon Phelps, ensayista y profesor de literatura en Yale, aprendió esta lección temprano en la vida.

«Cuando tenía ocho años y pasaba un fin de semana visitando a mi tía Libby Linsley en su casa de Stratford, en el Housatonic», escribió en su ensayo sobre la naturaleza humana, «un hombre de mediana edad vino una noche y, después de un intercambio cortés con mi tía, me dedicó su atención. En ese momento, yo estaba entusiasmado con los barcos, y el visitante discutió el tema de una manera que me pareció particularmente interesante. Después de que se fuera, hablé de él con entusiasmo. ¡Qué hombre! Mi tía me informó que era un abogado de Nueva York, que no le importaban en absoluto los barcos, que no tenía el más mínimo interés en el tema.

»—¿Pero por qué entonces habló todo el tiempo de barcos?

»—Porque es un caballero. Vio que te interesaban los barcos y habló de las cosas que sabía que te interesarían y agradarían. Se hizo agradable».

Y William Lyon Phelps agregó: «Nunca olvidé el comentario de mi tía».

Mientras escribo este capítulo, tengo ante mí una carta de Edward L. Chalif, quien participaba activamente en el trabajo de los *boy scouts*.

> Un día descubrí que necesitaba un favor –escribió el señor Chalif–. Se iba a celebrar una gran reunión de Scouts en Europa, y quería que el presidente de una de las corporaciones más grandes de Estados Unidos pagara los gastos de uno de mis chicos para el viaje.
>
> Afortunadamente, justo antes de ir a ver a este hombre, escuché que había concedió un cheque por un millón de dólares y que, después de cancelado, lo había enmarcado.
>
> Así que lo primero que hice al entrar en su oficina fue pedir ver el cheque. ¡Un cheque por un millón de dólares! Le dije que nunca supe que alguien hubiera escrito tal cheque, y que quería decirles a mis chicos que realmente había visto un cheque por un millón de dólares. Con mucho gusto me lo mostró; lo admiré y le pedí que me contara todo sobre cómo llegó a concederse.

Te das cuenta, ¿verdad?, de que el señor Chalif no comenzó hablando de los *boy scouts*, ni de la reunión en Europa, ni de lo que él quería. Habló de lo que le interesaba al otro hombre. He aquí el resultado:

Enseguida, el hombre a quien estaba entrevistando dijo: «Ah, por cierto, ¿de qué quería hablarme?». Así que se lo comenté.

Para mi gran sorpresa –continúa el señor Chalif–, no sólo concedió inmediatamente lo que pedí, sino mucho más. Yo le había pedido que enviara sólo a un niño a Europa, pero envió a cinco niños y a mí mismo, me dio una carta de crédito por mil dólares y nos dijo que nos quedáramos en Europa durante siete semanas. También me dio cartas de presentación para los presidentes de sus sucursales, poniéndolos a nuestro servicio, y él mismo se reunió con nosotros en París y nos enseñó la ciudad. Desde entonces, ha dado trabajo a algunos de los muchachos cuyos padres estaban necesitados, y todavía está activo en nuestro grupo.

Sin embargo, sé que si no hubiera averiguado qué le interesaba y no lo hubiera entusiasmado primero, no lo habría encontrado ni la décima parte de accesible.

¿Es ésta una técnica valiosa para usar en los negocios? ¿Lo es? Veamos. Tomemos a Henry G. Duvernoy de Duvernoy and Sons, una empresa de panadería al por mayor de Nueva York.

El señor Duvernoy había estado tratando de vender pan a cierto hotel de Nueva York. Había visitado al gerente cada semana durante cuatro años. Asistía a los mismos eventos sociales a los que asistía el gerente. Incluso alquiló habitaciones en el hotel y vivió allí para conseguir el negocio. Pero fracasó.

—Entonces –dijo el señor Duvernoy–, después de estudiar relaciones humanas, resolví cambiar mi táctica. Decidí averiguar qué le interesaba a este hombre, qué captaba su entusiasmo.

»Descubrí que pertenecía a una sociedad de ejecutivos hoteleros llamada Hotel Greeters of America. No sólo pertenecía, sino que su burbujeante entusiasmo lo había convertido en presidente de la organización, y presidente de los Greeters Internacionales. No importaba dónde se celebraran sus convenciones, él estaría allí.

»Así que cuando lo vi al día siguiente, comencé a hablar sobre los Greeters. ¡Qué respuesta obtuve! ¡Qué respuesta! Me habló durante media hora sobre los Greeters, con un tono vibrante de entusiasmo. Pude ver claramente que esta sociedad no sólo era su pasatiempo, era la pasión de su vida. Antes de salir de su oficina, me había "vendido" una membresía en su organización.

»Mientras tanto, no había dicho nada sobre pan. Pero unos días después, el intendente de su hotel me llamó para que fuera con muestras y precios.

»—No sé qué le hizo al viejo –me saludó el intendente–, ¡pero seguro que se lo ha ganado!

»¡Piense en ello! Había estado insistiendo con ese hombre durante cuatro años, tratando de conseguir su negocio, y todavía estaría insistiendo si no me hubiera tomado finalmente la molestia de averiguar qué le interesaba y de qué disfrutaba hablar».

Edward E. Harriman de Hagerstown, Maryland, eligió vivir en el hermoso valle de Cumberland en Maryland después de completar su servicio militar. Desafortunadamente, en ese momento había pocos trabajos disponibles en la zona.

Una pequeña investigación descubrió el hecho de que varias empresas en el área eran propiedad o estaban controladas por un empresario inusual, R. J. Funkhouser, cuyo ascenso de la pobreza a la riqueza intrigó al señor Harriman. Sin embargo, era conocido por ser inaccesible para los buscadores de empleo. El señor Harriman escribió:

«Entrevisté a varias personas y descubrí que su mayor interés estaba anclado en su afán de poder y dinero. Dado que se protegía de personas como yo mediante el uso de una secretaria dedicada y severa, estudié los intereses y objetivos de ella y sólo entonces hice una visita no anunciada a su oficina.

»Ella había sido el satélite en órbita del señor Funkhouser durante unos quince años. Cuando le dije que tenía una propuesta para él que podría traducirse en éxito financiero y político para él, se entusiasmó. También conversé con ella sobre su participación constructiva en el éxito de él. Después de esta conversación, ella arregló que yo conociera al señor Funkhouser.

»Entré en su enorme e impresionante oficina decidido a no pedir trabajo directamente. Él estaba sentado detrás de un gran escritorio tallado y me gritó con voz atronadora:

»—¿Qué hay, joven?

»Yo dije:

»—Señor Funkhouser, creo que puedo hacerle ganar dinero.

»Inmediatamente se levantó y me invitó a sentarme en uno de los grandes sillones tapizados. Enumeré mis ideas y las calificaciones que tenía para realizar estas ideas, así como la forma en que contribuirían a su éxito personal y al de sus empresas.

»“R. J.”, como pasó a ser conocido para mí, me contrató de inmediato y durante más de veinte años he crecido en sus empresas y ambos hemos prosperado».

Hablar en términos de los intereses de la otra persona vale la pena para ambas partes. Howard Z. Herzig, un líder en el campo de las comunicaciones con los empleados, siempre ha seguido este principio. Cuando se le preguntó qué recompensa obtenía de ello, el señor Herzig respondió que no sólo recibía una recompensa diferente de cada persona, sino que, en general, la recompensa había sido una ampliación de su vida cada vez que hablaba con alguien.

◆

PRINCIPIO 5

Habla en términos de los intereses de la otra persona.

◆

CAPÍTULO 6

CÓMO CAER BIEN DE INMEDIATO A LAS PERSONAS

Estaba esperando en la fila para certificar una carta en la oficina de correos de la calle 33 y la Octava Avenida en Nueva York. Noté que el empleado parecía aburrido con el trabajo: pesar sobres, entregar sellos, dar cambio, emitir recibos; la misma rutina monótona año tras año. Así que me dije: «Voy a tratar de caerle bien a ese empleado. Obviamente, para caerle bien, debo decir algo agradable, no sobre mí, sino sobre él». Así que me pregunté: «¿Qué hay en él que pueda admirar honestamente?». A veces es una pregunta difícil de responder, especialmente con extraños; pero, en este caso, resultó ser fácil. Al instante vi algo que admiré muchísimo.

Así que mientras pesaba mi sobre, comenté con entusiasmo:

—¡Ojalá tuviera su pelo!

Levantó la vista, medio sobresaltado, con el rostro radiante de sonrisas.

—Bueno, ya no es como antes –dijo modestamente.

Le aseguré que, aunque podría haber perdido algo de su antiguo esplendor, sin embargo, seguía siendo magnífico. Quedó inmensamente complacido. Tuvimos una pequeña conversación agradable y lo último que me dijo fue:

—Mucha gente ha admirado mi cabello.

Apuesto a que esa persona fue a almorzar ese día pisando el aire. Apuesto a que fue a casa esa noche y se lo contó a su esposa. Apuesto a que se miró en el espejo y dijo: «Tengo un hermoso cabello».

Conté esta historia una vez en público y un hombre me preguntó después: «¿Qué quería sacarle?».

¡Qué estaba tratando de sacarle! ¡Qué estaba tratando de sacarle!

Si somos tan despreciablemente egoístas que no podemos irradiar un poco de felicidad y transmitir un poco de aprecio honrado sin tratar de obtener algo de la otra persona a cambio –si nuestras almas no son más grandes que manzanas silvestres agrias–, nos encontraremos con el fracaso que tan sobradamente merecemos.

Oh, sí, quería algo de ese sujeto. Quería algo que no tiene precio. Y lo conseguí. Obtuve la sensación de que había hecho algo por él sin que él pudiera hacer nada a cambio por mí. Ése es un sentimiento que fluye y canta en la memoria mucho después de que el incidente haya pasado.

Hay una ley de conducta humana de suma importancia. Si obedecemos esa ley, casi nunca nos meteremos en problemas. De hecho, esa ley, si se obedece, nos traerá innumerables amigos y felicidad constante. Pero en el instante mismo en que quebrantemos la ley, nos meteremos en un sinfín de problemas.

La ley es ésta: haz siempre que la otra persona se sienta importante. John Dewey, como ya hemos apuntado, dijo que el deseo de ser importante es el impulso más profundo de la naturaleza humana; y William James dijo: «El principio más profundo de la naturaleza humana es el anhelo de ser apreciado». Como ya he señalado, es este impulso el que nos diferencia de los animales. Es este impulso el que ha sido responsable de la civilización misma.

Los filósofos han estado especulando sobre las reglas de las relaciones humanas durante miles de años, y de toda esa especulación ha surgido únicamente un precepto importante. No es nuevo. Es tan viejo como la historia. Zaratustra lo enseñó a sus seguidores en Persia hace dos mil quinientos años. Confucio lo predicó en China hace veinticuatro siglos. Lao-Tsé, el fundador del taoísmo, lo enseñó a sus discípulos en el Valle del Han. Buda lo predicó en la orilla del sagrado Ganges quinientos años antes de Cristo. Los libros sagrados del hinduismo lo enseñaron entre las colinas pedregosas de Judea hace diecinueve siglos. Jesús lo resumió en un pensamiento, probablemente la regla más importante del mundo: «Tratad a los demás como queréis que los demás os traten».

Tú deseas la aprobación de aquellos con quienes entras en contacto. Deseas el reconocimiento de tu verdadera valía. Quieres sentir que eres importante en tu pequeño mundo. No quieres escuchar adulación barata e insincera, pero sí ansías un aprecio sincero. Quieres que sus amigos y asociados sean, como dijo Charles Schwab, «sinceros en su aprobación y generosos en sus elogios». Todos queremos eso.

Así pues, obedezcamos esta regla de oro y demos a los demás lo que quisiéramos que los demás nos dieran a nosotros.

¿Cómo? ¿Cuándo? ¿Dónde? La respuesta es: todo el tiempo, en todas partes. David G. Smith, de Eau Claire, Wisconsin, contó a una de nuestras clases cómo manejó una situación delicada cuando le pidieron que se hiciera cargo del puesto de refrescos en un concierto benéfico.

—La noche del concierto llegué al parque y encontré a dos ancianas de muy mal humor paradas junto al puesto de refrescos. Al parecer, cada una creía estar a cargo de este proyecto.

»Mientras yo estaba allí parado, reflexionando sobre qué hacer, apareció uno de los miembros del comité patrocinador, me entregó una caja con el dinero y me agradeció por hacerme cargo del proyecto. Presentó a Rose y a Jane como mis ayudantes y luego salió corriendo.

»Se hizo un gran silencio. Al darme cuenta de que la caja del dinero era un símbolo de autoridad (en cierto modo), le di la caja a Rose y le expliqué que quizá yo no podría llevar bien las cuentas y que si ella se encargaba de ello, yo me sentiría mejor. Luego sugerí a Jane que mostrara a dos adolescentes que habían sido asignados a los refrescos cómo operar la máquina de soda, y le pedí que fuera responsable de esa parte del proyecto.

»Toda la velada fue muy agradable, con Rose contando felizmente el dinero, Jane supervisando a los adolescentes y yo disfrutando del concierto».

No tienes que esperar a ser embajador en Francia o presidente del comité de su logia para usar esta filosofía del aprecio. Puedes hacer magia con ella casi todos los días.

Si, por ejemplo, la camarera nos trae puré de patatas cuando hemos pedido patatas fritas, digámosle: «Siento molestarla, pero prefiero las fritas». Probablemente responderá: «No es ninguna molestia» y le encantará cambiar las patatas, porque hemos mostrado respeto por ella.

Pequeñas frases como «Siento molestarle», «¿Sería tan amable de...?», «¿Podría usted...?», «Le importaría...», «Gracias»; pequeñas cortesías como éstas aceitan los engranajes de la monótona rutina de la vida diaria y, dicho sea de paso, son el sello distintivo de la buena educación.

Tomemos otra ilustración. Las novelas de Hall Caine –*El cristiano*, *El hombre de la isla de Man*, *The Deemster*, entre otras– fueron todas *bestsellers* a principios de este siglo. Millones de personas leyeron sus novelas, incontables millones. Él era hijo de un herrero. Nunca tuvo más de ocho años de escuela en su vida; sin embargo, al morir era el literato más rico de su tiempo.

La historia es así: Hall Caine amaba los sonetos y las baladas; así que devoró toda la poesía de Dante Gabriel Rossetti. Incluso escribió una conferencia cantando las alabanzas de los logros artísticos de Rossetti y le envió una copia al propio Rossetti. Rossetti estaba encantado. «Cualquier joven que tenga una opinión tan exaltada de mi habilidad», probablemente se dijo Rossetti, «debe ser brillante». Así que Rossetti invitó a este hijo de herrero a ir a Londres y actuar como su secretario. Ése fue el punto de inflexión en la vida de Hall Caine; pues, en su nueva posición, conoció a los artistas literarios de la época. Aprovechando sus consejos e inspirado por su aliento, se lanzó a una carrera que grabó su nombre en el cielo.

Su hogar, el castillo de Greeba, en la isla de Man, se convirtió en la Meca de turistas de los rincones más lejanos del mundo, y dejó una herencia multimillonaria. Sin embargo –quién sabe–, podría haber muerto pobre y desconocido si no hubiera escrito un ensayo expresando su admiración por un hombre famoso.

Tal es el poder, el estupefaciente poder, del aprecio sincero y sentido.

Rossetti se consideraba importante. Eso no es extraño. Casi todo el mundo se considera importante, muy importante.

La vida de muchas personas podría cambiar si alguien les hiciera sentir importantes. Ronald J. Rowland, uno de los instructores de nuestro curso en California, es también profesor de artes y oficios. Nos escribió sobre un estudiante llamado Chris en su clase de manualidades para principiantes:

> Chris era un chico muy tranquilo y tímido, falto de confianza en sí mismo, el tipo de estudiante que a menudo no recibe la atención que merece. Yo también enseño una clase avanzada que había llegado a ser una especie de símbolo de estatus y un privilegio para el estudiante que se hubiera ganado el derecho a estar en ella.
>
> El miércoles, Chris estaba trabajando diligentemente en su escritorio. Realmente sentí que había un fuego oculto en lo profundo de él. Le pregunté a Chris si le gustaría estar en la clase avanzada. Ojalá pudiera expresar la mirada en el rostro de Chris, las emociones de ese chico tímido de catorce años, tratando de contener las lágrimas.
>
> —¿Quién, yo, señor Rowland? ¿Soy lo bastante bueno?
>
> —Sí, Chris, eres lo bastante bueno.
>
> Tuve que irme en ese momento porque las lágrimas acudían a mis ojos. Cuando Chris salió de clase ese día, pareciendo cinco centímetros más alto, me miró con brillantes ojos azules y dijo con voz firme:
>
> —Gracias, señor Rowland.
>
> Chris me enseñó una lección que nunca olvidaré: nuestro profundo deseo de sentirnos importantes. Para ayudarme a no olvidar nunca esta regla, puse un cartel que decía: «ERES IMPORTANTE». Este cartel cuelga ahora en el frente del aula para que todos lo vean y para recordarme que cada estudiante que tengo enfrente es igualmente importante.

La verdad desnuda es que casi todas las personas que conoces se sienten superiores a ti de alguna manera, y un camino seguro a sus corazones es permitirles comprender, de alguna forma sutil, que reconoces su importancia, y la reconoces sinceramente.

Recuerda lo que dijo Emerson: «Todo hombre que conozco es superior a mí en algún sentido. En ese sentido, aprendo de él».

Y la parte patética de todo esto es que, frecuentemente, aquellos que tienen menos justificación para un sentimiento de logro inflan sus egos con un espectáculo de tumulto y vanidad que es verdaderamente nauseabundo. Como dijo Shakespeare: «(...) el hombre, el hombre orgulloso, / investido de una pequeña y efímera autoridad, / (...) juega ante el alto cielo trucos tan fantásticos / que hacen llorar a los ángeles».

Voy a contaros cómo la gente de negocios en mis propios cursos ha aplicado estos principios con resultados notables. Tomemos el caso de un abogado de Connecticut (debido a sus parientes, prefiere que no se mencione su nombre).

Poco después de unirse al curso, el señor R. fue en coche a Long Island con su esposa para visitar a algunos parientes de ella. Ella lo dejó charlando con una vieja tía suya y luego se fue apresuradamente a visitar a algunos de los parientes más jóvenes. Como pronto tenía que dar un discurso profesionalmente sobre cómo aplicaba los principios del aprecio, pensó que ganaría una experiencia valiosa hablando con la anciana. Así que miró alrededor de la casa para ver qué podía admirar honestamente.

—Esta casa fue construida alrededor de 1890, ¿verdad? –preguntó.

—Sí –respondió ella–, ése es precisamente el año en que se construyó.

—Me recuerda a la casa donde nací –dijo él–. Es hermosa. Bien construida. Espaciosa. ¿Sabe? Ya no construyen casas como ésta.

—Tiene razón –coincidió la anciana–. A los jóvenes de hoy no les importan los hogares hermosos. Sólo quieren un apartamento pequeño y luego salir por ahí en sus automóviles.

—Ésta es una casa de ensueño –dijo ella con una voz vibrante de recuerdos tiernos–. Esta casa fue construida con amor. Mi esposo y yo soñamos con ella durante años antes de construirla. No tuvimos arquitecto. La planeamos toda nosotros mismos.

Le mostró la casa al señor R., y él expresó su sincera admiración por los hermosos tesoros que ella había recogido en sus viajes y atesorado durante toda una vida: chales de cachemira, un viejo juego de té inglés, porcelana Wedgwood, camas y sillas francesas, pinturas italianas y cortinas de seda que alguna vez colgaron en un castillo francés.

Después de mostrarle la casa al señor R., lo llevó al garaje. Allí, levantado sobre bloques, había un automóvil Packard, en condición impecable.

—Mi esposo me compró ese coche poco antes de fallecer –dijo suavemente–. Nunca he viajado en él desde su muerte... Usted aprecia las cosas bellas, y voy a regalarle este auto.

—Pero, tía –dijo él–, me abruma. Aprecio su generosidad, por supuesto; pero no podría aceptarlo bajo ningún concepto. Ni siquiera soy pariente suyo. Tengo un coche nuevo y usted tiene muchos parientes a quienes les gustaría tener ese Packard.

—¡Parientes! –exclamó ella–. Sí, tengo parientes que sólo están esperando a que me muera para quedarse con ese auto. Pero no lo conseguirán.

—Si no quiere dárselo a ellos, puede venderlo muy fácilmente a un comerciante de segunda mano –le dijo él.

—¡Venderlo! –gritó–. ¿Cree que yo vendería este auto? ¿Cree que podría soportar ver a extraños paseando calle arriba y abajo en ese auto… ese coche que mi esposo compró para mí? Ni soñaría con venderlo. Se lo voy a dar a usted. Usted aprecia las cosas bellas.

Él trató de eludir aceptar el auto, pero no pudo hacerlo sin herir los sentimientos de la anciana.

Esta dama, que había quedado sola en una casa grande con sus chales de cachemira, sus antigüedades francesas y sus recuerdos, estaba hambrienta de un poco de reconocimiento.

Alguna vez había sido joven y hermosa y deseada. Una vez construyó una casa cálida con amor y coleccionó cosas de toda Europa para embellecerla. Ahora, en la soledad aislada de la vejez, ansiaba un poco de calidez humana, un poco de aprecio genuino, y nadie se lo daba. Y cuando lo encontró, como un manantial en el desierto, su gratitud no pudo expresarse adecuadamente con nada menos que el regalo de su preciado Packard.

Tomemos otro caso: Donald M. McMahon, quien era superintendente de Lewis y Valentine, viveristas y arquitectos paisajistas en Rye, Nueva York, relató el siguiente incidente:

—Poco después de asistir a la charla sobre «Cómo ganar amigos e influir sobre las personas», estaba haciendo el paisajismo de la finca de un famoso abogado. El propietario salió para darme algunas instrucciones sobre dónde deseaba plantar una masa de rododendros y azaleas. Le dije:

»—Juez, tiene usted un pasatiempo encantador. He estado admirando sus hermosos perros. Entiendo que gana muchas cintas azules cada año en la exposición del Madison Square Garden.

»El efecto de esta pequeña expresión de aprecio fue sorprendente.

»—Sí –respondió el juez–. Me divierto mucho con mis perros. ¿Le gustaría ver mi perrera?

»Pasó casi una hora mostrándome sus perros y los premios que habían ganado. Incluso sacó sus pedigrís y me explicó los linajes responsables de tanta belleza e inteligencia. Finalmente, volviéndose hacia mí, preguntó:

»—¿Tiene hijos pequeños?

»—Sí –respondí–, tengo un hijo.

»—Bueno, ¿no le gustaría un cachorro? –inquirió el juez.

»—Oh, sí, estaría encantado.

»—Muy bien, voy a regalarle uno –anunció el juez.

»Empezó a decirme cómo alimentar al cachorro. Luego se detuvo.

»—Lo olvidará si se lo digo. Lo escribiré.

»Así que el juez entró en la casa, escribió a máquina el pedigrí y las instrucciones de alimentación, y me dio un cachorro valorado en varios cientos de dólares y una hora y quince minutos de su valioso tiempo, en gran parte porque yo había expresado mi honesta admiración por su pasatiempo y sus logros».

George Eastman, de la fama de Kodak, inventó la película transparente que hizo posible el cine, amasó una fortuna de cien millones de dólares y se convirtió en uno de los hombres de negocios más famosos de la Tierra. Sin embargo, a pesar de todos estos tremendos logros, ansiaba pequeños reconocimientos, igual que usted y que yo.

Para ilustrar: cuando Eastman estaba construyendo la Escuela de Música Eastman y también el Kilbourn Hall en Rochester, James Adamson, entonces presidente de la Superior Seating Company de Nueva York, quería obtener el pedido para suministrar las butacas de teatro para estos edificios. Telefoneando al arquitecto, el señor Adamson concertó una cita para ver al señor Eastman en Rochester.

Cuando Adamson llegó, el arquitecto dijo:

—Sé que quiere conseguir este pedido, pero puedo decirle ahora mismo que no tendrá ni la menor oportunidad si le quita más de cinco minutos a George Eastman. Es un disciplinario estricto. Está muy ocupado. Así que cuente su historia rápido y salga.

Adamson estaba preparado para hacer exactamente eso.

Cuando lo hicieron pasar a la sala, vio al señor Eastman inclinado sobre una pila de papeles en su escritorio. Al momento, el señor Eastman levantó la vista, se quitó las gafas y caminó hacia el arquitecto y el señor Adamson, diciendo:

—Buenos días, caballeros, ¿qué puedo hacer por ustedes?

El arquitecto los presentó, y luego el señor Adamson dijo:

—Mientras le esperábamos, señor Eastman, he estado admirando su oficina. No me importaría trabajar en una habitación como ésta. Estoy en el negocio de la carpintería de interiores y nunca vi una oficina más hermosa en toda mi vida.

George Eastman respondió:

—Me recuerda algo que casi había olvidado. Es hermosa, ¿verdad? La disfruté mucho cuando se construyó por primera vez. Pero ahora vengo aquí con muchas otras cosas en la mente y a veces ni siquiera veo la habitación durante semanas enteras.

Adamson se acercó y pasó la mano por un panel.

—Esto es roble inglés, ¿verdad? Una textura un poco diferente al roble italiano.

—Sí –respondió Eastman–, roble inglés importado. Fue seleccionado para mí por un amigo que se especializa en maderas finas.

Luego Eastman le mostró la habitación, comentando las proporciones, el color, el tallado a mano y otros efectos que había ayudado a planificar y ejecutar.

Mientras deambulaban por la sala, admirando la carpintería, se detuvieron ante una ventana, y George Eastman, en su forma modesta y suave, señaló algunas de las instituciones a través de las cuales trataba de ayudar a la humanidad: la Universidad de Rochester, el Hospital General, el Hospital Homeopático, el Hogar Amigable, el Hospital de Niños. El señor Adamson lo felicitó calurosamente por la forma idealista en que usaba su riqueza para aliviar los sufrimientos de la humanidad. Poco después, George Eastman abrió una vitrina y sacó la primera cámara que había tenido: un invento que había comprado a un inglés.

Adamson le preguntó detalladamente sobre sus primeras luchas para iniciarse en los negocios, y el señor Eastman habló con verdadero sentimiento sobre la pobreza de su infancia, contando cómo su madre viuda había mantenido una casa de huéspedes mientras él trabajaba de empleado en una oficina de seguros. El terror de la pobreza lo perseguía día y noche, y resolvió ganar suficiente dinero para que su madre no tuviera que trabajar. El señor Adamson lo animó con más preguntas y escuchó, absorto, mientras relataba la historia de sus experimentos con placas fotográficas secas. Contó cómo trabajaba en una oficina todo el día y a veces experimentaba toda la noche, tomando sólo breves siestas mientras los químicos actuaban, a veces trabajando y durmiendo con la ropa puesta durante setenta y dos horas seguidas.

James Adamson había entrado en la oficina de Eastman a las diez y cuarto y le habían advertido de que no debía tomar más de cinco minutos; pero había pasado una hora, luego pasaron dos horas. Y seguían hablando.

Finalmente, George Eastman se volvió hacia Adamson y dijo:

—La última vez que estuve en Japón compré unas sillas, las traje a casa y las puse en mi solárium. Pero el sol descascaró la pintura, así que fui al centro el otro día, compré pintura y pinté las sillas yo mismo. ¿Le gustaría ver qué tal trabajo hago pintando sillas? Muy bien. Venga a mi casa a almorzar conmigo y se las mostraré.

Después del almuerzo, el señor Eastman mostró a Adamson las sillas que había traído de Japón. No valían más de unos pocos dólares, pero George Eastman, ahora multimillonario, estaba orgulloso de ellas porque él mismo las había pintado.

El pedido de los asientos ascendía a 90 000 dólares. ¿Quién creéis que consiguió el pedido: James Adamson o uno de sus competidores?

Desde el momento de esta historia hasta la muerte del señor Eastman, él y James Adamson fueron amigos cercanos.

Claude Marais, dueño de un restaurante en Ruan, Francia, usó este principio y ahorró a su restaurante la pérdida de una empleada clave. Esta mujer había estado a su servicio durante cinco años y era un enlace vital entre el señor Marais y su personal de veintiuna personas. Él se sorprendió al recibir una carta certificada de ella avisándole de su renuncia.

El señor Marais contó:

—Quedé muy sorprendido y, aún más, decepcionado, porque tenía la impresión de haber sido justo con ella y receptivo a sus necesidades. Dado que era tanto una amiga como una empleada, probablemente la había dado demasiado por sentada y tal vez fuera incluso más exigente con ella que con los demás empleados.

»Por supuesto, no podía aceptar esa renuncia sin alguna explicación. La llevé aparte y le dije:

»—Paulette, debe comprender que no puedo aceptar su renuncia. Usted significa mucho para mí y para esta compañía, y es tan importante para el éxito de este restaurante como lo soy yo.

»Repetí esto frente a todo el personal, la invité a mi casa y reiteré mi confianza en ella delante de mi familia.

»Paulette retiró su renuncia y hoy puedo confiar en ella más que nunca. Refuerzo esto frecuentemente expresándole mi aprecio por lo que hace y demostrándole lo importante que es para mí y para el restaurante».

«Hábleles a las personas de ellas mismas –dijo Disraeli, uno de los hombres más astutos que jamás gobernó el imperio británico–. Hábleles a las personas de ellas mismas y lo escucharán durante horas».

◆

PRINCIPIO 6

Haz que la otra persona se sienta importante, y hazlo de corazón.

◆

♦♦♦

EN RESUMEN...

SEIS MANERAS DE AGRADAR A LOS DEMÁS

PRINCIPIO 1
Interésate genuinamente por los demás.

PRINCIPIO 2
Sonríe.

PRINCIPIO 3
Recuerda que, para toda persona, su nombre es el sonido más dulce e importante en cualquier idioma.

PRINCIPIO 4
Sé un buen oyente. Anima a los demás a hablar de sí mismos.

PRINCIPIO 5
Habla en términos de los intereses de la otra persona.

PRINCIPIO 6
Haz que la otra persona se sienta importante, y hazlo de corazón.

♦♦♦

TERCERA PARTE

CÓMO LOGRAR QUE LOS DEMÁS PIENSEN COMO TÚ

CAPÍTULO 1

LA ÚNICA FORMA DE SALIR GANANDO EN UNA DISCUSIÓN ES EVITÁNDOLA

Poco después de terminar la Primera Guerra Mundial, aprendí una lección valiosísima una noche en Londres. Por aquel entonces yo era apoderado del señor Ross Smith. Durante la guerra, el señor Ross había sido el as australiano en Palestina y, poco después de declararse la paz, asombró al mundo dando la vuelta a medio mundo en treinta días. Jamás se había intentado una hazaña semejante. Creó una sensación tremenda. El gobierno australiano lo premió con cincuenta mil dólares; el rey de Inglaterra lo nombró caballero y, durante un tiempo, fue el hombre más comentado de todo el Imperio británico.

Una noche asistí a un banquete ofrecido en honor del señor Ross; durante la cena, el hombre sentado a mi lado contó un relato humorístico que giraba en torno a la cita: «Hay una divinidad que forja nuestros fines, por mucho que queramos desbastarlos».

El narrador mencionó que la cita era de la Biblia. Estaba equivocado. Yo lo sabía. Lo sabía y estaba seguro. No podía haber la más leve duda al respecto. Y así, para obtener un sentimiento de importancia y exhibir mi superioridad, me autoproclamé –sin haber sido solicitado y de mala gana recibido– encargado de corregirlo. Él se mantuvo en sus trece.

¿Qué? ¿De Shakespeare? ¡Imposible! ¡Absurdo! Esa cita era de la Biblia. Y él lo sabía.

El narrador estaba sentado a mi derecha; y Frank Gammond, un viejo amigo mío, estaba sentado a mi izquierda. El señor Gammond había dedicado años al estudio de Shakespeare. De modo que el narrador y yo acordamos someter la cuestión al señor Gammond. Éste escuchó, me dio un puntapié por debajo de la mesa y dijo:

—Dale, estás equivocado. El caballero tiene razón. Es de la Biblia.

De camino a casa aquella noche, le dije al señor Gammond:

—Frank, sabías que esa cita era de Shakespeare.

—Sí, por supuesto –respondió–, Hamlet, acto quinto, escena segunda. Pero éramos invitados en una ocasión festiva, mi querido Dale. ¿Por qué demostrarle a un hombre que se equivoca? ¿Acaso eso hará que le agrades? ¿Por qué no dejarle salvar su prestigio? No pidió tu opinión. No la quería. ¿Por qué discutir con él? Evita siempre el ángulo agudo.

El hombre que dijo eso me enseñó una lección que nunca olvidaré. No sólo había hecho sentir incómodo al narrador, sino que había puesto a mi amigo en una situación embarazosa. Cuánto mejor habría sido si no me hubiera vuelto tan discutidor.

Era una lección muy necesaria, porque yo había sido un discutidor empedernido. Durante mi juventud, había discutido con mi hermano sobre todo lo que hay bajo el cielo. Cuando fui a la universidad, estudié lógica y argumentación y participé en concursos de debate. Dicen que los de Misuri son escépticos; pues bien, yo nací allí. Tenían que demostrármelo todo. Más tarde, enseñé debate y argumentación en Nueva York; y una vez, me avergüenza admitirlo, planeé escribir un libro sobre el tema. Desde entonces, he escuchado, participado y observado los efectos de miles de discusiones. Como resultado de todo esto, he llegado a la conclusión de que sólo hay una forma bajo el cielo de sacar lo mejor de una discusión: evitarla. Evítela como evitaría a las serpientes de cascabel y a los terremotos.

Nueve de cada diez veces, una discusión termina con cada uno de los contendientes más convencidos que nunca de que tiene la razón absoluta.

No puedes ganar una discusión. No puedes porque, si la pierdes, la pierdes; y si la ganas, la pierdes. ¿Por qué? Pues bien, supón que triunfas sobre el otro hombre y dejas su argumento lleno de agujeros y demuestras que él es *non compos mentis*. ¿Entonces qué? Tú te sentirás bien. Pero, ¿y él? Le has hecho sentirse inferior. Has lastimado su orgullo. Él resentirá tu triunfo. Y…

> Al hombre si lo convences por la fuerza
> sigue pensando igual: no hay quien lo tuerza.

Hace años, Patrick J. O'Haire se unió a una de mis clases. Tenía poca educación, ¡y cómo le gustaban las riñas! Había sido chófer y acudió a mí porque había estado tratando, sin mucho éxito, de vender camiones. Unas pocas preguntas sacaron a relucir el hecho de que continuamente estaba peleando y antagonizando a la misma gente con la que intentaba hacer negocios. Si un cliente potencial decía algo despectivo sobre los camiones que él vendía, Pat lo veía todo rojo y se lanzaba directo a la yugular del cliente. Pat ganaba muchas discusiones en aquellos días. Como me dijo después:

—A menudo salía de una oficina diciendo: «A ese pájaro le he dicho cuatro verdades». Claro que se las había dicho, pero no le había vendido nada.

Mi primer problema no fue enseñar a Patrick J. O'Haire a hablar. Mi tarea inmediata fue entrenarlo para que se abstuviera de hablar y evitara las peleas verbales.

El señor O'Haire se convirtió en uno de los vendedores estrella de la White Motor Company en Nueva York. ¿Cómo lo hizo? Aquí está su historia en sus propias palabras:

—Si entro ahora en la oficina de un comprador y me dice: «¿Qué? ¿Un camión White? ¡No sirven para nada! No aceptaría uno ni aunque me lo regalaran. Voy a comprar el camión X», yo le digo: «El X es un buen camión. Si compra el X, no cometerá ningún error. Los caminos X son fabricados por una excelente compañía y vendidos por buena gente».

»Entonces se queda sin habla. No hay lugar para una discusión. Si él dice que el X es el mejor y yo digo que seguro que lo es, tiene que detenerse. No puede seguir toda la tarde diciendo "es el mejor, es el mejor" cuando yo estoy de acuerdo con él. Entonces nos salimos del tema del camión X y empiezo a hablar de los puntos buenos del camión White.

»Hubo un tiempo en que un comentario como su primera frase me habría hecho ver escarlata, rojo y naranja. Habría empezado a argumentar contra el X; y cuanto más argumentaba en su contra, más argumentaba mi cliente potencial a su favor; y cuanto más argumentaba él, más se vendía a sí mismo el producto de mi competidor.

»Al mirar atrás ahora, me pregunto cómo fui capaz de vender algo alguna vez. Perdí años de mi vida peleando y discutiendo. Ahora mantengo la boca cerrada. Da resultados».

Como solía decir el viejo y sabio Ben Franklin: «Si usted discute, se encrespa y contradice, puede lograr una victoria a veces; pero será una victoria vacía porque nunca obtendrá la buena voluntad de su oponente».

Así que haz tú mismo los cálculos. ¿Qué prefieres tener: una victoria académica y teatral o la buena voluntad de una persona? Rara vez podrás tener ambas.

El *Boston Transcript* imprimió una vez este pequeño verso significativo:

Aquí yace el cuerpo de William Jay,
murió por su derecho de prioridad.
Tenía razón, razón sin parar,
y está tan muerto
como si no la tuviera en verdad.

Tú puedes tener razón, toda la razón, mientras avanzas a toda velocidad en tu argumento; pero en lo que respecta a cambiar la opinión del otro, probablemente tener razón será tan inútil como estar equivocado.

Frederick S. Parsons, un asesor fiscal, había estado disputando y peleando durante una hora con un inspector de impuestos del gobierno. Estaba en juego una partida de nueve mil dólares. El señor Parsons afirmaba que esos nueve mil dólares eran en realidad una deuda incobrable, que nunca se cobraría y que no debía ser gravada. «¡Deuda incobrable, pamplinas! –replicó el inspector–. Debe pagarse impuestos por ella».

—Este inspector era frío, arrogante y obstinado –dijo el señor Parsons al contar la historia a la clase–. La razón se desperdiciaba y también los hechos... Cuanto más discutíamos, más obstinado se volvía. Así que decidí evitar la discusión, cambiar de tema y demostrarle aprecio.

»Le dije:

»—Supongo que éste es un asunto muy insignificante en comparación con las decisiones realmente importantes y difíciles que se le exige tomar. Yo mismo he estudiado tributación. Pero he tenido que obtener mi conocimiento de los libros. Usted está obteniendo el suyo de la línea de fuego de la experiencia. A veces desearía tener un trabajo como el suyo. Me enseñaría mucho.

»Dije cada palabra con sinceridad.

»—Bueno…

»El inspector se enderezó en su silla, se reclinó y habló durante mucho tiempo sobre su trabajo, contándome los ingeniosos fraudes que había descubierto. Su tono se volvió gradualmente amistoso y, poco después, me estaba hablando de sus hijos. Al irse, me informó que consideraría mi problema más a fondo y me daría su decisión en unos días.

»Llamó a mi oficina tres días más tarde y me informó que había decidido dejar la declaración de impuestos exactamente como había sido presentada».

Este inspector de impuestos estaba demostrando una de las fragilidades humanas más comunes. Quería un sentimiento de importancia; y mientras el señor Parsons discutía con él, obtenía su sentimiento de importancia afirmando ruidosamente su autoridad. Pero tan pronto como se admitió su importancia, se detuvo la discusión y se le permitió expandir su ego, se convirtió en un ser humano comprensivo y amable.

Buda dijo: «El odio nunca es vencido por el odio, sino por el amor», y un malentendido nunca termina gracias a una discusión, sino gracias al tacto, la diplomacia, la conciliación y un deseo comprensivo de ver el punto de vista de la otra persona.

Lincoln reprendió una vez a un joven oficial del ejército por permitirse una violenta controversia con un asociado. «Ningún hombre que esté resuelto a sacar el máximo provecho de sí mismo –dijo Lincoln– puede perder tiempo en disputas personales. Menos aún puede permitirse sufrir las consecuencias, incluyendo la viciación de su carácter y la pérdida del autocontrol. Ceda en las cosas grandes sobre las cuales no pueda mostrar más que derechos iguales; y ceda en las más pequeñas aunque sean claramente suyas. Mejor es ceder el paso a un perro que dejar que le muerda a uno por disputar ese derecho. Ni siquiera matar al perro curaría la mordedura».

En un artículo de *Bits and Pieces,*[1] se hacen algunas sugerencias sobre cómo evitar que un desacuerdo se convierta en una discusión:

Agradece el desacuerdo. Recuerda el lema: «Cuando dos socios siempre están de acuerdo, uno de ellos no es necesario». Si hay algún punto en el que no habías pensado, agradece que te lo hayan señalado. Quizás este desacuerdo sea tu oportunidad de corregir tu opinión antes de cometer un error grave.

Desconfía de tu primera impresión instintiva. Nuestra primera reacción natural en una situación desagradable es ponernos a la defensiva. Ten cuidado. Mantén la calma

1. *Bits and Pieces*, publicado por The Economics Press, Fairfield, Nueva Jersey.

y vigila tu primera reacción. Puede ser que te encuentres en tu peor momento, no en el mejor.

Controla tu carácter. Recuerda: se puede medir el carácter de una persona por aquello que la hace enojar.

Escucha primero. Da a tus oponentes la oportunidad de hablar. Déjalos terminar. No te resistas, defiendas ni debatas. Eso sólo levanta barreras. Trata de construir puentes de comprensión. No construyas barreras más altas de incomprensión.

Busca áreas de acuerdo. Cuando hayas escuchado a tus oponentes, detente primero en los puntos y áreas en los que estáis de acuerdo.

Sé honesto. Busca áreas donde pueda admitir el error y dígalo. Discúlpate por tus errores. Eso ayudará a desarmar a tus oponentes y reducirá la actitud defensiva.

Prometa pensar y analizar con cuidado las ideas de tus oponentes. Y hazlo en serio. Tus oponentes pueden tener razón. Es mucho más fácil en esta etapa acceder a pensar en sus puntos que avanzar rápidamente y encontrarse en una posición donde tus oponentes puedan decir: «Tratamos de decírselo, pero no quiso escuchar».

Agradece sinceramente a tus oponentes por su interés. Cualquiera que se tome el tiempo de estar en desacuerdo contigo está interesado en las mismas cosas que tú. Piensa en ellos como personas que realmente quieren ayudarte, y podrás transformar a tus oponentes en amigos.

Pospón la acción para dar tiempo a ambas partes a pensar el problema. Sugiere que se celebre una nueva reunión más tarde ese día o al día siguiente, cuando todos los hechos puedan ponerse sobre la mesa. En preparación para esta reunión, hazte algunas preguntas difíciles:

¿Podrían tener razón mis oponentes? ¿Parcialmente razón? ¿Hay verdad o mérito en su posición o argumento? ¿Es mi reacción una que aliviará el problema, o simplemente aliviará mi frustración? ¿Mi reacción alejará más a mis oponentes o los acercará a mí? ¿Mi reacción elevará la estima que la gente buena tiene de mí? ¿Ganaré o perderé? ¿Qué precio tendré que pagar si gano? Si me quedo callado, ¿se disipará el desacuerdo? ¿Es esta situación difícil una oportunidad para mí?

El tenor de ópera Jan Peerce, después de estar casado casi cincuenta años, dijo una vez: «Mi esposa y yo hicimos un pacto hace mucho tiempo, y lo hemos mantenido sin importar cuán enojados nos hayamos puesto el uno con el otro. Cuando uno grita, el otro debe escuchar; porque cuando dos personas gritan, no hay comunicación, sólo ruido y malas vibraciones».

◆

PRINCIPIO 1

La única forma de salir ganando en una discusión es evitándola.

◆

CAPÍTULO 2

CÓMO GRANJEARSE ENEMIGOS INMEDIATAMENTE... Y CÓMO EVITARLO

Cuando Theodore Roosevelt vivía en la Casa Blanca, confesó que, si pudiera tener razón el 75 % de las veces, llegaría a la máxima satisfacción de sus expectativas.

Si ésa era la proporción más alta que uno de los hombres más distinguidos del siglo XX podía esperar obtener, ¿qué hay de ti o de mí?

Si pudieras estar seguro de tener razón aunque fuera el 55 % de las veces, ya estarías yendo a Wall Street y ganando un millón de dólares al día. Si no es el caso ni siquiera para el 55 % de las veces, ¿por qué molestarte en decirles a los demás que se equivocan?

Puedes decirle a la gente que se equivoca con una mirada, una entonación o un gesto, de forma tan elocuente como con palabras; y si les dices que están equivocados, ¿hará que quieran estar de acuerdo contigo? ¡Nunca! Porque significa que has asestado un golpe directo a su inteligencia, su juicio, su orgullo y su amor propio. Eso hará que quieran devolverte el golpe. Pero nunca hará que quieran cambiar de opinión.

Puedes lanzarles toda la lógica digna de Platón o de Immanuel Kant, pero no cambiará sus opiniones, porque has herido sus sentimientos.

Nunca empieces diciendo: «Voy a demostrarle tal o cual cosa». Eso está mal. Equivale a decir: «Soy más inteligente que tú. Voy a decirte un par de cosas y te haré cambiar de opinión».

Eso es un desafío. Despierta oposición y hace que quien escucha quiera batallar contigo antes incluso de que empieces.

Es difícil, aun bajo las condiciones más benignas, hacer que la gente cambie de idea. ¿Por qué hacerlo más difícil? ¿Por qué ponerse trabas a sí mismo?

Si vas a demostrar algo, que nadie lo sepa. Hazlo tan sutilmente, tan diestramente, que nadie sienta que lo estás haciendo.

Alexander Pope lo expresó sucintamente:

> Al hombre se le debe enseñar como si no se le enseñara,
> y proponerle lo desconocido como cosas olvidadas.

Hace más de trescientos años, Galileo dijo:

> No se le puede enseñar nada a un hombre; sólo se le puede ayudar a encontrarlo dentro de sí mismo.

Tal como Lord Chesterfield le dijo a su hijo:

> Sé más sabio que los demás, si puedes; pero no se lo digas.

Sócrates decía repetidamente a sus seguidores en Atenas:

> Sólo sé una cosa, y es que no sé nada.

Bien, no puedo esperar ser más inteligente que Sócrates, así que he dejado de decirle a la gente que está equivocada. Y encuentro que resulta provechoso.

Si una persona hace una afirmación que piensas que es errónea –sí, incluso si sabes que es errónea–, ¿no es mejor empezar diciendo: «Bueno, mira. Yo pensaba de otro modo, pero puedo estar equivocado. Frecuentemente lo estoy. Y si estoy equivocado, quiero que me corrijan. Examinemos los hechos»?

Existe una magia, magia positiva, en frases como: «Quizá me equivoque. Frecuentemente lo estoy. Examinemos los hechos».

Nadie en los cielos arriba, ni en la tierra abajo, ni en las aguas debajo de la tierra objetará jamás a que usted diga: «Quizá me equivoque. Examinemos los hechos».

Uno de los miembros de nuestra clase que utilizó este enfoque al tratar con clientes fue Harold Reinke, un concesionario de Dodge en Billings, Montana. Informó que, debido a las presiones del negocio automotriz, a menudo se mostraba duro e insensible al lidiar con las quejas de los clientes. Esto provocaba acaloramientos, pérdida de negocios y un malestar general.

Le contó a su clase:

—Al reconocer que esto no me conducía a nada bueno, intenté una nueva táctica. Decía algo así: «Nuestro concesionario ha cometido tantos errores que frecuentemente me siento avergonzado. Es posible que nos hayamos equivocado en su caso. Cuénteme».

»Este enfoque desarma al cliente, y para cuando este libera sus sentimientos, suele ser mucho más razonable a la hora de resolver el asunto. De hecho, varios clientes me han agradecido por tener una actitud tan comprensiva. Y dos de ellos incluso han traído a amigos para comprar coches nuevos. En este mercado tan competitivo, necesitamos más clientes de este tipo, y creo que demostrar respeto por las opiniones de todos los clientes y tratarlos con diplomacia y cortesía ayudará a vencer a la competencia».

Nunca te meterás en problemas admitiendo que puedes estar equivocado. Eso detendrá toda discusión e inspirará a su oponente a ser tan justo, abierto y amplio de miras como lo estás siendo tú. Hará que quiera admitir que él también puede estar equivocado.

Si sabes a ciencia cierta que una persona se equivoca, y se lo dices bruscamente, ¿qué ocurre? Permíteme ilustrarlo. El señor S., un joven abogado de Nueva York, debatió una vez un caso bastante importante ante la Corte Suprema de los Estados Unidos (Lustgarten contra Fleet Corporation, 280 U. S. 320).

El caso involucraba una suma considerable de dinero y una cuestión importante de derecho. Durante el argumento, uno de los jueces de la Corte Suprema le dijo:

—El plazo de prescripción en derecho marítimo es de seis años, ¿no es así?

El señor S. se detuvo, miró fijamente al juez por un momento y luego dijo tajantemente:

—Su Señoría, no hay prescripción en derecho marítimo.

«Se hizo un silencio sepulcral en la corte –dijo el señor S. al relatar su experiencia a una de las clases del autor–, y la temperatura de la sala pareció bajar a cero. Yo tenía razón. El juez estaba equivocado. Y se lo había dicho. Pero, ¿eso lo volvió amigable? No. Sigo creyendo que tenía la ley de mi lado. Y sé que hablé mejor que nunca. Pero no persuadí. Cometí el enorme error de decirle a un hombre muy instruido y famoso que estaba equivocado».

Pocas personas son lógicas. La mayoría estamos llenos de prejuicios y sesgos. La mayoría estamos plagados de nociones preconcebidas, de celos, sospechas, miedo, envidia y orgullo. Y la mayoría de los ciudadanos no quieren cambiar de opinión sobre su religión, o su corte de pelo, o el comunismo, o su estrella de cine favorita. Así que, si tiendes a decirle a la gente que se equivoca, por favor lee el siguiente párrafo cada mañana antes del desayuno. Pertenece al esclarecedor libro de James Harvey Robinson, *The Mind in the Making*.

> A veces nos encontramos cambiando de opinión sin ninguna resistencia ni emoción fuerte, pero si se nos dice que estamos equivocados, nos ofende la acusación y endurecemos el corazón. Somos increíblemente negligentes en la formación de nuestras creencias, pero nos descubrimos llenos de una ilícita pasión por ellas cuando alguien propone privarnos de su compañía. Es obvio que no son las ideas mismas las que nos son queridas, sino nuestra autoestima, que se ve amenazada... La pequeña palabra «mi» es la más importante en los asuntos humanos, y saberla tener en cuenta es el comienzo de la sabiduría. Tiene la misma fuerza ya sea «mi» cena, «mi» perro y «mi» casa, o «mi» padre, «mi» país y «mi» Dios. No sólo nos resentimos ante la imputación de que nuestro reloj funciona mal, o nuestro coche es destartalado, sino de que nuestra concepción de los canales de Marte, de la pronunciación de «Epicteto», del valor medicinal de la salicina o de la fecha de Sargón I está sujeta a revisión. Nos gusta seguir creyendo lo que nos hemos acostumbrado a aceptar como verdadero, y el resentimiento que surge cuando se arroja duda sobre cualquiera de nuestras

asunciones nos lleva a buscar toda suerte de excusas para aferrarnos a ella. El resultado es que la mayor parte de nuestro llamado razonamiento consiste en encontrar argumentos para seguir creyendo lo que ya creemos.

Carl Rogers, el eminente psicólogo, escribió en su libro *El proceso de convertirse en persona*:

> He encontrado que es de enorme valor cuando puedo permitirme comprender a la otra persona. La forma en que he redactado esta afirmación puede parecerle extraña. ¿Es necesario permitirse a uno mismo comprender a otro? Creo que lo es. Nuestra primera reacción ante la mayoría de las afirmaciones (que oímos de otras personas) es una evaluación o un juicio, más que una comprensión de las mismas. Cuando alguien expresa algún sentimiento, actitud o creencia, nuestra tendencia es casi inmediatamente sentir «eso es correcto», o «eso es estúpido», «eso es anormal», «eso no es razonable», «eso es incorrecto», «eso no es agradable». Muy rara vez nos permitimos comprender precisamente qué significado tiene la afirmación para la otra persona.

Una vez contraté a un decorador de interiores para confeccionar unos cortinajes para mi casa. Cuando llegó la factura, quedé consternado.

Unos días más tarde, una amiga pasó de visita y miró las cortinas. Se mencionó el precio, y ella exclamó con una nota de triunfo: «¿Qué? Eso es terrible. Me temo que se ha aprovechado de ti».

¿Cierto? Sí, ella había dicho la verdad, pero a poca gente le gusta escuchar verdades que ponen en tela de juicio su sensatez. Así que, siendo humano, traté de defenderme. Señalé que lo mejor es a la larga lo más barato, que uno no puede esperar obtener calidad y gusto artístico a precios de liquidación, y así sucesivamente.

Al día siguiente pasó otra amiga, admiró las cortinas, rebosó entusiasmo y expresó el deseo de poder costearse creaciones tan exquisitas para su hogar. Mi reacción fue totalmente diferente. «Bueno, para decir verdad», dije, «yo tampoco puedo costearlas. Pagué demasiado. Lamento haberlas encargado».

Cuando estamos equivocados, podemos admitirlo ante nosotros mismos. Y si se nos trata con suavidad y tacto, podemos admitirlo ante los demás e incluso enorgullecernos de nuestra franqueza y amplitud de miras. Pero no si alguien más trata de meternos el hecho indigesto por la garganta.

Horace Greeley, el editor más famoso de Estados Unidos, durante la época de la Guerra Civil, discrepaba violentamente con las políticas de Lincoln. Creía que podía obligar a Lincoln a estar de acuerdo con él mediante una campaña de argumentos, ridículo y agravios. Libró esta amarga campaña mes tras mes, año tras año. De hecho, escribió un ataque brutal, amargo, sarcástico y personal contra el presidente Lincoln la noche en que Booth le disparó.

Pero, ¿toda esta amargura hizo que Lincoln estuviera de acuerdo con Greeley? En absoluto. El ridículo y los agravios nunca lo logran.

Si deseas algunas sugerencias excelentes sobre el trato con la gente, el control de uno mismo y la mejora de su personalidad, lee la autobiografía de Benjamin Franklin, una de las historias de vida más fascinantes jamás escritas, uno de los clásicos de la literatura estadounidense. Ben Franklin cuenta cómo conquistó el hábito inicuo de discutir y se transformó en uno de los hombres más capaces, afables y diplomáticos de la historia de Estados Unidos.

Un día, cuando Ben Franklin era un joven torpe, un viejo amigo cuáquero lo llevó aparte y lo azotó con unas cuantas verdades punzantes, diciendo algo de este estilo: «Ben, eres insoportable. Tus opiniones son una bofetada para todo aquel que difiere contigo. Se han vuelto tan ofensivas que a nadie le importan. Tus amigos descubren que lo pasan mejor cuando tú no estás cerca. Sabes tanto que ningún hombre puede decirte nada. De hecho, ningún hombre va a intentarlo, pues el esfuerzo sólo conduciría a la incomodidad y al trabajo duro. Por lo tanto, no es probable que sepas nunca más de lo que sabes ahora, que es muy poco».

Una de las mejores cosas que sé de Ben Franklin es la forma en que aceptó esa dolorosa reprimenda. Tuvo el suficiente carácter y fue lo bastante sabio como para darse cuenta de que era verdad, para sentir que se dirigía al fracaso y al desastre social. Así que dio un giro de ciento ochenta grados. Comenzó inmediatamente a cambiar sus modales insolentes y dogmáticos.

«Me impuse la regla –decía Franklin– de abstenerme de toda contradicción directa a los sentimientos de los demás, y de toda aserción positiva de los míos. Incluso me prohibí el uso de toda palabra o expresión en el lenguaje que denotara una opinión fija, como "ciertamente", "indudablemente", etcétera, y adopté, en lugar de ellas, "creo", "entiendo" o "imagino" que una cosa es así o asá, o "así me parece por el momento". Cuando otro afirmaba algo que yo pensaba que era un error, me negaba el placer de contradecirle bruscamente, y de mostrar inmediatamente algún absurdo en su proposición: y al responder comenzaba observando que en ciertos casos o circunstancias su opinión sería correcta, pero que en el caso presente me aparecía o parecía haber alguna diferencia, etc. Pronto encontré la ventaja de este cambio en mis modales; las conversaciones en las que participaba transcurrían más agradablemente. La forma modesta en que proponía mis opiniones les procuraba una recepción más pronta y menos contradicción; sufría menos mortificación cuando se descubría que estaba equivocado, y prevalecía más fácilmente con los demás para que dejaran sus errores y se unieran a mí cuando resultaba que yo tenía razón».

»Y este modo, que al principio adopté con cierta violencia contra mi inclinación natural, se volvió con el tiempo tan fácil, y tan habitual en mí, que quizás en estos últimos cincuenta años nadie ha escuchado escapar de mí una expresión dogmática. Y a este hábito (después de mi carácter de integridad) creo que se debe principalmente el que yo haya ganado tanto peso con mis conciudadanos cuando proponía nuevas instituciones, o alteraciones en las antiguas, y tanta influencia en los consejos públicos cuando me convertí en miembro; pues yo no era más que un mal orador, nunca elocuente, sujeto a mucha vacilación en mi elección de palabras, apenas correcto en el lenguaje, y sin embargo, generalmente hacía valer mis puntos de vista».

¿Cómo funcionan los métodos de Ben Franklin en los negocios? Tomemos dos ejemplos.

Katherine A. Allred, de Kings Mountain, Carolina del Norte, es supervisora de ingeniería industrial en una planta de procesamiento de hilados. Contó a una de nuestras clases cómo manejó un problema delicado antes y después de tomar nuestro entrenamiento:

—Parte de mi responsabilidad –contaba–, trata con establecer y mantener sistemas de incentivos y estándares para nuestras operadoras, de modo que puedan ganar más dinero produciendo más hilo. El sistema que usábamos había funcionado bien cuando teníamos sólo dos o tres tipos diferentes de hilo, pero recientemente habíamos ampliado nuestro inventario y capacidades para permitirnos procesar más de doce variedades diferentes. El sistema actual ya no era adecuado para pagar a las operadoras justamente por el trabajo realizado y darles un incentivo para aumentar la producción. Yo había elaborado un nuevo sistema que nos permitiría pagar a la operadora por la clase de hilo que estuviera corriendo en un momento particular. Con mi nuevo sistema en mano, entré en la reunión decidida a probar a la gerencia que mi sistema era el enfoque correcto. Les dije en detalle cómo estaban equivocados y mostré dónde estaban siendo injustos y cómo yo tenía todas las respuestas que necesitaban. ¡Por decir lo menos, fracasé miserablemente! Me había ocupado tanto en defender mi posición sobre el nuevo sistema que no les dejé ninguna apertura para admitir con elegancia sus problemas con el antiguo. El asunto estaba muerto.

»Después de varias sesiones de este curso, me di cuenta perfectamente de dónde había cometido mis errores. Convoqué otra reunión y esta vez pregunté dónde sentían ellos que estaban sus problemas. Discutimos cada punto, y les pedí sus opiniones sobre cuál era la mejor manera de proceder. Con unas pocas sugerencias discretas, a intervalos apropiados, dejé que ellos mismos desarrollaran mi sistema. Al final de la reunión, cuando presenté realmente mi sistema, lo aceptaron con entusiasmo.

»Ahora estoy convencida de que no se logra nada bueno y se puede hacer mucho daño si uno le dice a una persona directamente que está equivocada. Sólo se consigue despojar a esa persona de su dignidad y convertirse uno mismo en una parte indeseada de cualquier discusión».

Tomemos otro ejemplo, y recuerde que estos casos que cito son típicos de las experiencias de miles de otras personas. R. V. Crowley era vendedor para una compañía maderera en Nueva York. Crowley admitió que había estado diciéndoles a inspectores de madera intransigentes durante años que estaban equivocados. Y había ganado las discusiones también. Pero no había servido de nada. «Porque estos inspectores de madera», dijo el señor Crowley, «son como los árbitros de béisbol. Una vez que toman una decisión, nunca la cambian».

El señor Crowley vio que su firma estaba perdiendo miles de dólares a través de las discusiones que él ganaba. Así que, mientras tomaba mi curso, resolvió cambiar de táctica y abandonar las discusiones. ¿Con qué resultados? Aquí está la historia tal como la contó a sus compañeros de clase:

—Una mañana sonó el teléfono en mi oficina. Una persona acalorada y molesta al otro lado procedió a informarme que un vagón de madera que habíamos enviado a su planta era totalmente insatisfactorio. Su firma había detenido la descarga y solicitaba que hiciéramos arreglos inmediatos para retirar la mercancía de su patio. Después de que se hubiera descargado cerca de un cuarto del vagón, su inspector de madera reportó que la madera estaba un 55 % por debajo de la calidad especificada. Bajo tales circunstancias, se negaban a aceptarla.

»Salí inmediatamente hacia su planta y en el camino le di vueltas en mi mente a la mejor manera de manejar la situación. Ordinariamente, bajo tales circunstancias, yo habría citado las reglas de clasificación y habría tratado, como resultado de mi propia experiencia y conocimiento como inspector de madera, de convencer al otro inspector de que la madera estaba realmente a la altura de la calidad, y de que él estaba malinterpretando las reglas en su inspección. Sin embargo, pensé que aplicaría los principios aprendidos en este entrenamiento.

»Cuando llegué a la planta, encontré al agente de compras y al inspector de madera de un humor de perros, ambos listos para una discusión y una pelea. Caminamos hacia el vagón que estaba siendo descargado, y solicité que continuaran descargando para que yo pudiera ver cómo iban las cosas. Le pedí al inspector que siguiera adelante y apartara los rechazos, como había estado haciendo, y que pusiera las piezas buenas en otra pila.

»Después de observarlo por un rato, empecé a darme cuenta de que su inspección era en realidad demasiado estricta y que estaba malinterpretando las reglas. Esta madera en particular era pino blanco, y yo sabía que el inspector estaba completamente instruido en maderas duras, pero no era un inspector competente y experimentado en pino blanco. El pino blanco resultaba ser mi fuerte, pero ¿ofrecí alguna objeción a la forma en que él estaba clasificando la madera? Ninguna en absoluto. Seguí observando y gradualmente comencé a hacer preguntas sobre por qué ciertas piezas no eran satisfactorias. No insinué ni por un instante que el inspector estuviera equivocado. Enfaticé que mi única razón para preguntar era para que pudiéramos dar a su firma exactamente lo que querían en futuros envíos.

»Al hacer preguntas con un espíritu muy amistoso y cooperativo, e insistiendo continuamente en que ellos tenían razón al apartar tablas no satisfactorias para su propósito, logré que él se fuera ablandando, y las relaciones tensas entre nosotros comenzaron a deshelarse. Un comentario ocasional cuidadosamente colocado por mi parte dio nacimiento a la idea en su mente de que posiblemente algunas de estas piezas rechazadas estaban realmente dentro de la calidad que habían comprado, y que sus requerimientos exigían una calidad más costosa. Fui muy cuidadoso, sin embargo, de no dejarle pensar que yo estaba haciendo un problema de este punto.

»Gradualmente, toda su actitud cambió. Finalmente me admitió que no tenía experiencia en pino blanco y comenzó a hacerme preguntas sobre cada pieza conforme salía del vagón. Yo explicaba por qué tal pieza entraba dentro de la calidad especificada, pero seguía insistiendo en que no queríamos que la tomara si no era adecuada para su propósito. Finalmente llegó al punto en que se sentía culpable cada vez que ponía una pieza en la pila de rechazos. Y por fin vio que el error estaba de su parte por no haber especificado una calidad tan buena como la que necesitaban.

»El resultado final fue que él volvió a revisar todo el cargamento después de que me fuera, aceptó el lote completo, y recibimos un cheque por el total.

»En esa sola instancia, un poco de tacto, y la determinación de abstenerme de decirle al otro hombre que estaba equivocado, le ahorró a mi compañía una cantidad sustancial de efectivo, y sería difícil poner un valor monetario a la buena voluntad que se salvó».

Se le preguntó a Martin Luther King cómo, siendo pacifista, podía ser admirador del general de la Fuerza Aérea Daniel «Chappie» James, entonces el oficial negro de más alto rango de la nación. El doctor King respondió: «Juzgo a la gente por sus propios principios, no por los míos».

De manera similar, el general Robert E. Lee habló una vez con el presidente de la Confederación, Jefferson Davis, en los términos más elogiosos sobre cierto oficial bajo su mando. Otro oficial presente quedó atónito.

—General –dijo–, ¿acaso no sabe que el hombre del que habla tan bien es uno de sus enemigos más acérrimos, alguien que no pierde oportunidad de calumniarlo?

—Sí –respondió el general Lee–, pero el presidente me pidió mi opinión sobre él; no me pidió la opinión de él sobre mí.

Por cierto, no estoy revelando nada nuevo en este capítulo. Hace dos mil años, Jesús dijo: «Ponte de acuerdo con tu adversario pronto».

Y 2 200 años antes del nacimiento de Cristo, el rey Akhtoi de Egipto dio a su hijo un consejo sagaz; un consejo que hoy se necesita urgentemente. «Sé diplomático –aconsejó el rey–. Te ayudará a lograr tu objetivo».

En otras palabras, no discutas con tu cliente, ni con tu cónyuge, ni con tu adversario. No les digas que se equivocan, no los irrites. Ten un poco de tacto.

◆

PRINCIPIO 2

Demuestra respeto por las opiniones ajenas.
Nunca digas: «Te equivocas y punto».

◆

CAPÍTULO 3

SI ESTÁS EQUIVOCADO, ADMÍTELO

A un minuto a pie de mi casa había una extensión salvaje de bosque virgen, donde los matorrales de zarzamoras se cubrían de espuma blanca en primavera, donde las ardillas anidaban y criaban a sus pequeños, y la maleza crecía tan alta como la cabeza de un caballo. Esta tierra boscosa e intacta se llamaba Forest Park, y era un bosque, probablemente no muy diferente en apariencia de lo que era cuando Colón descubrió América. Frecuentemente caminaba por este parque con Rex, mi pequeño bulldog de Boston. Era un sabueso amigable e inofensivo; y como rara vez nos encontrábamos con alguien en el parque, llevaba a Rex sin correa ni bozal.

Un día nos topamos con un policía montado en el parque, un policía ansioso por demostrar su autoridad.

—¿Qué significa esto de dejar al perro suelto en el parque sin bozal ni correa? –me reprendió–. ¿No sabe que va contra la ley?

—Sí, lo sé –respondí suavemente–, pero no creí que haría ningún daño aquí.

—¡No creyó! ¡No creyó! A la ley le importa un bledo lo que usted crea. Ese perro podría matar a una ardilla o morder a un niño. Ahora, voy a dejarlo pasar esta vez; pero si vuelvo a atrapar a este perro aquí sin bozal y sin correa, tendrá que explicárselo al juez.

Prometí dócilmente obedecer.

Y obedecí, unas pocas veces. Pero a Rex no le gustaba el bozal, y a mí tampoco; así que decidimos arriesgarnos. Todo fue de maravilla por un tiempo, y entonces nos topamos con un obstáculo.

Rex y yo corrimos hacia la cima de una colina una tarde y allí, de repente, para mi consternación, vi la majestad de la ley, a horcajadas sobre un caballo bayo. Rex iba adelante, directo hacia el oficial.

Estaba perdido. Lo sabía. Así que no esperé a que el policía empezara a hablar. Me adelanté. Dije:

—Oficial, me ha atrapado con las manos en la masa. Soy culpable. No tengo coartadas ni excusas. Me advirtió la semana pasada que si traía al perro aquí de nuevo sin bozal me multaría.

—Bueno, veamos –respondió el policía en un tono suave–. Sé que es una tentación dejar que un perrito como ese corra un poco por aquí cuando no hay nadie alrededor.

—Seguro que es una tentación –respondí–, pero es contra la ley.

—Bueno, un perrito como ese no va a hacer daño a nadie –protestó el policía.

—No, pero puede matar ardillas –dije yo.

—Vaya, creo que se está tomando esto demasiado en serio –me dijo–. Le diré lo que hará. Déjelo correr más allá de la colina donde yo no pueda verlo, y olvidaremos todo el asunto.

Aquel policía, siendo humano, quería sentirse importante; así que cuando comencé a condenarme a mí mismo, la única forma en que él podía alimentar su autoestima era adoptar la actitud magnánima de mostrar clemencia.

Pero supongamos que yo hubiera tratado de defenderme... Bueno, ¿alguna vez ha discutido con un policía?

Pero en lugar de romper lanzas con él, admití que él tenía toda la razón y yo estaba totalmente equivocado; lo admití rápida, abiertamente y con entusiasmo. El asunto terminó amablemente: yo tomando su parte y él tomando la mía. El mismísimo lord Chesterfield difícilmente podría haber sido más cortés que este policía montado, quien, sólo una semana antes, me había amenazado con aplicarme la ley.

Si sabemos que de todas formas vamos a ser reprendidos, ¿no es mucho mejor adelantarnos a la otra persona y hacerlo nosotros mismos? ¿No es mucho más fácil escuchar la autocrítica que soportar la condena de labios ajenos?

Di de ti mismo todas las cosas despectivas que sabes que la otra persona está pensando, o que quiere decir, o tiene la intención de decir, y dilas antes de que esa persona tenga la oportunidad de hacerlo. Las probabilidades son de cien a uno a que adoptará una actitud generosa y clemente, y tus errores serán minimizados, tal como hizo el policía conmigo y con Rex.

Ferdinand E. Warren, un artista comercial, utilizó esta técnica para ganar la buena voluntad de un comprador de arte petulante y regañón.

—Es importante, al hacer dibujos para fines publicitarios y editoriales, ser preciso y muy exacto –dijo el señor Warren al contar la historia.

»Algunos editores de arte exigen que sus encargos se ejecuten inmediatamente; y en estos casos, es probable que ocurra algún error leve. Conocí a un director de arte en particular que siempre estaba encantado de encontrar defectos en alguna pequeñez. A menudo he salido de su oficina disgustado, no por la crítica, sino por su método de ataque. Recientemente entregué un trabajo urgente a este editor, y me llamó para que fuera a su oficina de inmediato. Dijo que algo estaba mal. Cuando llegué, encontré justo lo que había anticipado, y temido. Estaba hostil, regodeándose en su oportunidad de criticar. Exigió acaloradamente saber por qué había hecho tal y cual cosa. Había llegado mi oportunidad de aplicar la autocrítica sobre la que había estado estudiando. Así que dije:

»—Señor fulanito, si lo que dice es cierto, la culpa es mía y no hay absolutamente ninguna excusa para mi error. He estado haciendo dibujos para usted el tiempo suficiente como para saber hacer las cosas mejor. Estoy avergonzado de mí mismo.

»Inmediatamente comenzó a defenderme.

»—Sí, tiene razón, pero después de todo, este no es un error grave. Es sólo que…

»Lo interrumpí.

»—Cualquier error –dije–, puede ser costoso y todos son irritantes.

»Intentó intervenir, pero no lo dejé. Lo estaba pasando en grande. Por primera vez en mi vida, me estaba criticando a mí mismo, y me encantaba.

»—Debí haber sido más cuidadoso –continué–. Usted me da mucho trabajo y se merece lo mejor; así que voy a hacer este dibujo todo de nuevo.

»—¡No! ¡No! –protestó–. No se me ocurriría ponerlo en tal aprieto.

»Elogió mi trabajo, me aseguró que sólo quería un cambio menor y que mi leve error no le había costado dinero a su firma; y que, después de todo, era un mero detalle, nada por lo que preocuparse.

»Mi afán por criticarme a mí mismo le quitó todas las ganas de pelear. Terminó invitándome a almorzar; y antes de separarnos, me dio un cheque y otro encargo».

Hay cierto grado de satisfacción en tener el coraje de admitir los propios errores. No sólo limpia el aire de culpa y actitud defensiva, sino que a menudo ayuda a resolver el problema creado por el error.

Bruce Harvey de Albuquerque, Nuevo México, había autorizado incorrectamente el pago de salarios completos a un empleado con licencia por enfermedad. Cuando descubrió su error, se lo comunicó al empleado y le explicó que para corregir la equivocación tendría que reducir su próximo cheque de pago por el monto total del sobrepago. El empleado suplicó que, como eso le causaría un grave problema financiero, ¿podría devolverse el dinero en un período de tiempo? Para hacer esto, explicó Harvey, tendría que obtener la aprobación de su supervisor.

—Y esto sabía –contó Harvey–, que resultaría en una explosión típica del jefe. Mientras trataba de decidir cómo manejar mejor esta situación, me di cuenta de que todo el lío era culpa mía y tendría que admitirlo ante mi jefe.

»Entré a su oficina, le dije que había cometido un error y luego le informé de los hechos completos. Respondió de manera explosiva que era culpa del departamento de personal. Repetí que era mi culpa. Explotó de nuevo sobre el descuido en el departamento de contabilidad. De nuevo expliqué que era mi culpa. Culpó a otras dos personas en la oficina. Pero cada vez reiteré que era mi culpa. Finalmente, me miró y dijo:

»—Está bien, fue tu culpa. Ahora arréglalo.

»El error se corrigió y nadie se metió en problemas. Me sentí genial porque fui capaz de manejar una situación tensa y tuve el coraje de no buscar coartadas. Mi jefe ha tenido más respeto por mí desde entonces».

Cualquier tonto puede tratar de defender sus errores –y la mayoría de los tontos lo hacen–, pero admitir los propios errores lo eleva a uno por encima del rebaño y le da una sensación de nobleza y exaltación. Por ejemplo, una de las cosas más hermosas que la historia registra sobre Robert E. Lee es la forma en que se culpó a sí mismo y sólo a sí mismo por el fracaso de la carga de Pickett en Gettysburg.

La carga de Pickett fue indudablemente el ataque más brillante y pintoresco que jamás haya ocurrido en el mundo occidental. El general George E. Pickett mismo era pintoresco. Llevaba el cabello tan largo que sus rizos castaños casi tocaban sus hombros; y, como Napoleón en sus campañas italianas, escribía ardientes cartas de amor casi a diario mientras estaba en el campo de batalla. Sus devotas tropas lo vitorearon aquella trágica tarde de julio mientras cabalgaba alegremente hacia las líneas de la Unión, con la gorra inclinada en un ángulo atrevido sobre su oreja derecha. Vitorearon y lo siguieron, hombre tocando a hombre, fila presionando fila, con estandartes ondeando y bayonetas brillando al sol. Fue una visión gallarda. Audaz. Magnífica. Un murmullo de admiración recorrió las líneas de la Unión al contemplarlo.

Las tropas de Pickett avanzaron a un trote fácil, a través de huertos y maizales, cruzando un prado y sobre un barranco. Todo el tiempo, el cañón enemigo abría agujeros espantosos en sus filas. Pero siguieron presionando, sombríos, irresistibles.

De repente, la infantería de la Unión se levantó detrás del muro de piedra en Cemetery Ridge donde se habían estado escondiendo y disparó descarga tras descarga contra las tropas de Pickett que se precipitaban. La cresta de la colina era una sábana de llamas, un matadero, un volcán ardiente. En pocos minutos, todos los comandantes de brigada de Pickett excepto uno habían caído, y cuatro quintas partes de sus cinco mil hombres habían perecido.

El general Lewis A. Armistead, liderando las tropas en la acometida final, corrió hacia adelante, saltó sobre el muro de piedra y, agitando su gorra en la punta de su espada, gritó:

—¡Denles acero, muchachos!

Lo hicieron. Saltaron sobre el muro, atacaron con bayoneta a sus enemigos, aplastaron cráneos con culatas de mosquetes y plantaron las banderas de batalla del Sur en Cemetery Ridge.

Los estandartes ondearon allí sólo por un momento. Pero ese momento, breve como fue, registró el punto álgido de la Confederación.

La carga de Pickett –brillante, heroica– fue, sin embargo, el principio del fin. Lee había fallado. No podía penetrar en el Norte. Y él lo sabía.

El Sur estaba condenado.

Lee estaba tan entristecido, tan conmocionado, que envió su renuncia y pidió a Jefferson Davis, el presidente de la Confederación, que nombrara a «un hombre más joven y capaz».

Si Lee hubiera querido culpar del desastroso fracaso de la carga de Pickett a otra persona, podría haber encontrado una veintena de coartadas. Algunos de sus comandantes de división le habían fallado. La caballería no había llegado a tiempo para apoyar el ataque de infantería. Esto había salido mal y aquello se había torcido.

Pero Lee era demasiado noble para culpar a otros. Mientras las tropas vencidas y sangrientas de Pickett luchaban por regresar a las líneas confederadas, Robert E. Lee cabalgó para encontrarse con ellos completamente solo y los saludó con una autocondena que fue poco menos que sublime. «Todo esto ha sido culpa mía», confesó. «Yo y sólo yo he perdido esta batalla».

Pocos generales en toda la historia han tenido el coraje y el carácter para admitir eso.

Michael Cheung, quien enseña nuestro curso en Hong Kong, contó cómo la cultura china presenta algunos problemas especiales y cómo a veces es necesario reconocer que el beneficio de aplicar un principio puede ser más ventajoso que mantener una vieja tradición. Tenía un miembro de la clase de mediana edad que había estado distanciado de su hijo durante muchos años. El padre había sido adicto al opio, pero ahora estaba curado. En la tradición china, una persona mayor no puede dar el primer paso. El padre sentía que le correspondía a su hijo tomar la iniciativa hacia una reconciliación. En una sesión temprana, contó a la clase sobre los nietos que nunca había visto y cuánto deseaba reunirse con su hijo. Sus compañeros de clase, todos chinos, entendieron su conflicto entre su deseo y la tradición establecida desde hace mucho tiempo. El padre sentía que los jóvenes debían tener respeto por sus mayores y que él tenía razón al no ceder a su deseo, sino esperar a que su hijo viniera a él.

Hacia el final del curso, el padre se dirigió nuevamente a su clase.

—He reflexionado sobre este problema –dijo–. Dale Carnegie dice: «Si usted está equivocado, admítalo rápida y enfáticamente». Es demasiado tarde para mí para admitirlo rápidamente, pero puedo admitirlo enfáticamente. He agraviado a mi hijo. Él tenía razón al no querer verme y expulsarme de su vida. Puede que pierda prestigio al pedir el perdón de una persona más joven, pero tuve la culpa y es mi responsabilidad admitirlo.

La clase aplaudió y le dio todo su apoyo. En la siguiente clase contó cómo fue a la casa de su hijo, pidió y recibió perdón y ahora estaba embarcado en una nueva relación con su hijo, su nuera y los nietos que por fin había conocido.

Elbert Hubbard fue uno de los autores más originales que jamás haya agitado a una nación, y sus oraciones mordaces a menudo despertaban un resentimiento feroz. Pero Hubbard, con su rara habilidad para tratar con la gente, frecuentemente convertía a sus enemigos en amigos.

Por ejemplo, cuando algún lector irritado escribía para decir que no estaba de acuerdo con tal y cual artículo y terminaba llamando a Hubbard esto y aquello, Elbert Hubbard respondía así:

> Pensándolo bien, no estoy totalmente de acuerdo con ello yo mismo. No todo lo que escribí ayer me gusta hoy. Me alegra saber lo que piensa sobre el tema. La próxima vez que esté en el vecindario debe visitarnos y dejaremos este asunto trillado para siempre. Así que aquí va un apretón de manos a través de las millas, y quedo,
>
> Sinceramente suyo,
>
> Elbert Hubbard

¿Qué podrías decirle a un hombre que te tratara así?

Cuando tenemos razón, tratemos de ganar a la gente suavemente y con tacto para nuestra forma de pensar, y cuando estamos equivocados –y eso será sorprendentemente a menudo, si somos honestos con nosotros mismos–, admitamos nuestros errores rápidamente y con entusiasmo. No sólo esa técnica producirá resultados asombrosos, sino que, lo creas o no, es mucho más divertido, dadas las circunstancias, que tratar de defenderse a uno mismo.

Recuerda el viejo proverbio: «Peleando nunca se consigue lo suficiente, pero cediendo se consigue más de lo que se espera».

◆

PRINCIPIO 3

Si estás equivocado, admítelo rápida y enfáticamente.

◆

CAPÍTULO 4

UNA GOTA DE MIEL

Si tu temperamento se enciende y le dices al otro un par de verdades, tú te lo pasarás muy bien descargando la rabia. Pero, ¿qué pasará con la otra persona? ¿Compartirá tu placer? ¿Harán tu tono beligerante y tu actitud hostil que sea fácil para él estar de acuerdo contigo?

«Si vienes hacia mí con los puños cerrados –dijo Woodrow Wilson–, creo que puedo prometerte que los míos se cerrarán tan rápido como los tuyos; pero si vienes a mí y dices: "Sentémonos y deliberemos juntos, y, si diferimos el uno del otro, entendamos por qué es que diferimos, y cuáles son exactamente los puntos en cuestión", descubriremos enseguida que no estamos tan lejos después de todo, que los puntos en los que diferimos son pocos y los puntos en los que estamos de acuerdo son muchos, y que si tan sólo tenemos la paciencia y la franqueza y el deseo de unirnos, nos uniremos».

Nadie apreció la verdad de la declaración de Woodrow Wilson más que John D. Rockefeller hijo. Allá por 1915, Rockefeller era el hombre más ferozmente despreciado en Colorado. Una de las huelgas más sangrientas en la historia de la industria estadounidense había estado conmocionando al estado durante dos años terribles. Mineros iracundos y beligerantes exigían salarios más altos a la Colorado Fuel and Iron Company; Rockefeller controlaba esa compañía. Se había destruido propiedad, se había llamado a las tropas. Se había derramado sangre. Los huelguistas habían sido fusilados, sus cuerpos acribillados a balazos.

En un momento así, con el aire hirviendo de odio, Rockefeller quería ganar a los huelguistas para su forma de pensar. Y lo hizo. ¿Cómo? Aquí está la historia. Después de semanas dedicadas a hacer amigos, Rockefeller se dirigió a los representantes de los huelguistas. Este discurso, en su totalidad, es una obra maestra. Produjo resultados asombrosos. Calmó las olas tempestuosas de odio que amenazaban con engullir a Rockefeller. Le ganó una multitud de admiradores. Presentó los hechos de una manera tan amistosa que los huelguistas volvieron al trabajo sin decir una palabra más sobre el aumento de salarios por el que habían luchado tan violentamente.

La apertura de ese notable discurso sigue a continuación. Nota cómo brilla de amistad. Rockefeller, recuerda, estaba hablando con hombres que, unos días antes, habían querido colgarlo del cuello en el árbol más cercano; sin embargo, no podría haber sido más cortés, más amistoso si se hubiera dirigido a un grupo de misioneros médicos. Su discurso estaba lleno de frases como «estoy orgulloso de estar aquí», «habiendo visitado sus hogares», «habiendo conocido a muchas de sus esposas e hijos», «nos reunimos aquí no como extraños, sino como amigos (...), en un espíritu de amistad mutua», «nuestros intereses comunes», «es sólo por su cortesía que estoy aquí».

—Éste es un día memorable en mi vida –comenzó Rockefeller–. Es la primera vez que he tenido la buena fortuna de conocer a los representantes de los empleados de esta gran compañía, sus funcionarios y superintendentes, todos juntos, y puedo asegurarles que estoy orgulloso de estar aquí, y que recordaré esta reunión mientras viva. Si esta reunión se hubiera celebrado hace dos semanas, habría estado aquí como un extraño para la mayoría de ustedes, reconociendo sólo unas pocas caras. Habiendo tenido la oportunidad la semana pasada de visitar todos los campamentos en el campo de carbón del sur y de hablar individualmente con prácticamente todos los representantes, excepto aquellos que estaban ausentes; habiendo visitado sus hogares, conocido a muchas de sus esposas e hijos, nos reunimos aquí no como extraños, sino como amigos, y es en ese espíritu de amistad mutua que me alegra tener esta oportunidad de discutir con ustedes nuestros intereses comunes.

»Dado que ésta es una reunión de los funcionarios de la compañía y los representantes de los empleados, es sólo por su cortesía que estoy aquí, pues no soy tan afortunado como para ser ni lo uno ni lo otro; y, sin embargo, siento que estoy íntimamente asociado con ustedes, hombres, ya que, en cierto sentido, represento tanto a los accionistas como a los directores».

¿No es ése un ejemplo soberbio del fino arte de convertir enemigos en amigos?

Supongamos que Rockefeller hubiera tomado un rumbo diferente. Supongamos que hubiera discutido con esos mineros y les hubiera arrojado hechos devastadores a la cara. Supongamos que les hubiera dicho por sus tonos e insinuaciones que estaban equivocados. Supongamos que, por todas las reglas de la lógica, hubiera probado que estaban equivocados. ¿Qué habría pasado? Se habría despertado más ira, más odio, más revuelta.

«Si el corazón de un hombre está resentido por la discordia y los malos sentimientos hacia usted, no podrá convencerlo de su forma de pensar con toda la lógica en la cristiandad. Los padres regañones, los jefes y maridos dominantes y las esposas rezongonas deben darse cuenta de que la gente no quiere cambiar de opinión. No se les puede obligar ni empujar a estar de acuerdo con usted o conmigo. Pero es posible que se les conduzca a ello si somos amables y amistosos, muy amables y muy amistosos».

Lincoln dijo algo así, en efecto, hace más de cien años. Éstas fueron sus palabras:

«Es un viejo y verdadero axioma que "una gota de miel caza más moscas que un galón de hiel". Lo mismo ocurre con los hombres; si quieres ganar a un hombre para tu causa, primero convéncelo de que es tu amigo sincero. Ahí está la gota de miel que atrapa su corazón; el cual, diga lo que quiera, es el gran camino real hacia su razón».

Los ejecutivos de negocios han aprendido que vale la pena ser amistoso con los huelguistas. Por ejemplo, cuando 2 500 empleados de la fábrica de White Motor Company fueron a la huelga por salarios más altos y un taller sindicalizado, Robert F. Black, entonces presidente de la compañía, no perdió los estribos ni condenó, ni amenazó ni habló de tiranía y comunistas. En realidad, elogió a los huelguistas. Publicó un anuncio en los periódicos de Cleveland, cumplimentándolos por «la forma pacífica en que depusieron sus herramientas». Al encontrar a los piquetes ociosos, les compró un par de docenas de bates y guantes de béisbol y los invitó a jugar en los lotes vacíos. Para los que preferían los bolos, alquiló una bolera.

Esta actitud amistosa por parte del señor Black hizo lo que la amistad siempre hace: engendró amistad. Así que los huelguistas pidieron prestadas escobas, palas y carros de basura, y empezaron a recoger cerillas, papeles, colillas de cigarrillos y cigarros alrededor de la fábrica. ¡Imagínese! Imagínese a los huelguistas limpiando los terrenos de la fábrica mientras luchan por salarios más altos y el reconocimiento del sindicato. Tal evento nunca se había escuchado antes en la larga y tempestuosa historia de las guerras laborales estadounidenses. Esa huelga terminó con un acuerdo de compromiso en una semana; terminó sin ningún mal sentimiento ni rencor.

Daniel Webster, quien parecía un dios y hablaba como Jehová, fue uno de los abogados más exitosos que jamás haya defendido un caso. Sin embargo, introducía sus argumentos más poderosos con observaciones amistosas como: «Quedará a consideración del jurado», «Quizás valga la pena pensar en esto», «Aquí hay algunos hechos que confío en que no perderán de vista», o «Ustedes, con su conocimiento de la naturaleza humana, verán fácilmente el significado de estos hechos». Nada de avasallar. Nada de métodos de alta presión. Ningún intento de forzar sus opiniones sobre los demás. Webster usaba el enfoque suave, tranquilo y amistoso, y eso ayudó a hacerlo famoso.

Puede que a ti nunca te llamen para solucionar una huelga o dirigirte a un jurado, pero tal vez quieras que te bajen el alquiler. ¿Te ayudará entonces el enfoque amistoso? Veamos.

O. L. Straub, un ingeniero, quería conseguir una rebaja en su alquiler. Y sabía que su casero era un tipo duro.

—Le escribí –dijo el señor Straub en un discurso ante la clase–, para notificarle que desalojaría mi apartamento tan pronto como expirara mi contrato. La verdad era que no quería mudarme. Quería quedarme si podía conseguir que me redujera el alquiler. Pero la situación parecía desesperada. Otros inquilinos lo habían intentado, y habían fracasado. Todos me decían que el casero era muy difícil de tratar. Pero me dije: «Estoy estudiando un curso sobre cómo tratar con la gente, así que lo probaré con él, y veré cómo funciona».

»Él y su secretaria vinieron a verme tan pronto como recibió mi carta. Lo recibí en la puerta con un saludo amistoso. Yo rebosaba buena voluntad y entusiasmo. No empecé hablando de lo alto que era el alquiler. Empecé hablando de cuánto me gustaba su edificio de apartamentos. Créanme, fui "sincero en mi aprobación y generoso en mis elogios". Lo felicité por la forma en que administraba el edificio y le dije que me gustaría mucho quedarme otro año pero que no podía permitírmelo.

»Evidentemente, nunca había recibido tal recepción de un inquilino. Casi no sabía qué hacer al respecto.

»Entonces empezó a contarme sus problemas. Inquilinos que se quejaban. Uno le había escrito catorce cartas, algunas de ellas positivamente insultantes. Otro amenazó con romper su contrato a menos que el casero impidiera que el hombre del piso de arriba roncara.

»—Qué alivio es –dijo– tener un inquilino satisfecho como usted.

»Y entonces, sin que yo siquiera le pidiera que lo hiciera, se ofreció a reducirme el alquiler un poco. Yo quería más, así que nombré la cifra que podía permitirme pagar, y él aceptó sin una palabra.

»Cuando se iba, se volvió hacia mí y preguntó:

»—¿Qué arreglos de decoración puedo hacer por usted?

»Si hubiera intentado conseguir la rebaja del alquiler con los métodos que usaban los otros inquilinos, estoy seguro de que me habría encontrado con el mismo fracaso que ellos. Fue el enfoque amistoso, comprensivo y agradecido el que ganó».

Dean Woodcock de Pittsburgh, Pensilvania, es superintendente de un departamento de la compañía eléctrica local. Se pidió a su personal que reparara cierto equipo en la parte superior de un poste. Este tipo de trabajo había sido realizado anteriormente por un departamento diferente y sólo recientemente había sido transferido a la sección de Woodcock. Aunque su gente había sido entrenada en el trabajo, ésta era la primera vez que realmente se les pedía que lo hicieran. Todos en la organización estaban interesados en ver si podían manejarlo y cómo. El señor Woodcock, varios de sus gerentes subordinados y miembros de otros departamentos de la empresa de servicios públicos fueron a ver la operación. Muchos coches y camiones estaban allí, y varias personas estaban de pie alrededor mirando a los dos hombres solitarios en lo alto del poste.

Mirando alrededor, Woodcock notó a un hombre calle arriba saliendo de su coche con una cámara. Empezó a tomar fotos de la escena. La gente de servicios públicos es extremadamente consciente de las relaciones públicas, y de repente Woodcock se dio cuenta de cómo se veía esta configuración para el hombre con la cámara: exagerado, docenas de personas llamadas para hacer un trabajo de dos personas. Caminó calle arriba hacia el fotógrafo.

—Veo que está interesado en nuestra operación.

—Sí, y mi madre estará más que interesada. Ella posee acciones en su compañía. Esto le abrirá los ojos. Incluso puede decidir que su inversión fue imprudente. Le he estado diciendo durante años que hay mucho movimiento desperdiciado en compañías como la suya. Esto lo prueba. A los periódicos también podrían gustarles estas fotos.

—Parece eso, ¿verdad? Yo pensaría lo mismo en su posición. Pero ésta es una situación única...

A continuación, Dean Woodcock procedió a explicar cómo éste era el primer trabajo de este tipo para su departamento y cómo todos, desde los ejecutivos hacia abajo, estaban interesados. Aseguró al hombre que en condiciones normales dos personas podrían manejar el trabajo. El fotógrafo guardó su cámara, estrechó la mano de Woodcock y le agradeció por tomarse el tiempo de explicarle la situación.

El enfoque amistoso de Dean Woodcock ahorró a su compañía mucha vergüenza y mala publicidad.

Otro miembro de una de nuestras clases, Gerald H. Winn de Littleton, New Hampshire, informó cómo, usando un enfoque amistoso, obtuvo un acuerdo muy satisfactorio en una reclamación por daños.

—A principios de la primavera –contó–, antes de que el suelo se hubiera descongelado de la helada invernal, hubo una tormenta de lluvia inusualmente fuerte y el agua, que normalmente habría corrido hacia las zanjas cercanas y los desagües pluviales a lo largo de la carretera, tomó un nuevo curso hacia un lote de construcción donde acababa de construir una casa nueva.

»Al no poder correr, la presión del agua se acumuló alrededor de los cimientos de la casa. El agua se forzó bajo el piso de concreto del sótano, causando que explotara, y el sótano se llenó de agua. Esto arruinó la caldera y el calentador de agua. El costo para reparar este daño superaba los dos mil dólares. No tenía seguro para cubrir este tipo de daño.

»Sin embargo, pronto descubrí que el propietario de la urbanización había descuidado poner un desagüe pluvial cerca de la casa que podría haber evitado este problema. Hice una cita para verlo. Durante el viaje de veinticinco millas a su oficina, revisé cuidadosamente la situación y, recordando los principios que aprendí en este curso, decidí que mostrar mi ira no serviría para ningún propósito valioso. Cuando llegué, me mantuve muy calmado y comencé hablando de sus recientes vacaciones en las Antillas; luego, cuando sentí que el momento era el correcto, mencioné el "pequeño" problema del daño por agua. Él aceptó rápidamente hacer su parte para ayudar a corregir el problema.

»Unos días más tarde llamó y dijo que pagaría por el daño y también pondría un desagüe pluvial para evitar que sucediera lo mismo en el futuro.

»Aunque fue culpa del propietario de la urbanización, si no hubiera comenzado de una manera amistosa, habría habido una gran dificultad para conseguir que aceptara la responsabilidad total».

Hace años, cuando yo era un niño descalzo caminando por los bosques hacia una escuela rural en el noroeste de Missouri, leí una fábula sobre el sol y el viento.

Discutieron sobre cuál era el más fuerte, y el viento dijo: «Te probaré que yo lo soy. ¿Ves a ese anciano allá abajo con un abrigo? Apuesto a que puedo quitarle el abrigo más rápido que tú».

Así que el sol se ocultó tras una nube, y el viento sopló hasta que fue casi un tornado, pero cuanto más fuerte soplaba, más ceñía el anciano su abrigo a él.

Finalmente, el viento se calmó y se rindió, y entonces el sol salió de detrás de las nubes y sonrió amablemente al anciano. Al poco rato, este se secó la frente y se quitó el abrigo. El sol entonces le dijo al viento que la gentileza y la amistad eran siempre más fuertes que la furia y la fuerza.

El uso de la gentileza y la amistad es demostrado día tras día por personas que han aprendido que una gota de miel caza más moscas que un galón de hiel.

F. Gale Connor de Lutherville, Maryland, probó esto cuando tuvo que llevar su coche de cuatro meses al departamento de servicio del concesionario por tercera vez. Dijo a nuestra clase:

—Era evidente que hablar, razonar o gritar al gerente de servicio no iba a conducir a una resolución satisfactoria de mis problemas.

»Caminé hasta la sala de exposición y pedí ver al dueño de la agencia, el señor White. Después de una breve espera, fui conducido a la oficina del señor White. Me presenté y le expliqué que había comprado mi coche en su concesionario debido a las recomendaciones de amigos que habían tenido tratos previos con él. Me dijeron que sus precios eran muy competitivos y su servicio sobresaliente. Él sonrió con satisfacción mientras me escuchaba. Luego le expliqué el problema que estaba teniendo con el departamento de servicio. "Pensé que tal vez querría estar al tanto de cualquier situación que pudiera empañar su buena reputación", añadí. Me agradeció por llamar esto a su atención y me aseguró que mi problema sería atendido. No sólo se involucró personalmente, sino que también me prestó su coche para usarlo mientras el mío estaba siendo reparado».

Esopo fue un esclavo griego que vivió en la corte de Creso y tejió fábulas inmortales seiscientos años antes de Cristo. Sin embargo, las verdades que enseñó sobre la naturaleza humana son tan ciertas en Boston y Birmingham ahora como lo eran hace veintiséis siglos en Atenas. El sol puede hacer que usted se quite el abrigo más rápido que el viento; y la bondad, el enfoque amistoso y el aprecio pueden hacer que las personas cambien de opinión más fácilmente que toda la bravata y la tormenta del mundo.

Recuerde lo que dijo Lincoln: «Una gota de miel caza más moscas que un galón de hiel».

◆

PRINCIPIO 4

Empieza siendo amigable.

◆

CAPÍTULO 5

EL SECRETO DE SÓCRATES

Al hablar con la gente, no empieces discutiendo las cosas en las que diferís. Empieza destacando –y continúa destacando– las cosas en las que estáis de acuerdo. Sigue destacando, a ser posible, que ambos os esforzáis por el mismo fin y que vuestra única diferencia es de método y no de propósito.

Haz que la otra persona diga «sí, sí» desde el principio. Evita, a ser posible, que tu oponente diga «no».

Una respuesta de «no», según el profesor Overstreet, es un obstáculo sumamente difícil de superar. Cuando tú has dicho «no», todo tu orgullo exige que permanezcas consecuente contigo mismo. Puede que más tarde sientas que el «no» fue imprudente; sin embargo, ¡ahí está tu precioso orgullo a considerar! Una vez dicha una cosa, sientes que debe atenerte a ella. Por lo tanto, es de la mayor importancia que una persona comience en la dirección afirmativa.

El orador hábil obtiene, desde el principio, una serie de respuestas de «sí». Esto pone en movimiento el proceso psicológico de los oyentes en la dirección afirmativa. Es como el movimiento de una bola de billar. Si la impulsas en una dirección, y se necesita cierta fuerza para desviarla; mucha más fuerza para enviarla de vuelta en la dirección opuesta.

Los patrones psicológicos aquí son bastante claros. Cuando una persona dice «no» y realmente lo dice en serio, está haciendo mucho más que decir una palabra de dos letras. Todo el organismo –glandular, nervioso, muscular– se reúne en una condición de rechazo. Hay, generalmente en un grado diminuto pero a veces observable, una retirada física o preparación para la retirada. Todo el sistema neuromuscular, en resumen, se pone en guardia contra la aceptación. Cuando, por el contrario, una persona dice «sí», no tiene lugar ninguna de las actividades de retirada. El organismo está en una actitud de avance, de aceptación, abierta. Por ende, cuantos más «síes» podamos inducir desde el mismo comienzo, más probable es que tengamos éxito en captar la atención para nuestra propuesta final.

Es una técnica muy sencilla, esta respuesta afirmativa. Y, sin embargo, ¡cuánto se descuida! A menudo parece que las personas obtienen un sentido de su propia importancia al antagonizar a otros desde el principio.

Haga que un estudiante diga «no» al principio, o un cliente, un niño, un esposo o una esposa, y se necesita la sabiduría y la paciencia de los ángeles para transformar esa negativa erizada en una afirmativa.

El uso de esta técnica del «sí, sí» permitió a James Eberson, quien era cajero en el Greenwich Savings Bank, en la ciudad de Nueva York, asegurar un cliente potencial que de otro modo podría haberse perdido.

—Este hombre entró para abrir una cuenta –contó el señor Eberson–, y le di nuestro formulario habitual para llenar. Algunas de las preguntas las respondió de buena gana, pero hubo otras que se negó rotundamente a responder.

»Antes de comenzar el estudio de las relaciones humanas, le habría dicho a este posible depositante que si se negaba a dar al banco esta información, tendríamos que negarnos a aceptar esta cuenta. Me avergüenza haber sido culpable de hacer eso mismo en el pasado. Naturalmente, un ultimátum como ese me hacía sentir bien. Yo había demostrado quién era el jefe, que las reglas y regulaciones del banco no podían ser burladas. Pero ese tipo de actitud ciertamente no daba una sensación de bienvenida e importancia al hombre que había entrado para darnos su patrocinio.

»Esta mañana resolví usar un poco de sentido común. Resolví no hablar de lo que el banco quería, sino de lo que quería el cliente. Y, sobre todo, estaba decidido a hacer que dijera "sí, sí" desde el principio. Así que estuve de acuerdo con él. Le dije que la información que se negaba a dar no era absolutamente necesaria.

»—Sin embargo –dije–, suponga que usted tiene dinero en este banco al momento de su muerte. ¿No le gustaría que el banco lo transfiriera a su pariente más cercano, quien tiene derecho a ello según la ley?

»—Sí, por supuesto –respondió.

»—¿No cree –continué– que sería una buena idea darnos el nombre de su pariente más cercano para que, en el caso de su muerte, pudiéramos llevar a cabo sus deseos sin error ni demora?

»De nuevo dijo "sí".

»La actitud del joven se suavizó y cambió cuando se dio cuenta de que no estábamos pidiendo esta información por nuestro bien, sino por el suyo. Antes de salir del banco, este joven no sólo me dio información completa sobre sí mismo, sino que abrió, por sugerencia mía, una cuenta fiduciaria, nombrando a su madre como beneficiaria de su cuenta, y respondió con gusto a todas las preguntas concernientes a su madre también.

»Descubrí que al hacer que dijera "sí, sí" desde el principio, olvidó el asunto en juego y se sintió feliz de hacer todas las cosas que sugerí».

Joseph Allison, un representante de ventas de Westinghouse Electric Company, tenía esta historia que contar:

—Había un hombre en mi territorio al que nuestra compañía estaba muy ansiosa por vender. Mi predecesor lo había visitado durante diez años sin vender nada. Cuando me hice cargo del territorio, lo visité constantemente durante tres años sin obtener un pedido. Finalmente, después de trece años de visitas y charlas de ventas, le vendimos unos pocos motores. Si estos resultaban estar bien, seguiría un pedido de varios cientos más. Tal era mi expectativa.

»¿Cierto? Sabía que estarían bien. Así que cuando llamé tres semanas después, estaba de muy buen humor. El ingeniero jefe me saludó con este anuncio impactante:

»—Allison, no puedo comprarle el resto de los motores.

»—¿Por qué? –pregunté asombrado–. ¿Por qué?

»—Porque sus motores están demasiado calientes. No puedo poner la mano sobre ellos.

»Sabía que no serviría de nada discutir. Había intentado ese tipo de cosas durante demasiado tiempo. Así que pensé en obtener la respuesta de "sí, sí".

»—Bueno, mire, señor Smith –dije–. Estoy de acuerdo con usted al cien por cien; si esos motores se calientan demasiado, no debería comprar más. Debe tener motores que no se calienten más que los estándares establecidos por la Asociación Nacional de Fabricantes Eléctricos. ¿No es así?

»Él aceptó que así era. Había conseguido mi primer "sí".

»—La normativa de la Asociación de Fabricantes Eléctricos dice que un motor diseñado adecuadamente puede tener una temperatura de 40 grados por encima de la temperatura ambiente. ¿Es eso correcto?

»—Sí –acordó–. Eso es bastante correcto. Pero sus motores están mucho más calientes.

»No discutí con él. Simplemente pregunté:

»—¿Qué temperatura hace en la sala de molienda?

»—Oh –dijo–, unos 24 grados.

»—Bueno –respondí–, si la sala de molienda está a 24 grados y le suma 40 a eso, hace un total de 64 grados. ¿No se escaldaría la mano si la sostuviera bajo un grifo de agua caliente a una temperatura de 64 grados?

»De nuevo tuvo que decir "sí".

»—Bueno –sugerí–, ¿no sería una buena idea mantener las manos alejadas de esos motores?

»—Bueno, supongo que tiene razón –admitió.

»Seguimos charlando un rato. Luego llamó a su secretaria y concertó aproximadamente 35 000 dólares en negocios para el mes siguiente.

»Me tomó años y me costó incontables miles de dólares en negocios perdidos antes de que finalmente aprendiera que no vale la pena discutir, que es mucho más rentable y mucho más interesante mirar las cosas desde el punto de vista de la otra persona y tratar de que esa persona diga "sí, sí"».

Eddie Snow, quien patrocina nuestros cursos en Oakland, California, cuenta cómo se convirtió en un buen cliente de una tienda porque el propietario logró que dijera «sí, sí». Eddie se había interesado en la caza con arco y había gastado considerable dinero comprando equipo y suministros en una tienda de arcos local.

Cuando su hermano lo visitaba, quiso alquilar un arco para él en esta tienda. El empleado le dijo que no alquilaban arcos, así que Eddie llamó a otra tienda de arcos. Eddie describió lo que sucedió:

—Un caballero muy agradable contestó el teléfono. Su respuesta a mi pregunta por un alquiler fue completamente diferente a la del otro lugar. Dijo que lo sentía, pero que ya no alquilaban arcos porque no podían permitirse hacerlo. Luego me preguntó si había alquilado antes. Respondí:

»—Sí, hace varios años.

»Me recordó que probablemente pagué entre 25 y 30 dólares por el alquiler. Dije "sí" de nuevo. Luego preguntó si yo era el tipo de persona a la que le gustaba ahorrar dinero. Naturalmente, respondí "sí". Continuó explicando que tenían juegos de arcos con todo el equipo necesario en venta por 34,95 dólares. Podía comprar un juego completo por sólo 4,95 dólares más de lo que podría alquilar uno. Explicó que por eso habían dejado de alquilarlos. ¿Me parecía razonable? Mi respuesta de "sí" condujo a una compra del juego, y cuando lo recogí compré varios artículos más en esta tienda y desde entonces me he convertido en un cliente habitual».

Sócrates, «el tábano de Atenas», fue uno de los filósofos más grandes que haya conocido el mundo. Hizo algo que sólo un puñado de hombres en toda la historia ha logrado: cambió radicalmente todo el curso del pensamiento humano; y ahora, veinticuatro siglos después de su muerte, se le honra como a uno de los persuasores más sabios que jamás haya influido en este conflictivo mundo.

¿Su método? ¿Acaso le decía a la gente que estaba equivocada? Oh, no, Sócrates no. Era demasiado hábil para eso. Toda su técnica, llamada ahora «método socrático», se basaba en obtener una respuesta de «sí, sí». Hacía preguntas con las que su interlocutor tenía que estar de acuerdo. Seguía ganando una afirmación tras otra, hasta tener un montón de «síes». Seguía preguntando hasta que, finalmente, casi sin darse cuenta, sus oponentes se encontraban abrazando una conclusión que habrían negado vehementemente unos minutos antes.

La próxima vez que tengamos la tentación de decirle a alguien que se equivoca, recordemos al viejo Sócrates y hagamos una pregunta amable, una pregunta que consiga la respuesta «sí, sí».

Los chinos tienen un proverbio cargado con la vieja sabiduría de Oriente: «Quien pisa con suavidad va lejos».

Han pasado cinco mil años estudiando la naturaleza humana, esos cultos chinos, y han acumulado mucha perspicacia: «Quien pisa con suavidad va lejos».

◆

PRINCIPIO 5

Consigue que la otra persona diga «sí, sí» desde el principio.

◆

CAPÍTULO 6

LA VÁLVULA DE SEGURIDAD PARA ATENDER QUEJAS

La mayoría de las personas que intentan atraer a los demás a su forma de pensar hablan demasiado. Deja que los demás se expresen por completo. Ellos saben más sobre sus negocios y sus problemas que tú. Así que hazles preguntas. Permíteles que te cuenten cosas.

Si no estás de acuerdo con ellos, puedes sentirte tentado a interrumpir. Pero no lo hagas. Es peligroso. No te prestarán atención mientras tengan todavía una gran cantidad de ideas propias pidiendo ser expresadas. Escucha con paciencia y con la mente abierta. Sé sincero. Anímalos a expresar sus ideas plenamente.

¿Da resultado esta política en los negocios? Veamos. Aquí está la historia de un representante de ventas que se vio obligado a probarla.

Uno de los mayores fabricantes de automóviles de los Estados Unidos estaba negociando los requisitos anuales de telas para tapicería.

Tres importantes fabricantes habían preparado telas en carrocerías de muestra. Todas habían sido inspeccionadas por los ejecutivos de la compañía automotriz, y se había enviado un aviso a cada fabricante informando que, en un día determinado, se daría la oportunidad a un representante de cada proveedor para hacer un alegato final por el contrato.

G. B. R., representante de un fabricante, llegó a la ciudad con un ataque severo de laringitis.

—Cuando llegó mi turno de reunirme con los ejecutivos en conferencia –relató el señor R. ante una de mis clases–, había perdido la voz. Apenas podía susurrar. Me hicieron pasar a una sala y me encontré cara a cara con el ingeniero textil, el agente de compras, el director de ventas y el presidente de la compañía. Me puse de pie e hice un valiente esfuerzo por hablar, pero no pude hacer más que emitir un chillido.

»Estaban todos sentados alrededor de una mesa, así que escribí en un bloc de papel: "Caballeros, he perdido la voz. Me he quedado mudo".

»—Yo hablaré por usted –dijo el presidente.

»Y lo hizo. Exhibió mis muestras y elogió sus puntos fuertes. Se suscitó una viva discusión sobre los méritos de mi mercancía. Y el presidente, como hablaba por mí, tomó la posición que yo habría tenido durante la discusión. Mi única participación consistió en sonrisas, asentimientos y algunos gestos.

»Como resultado de esta conferencia única, se me adjudicó el contrato, que solicitaba casi medio millón de metros de telas de tapicería por un valor total de 1 600 000 dólares: el pedido más grande que jamás había recibido.

»Sé que habría perdido el contrato si no hubiera perdido la voz, porque tenía una idea equivocada de toda la propuesta. Descubrí, casi por accidente, lo mucho que a veces compensa dejar que la otra persona sea la que hable».

Dejar que la otra persona hable ayuda tanto en situaciones familiares como en los negocios. La relación de Barbara

Wilson con su hija, Laurie, se estaba deteriorando rápidamente. Laurie, que había sido una niña tranquila y dócil, se había convertido en una adolescente poco cooperativa y a veces beligerante. La señora Wilson le daba sermones, la amenazaba y la castigaba, pero todo era en vano.

—Un día –contó la señora Wilson a una de nuestras clases–, simplemente me rendí. Laurie me había desobedecido y había salido de casa para visitar a su amiga antes de terminar sus tareas.

»Cuando regresó, estuve a punto de gritarle por diezmilésima vez, pero no tenía fuerzas para hacerlo. Simplemente la miré y dije con tristeza:

»—¿Por qué, Laurie? ¿Por qué?

»Laurie notó mi estado y con voz tranquila preguntó:

»—¿De verdad quieres saberlo?

»Asentí y Laurie me lo contó, primero con vacilación, y luego todo fluyó. Yo nunca la había escuchado. Siempre le estaba diciendo que hiciera esto o aquello. Cuando ella quería contarme sus pensamientos, sentimientos e ideas, yo la interrumpía con más órdenes. Empecé a darme cuenta de que me necesitaba, no como una madre mandona, sino como una confidente, una vía de escape para toda su confusión sobre el crecimiento. Y todo lo que yo había estado haciendo era hablar cuando debería haber estado escuchando. Nunca la oí.

»Desde ese momento dejé que ella hablara todo lo que quisiera. Me cuenta lo que tiene en mente y nuestra relación ha mejorado inmensamente. Vuelve a ser una persona cooperativa».

Un gran anuncio apareció en la página financiera de un periódico de Nueva York solicitando una persona con capacidad y experiencia inusuales. Charles T. Cubellis respondió al anuncio enviando su respuesta a un apartado de correos. Unos días más tarde, fue invitado por carta a presentarse para una entrevista. Antes de ir, pasó horas en Wall Street averiguando todo lo posible sobre la persona que había fundado el negocio. Durante la entrevista, comentó:

—Me sentiría muy orgulloso de estar asociado con una organización con un historial como el suyo. Tengo entendido que usted comenzó hace veintiocho años con nada más que un espacio de escritorio y una estenógrafa. ¿Es eso cierto?

A casi todas las personas de éxito les gusta rememorar sus luchas iniciales. Este hombre no era una excepción. Habló durante mucho tiempo sobre cómo había comenzado con 450 dólares en efectivo y una idea original. Contó cómo había luchado contra el desánimo y batallado contra el ridículo, trabajando domingos y festivos, de doce a dieciséis horas al día; cómo había ganado finalmente contra todo pronóstico hasta que ahora los ejecutivos más importantes de Wall Street acudían a él en busca de información y orientación. Estaba orgulloso de tal historial. Tenía derecho a estarlo, y pasó un rato espléndido contándolo. Finalmente, interrogó brevemente al señor Cubellis sobre su experiencia, luego llamó a uno de sus vicepresidentes y dijo:

—Creo que ésta es la persona que estamos buscando.

El señor Cubellis se había tomado la molestia de averiguar los logros de su posible empleador. Mostró interés en la otra persona y sus problemas. Animó a la otra persona a hablar la mayor parte del tiempo, y causó una impresión favorable.

Roy G. Bradley de Sacramento, California, tuvo el problema opuesto. Escuchó mientras un buen candidato para un puesto de ventas se convencía a sí mismo de aceptar el trabajo en la firma de Bradley. Roy contaba:

—Al ser una pequeña empresa de corretaje, no teníamos beneficios adicionales, como hospitalización, seguro médico y pensiones. Cada representante es un agente independiente. Ni siquiera proporcionamos contactos de clientes potenciales, ya que no podemos anunciarnos para conseguirlos como hacen nuestros competidores más grandes.

»Richard Pryor tenía el tipo de experiencia que queríamos para este puesto, y fue entrevistado primero por mi asistente, quien le contó todos los aspectos negativos relacionados con este trabajo. Parecía ligeramente desanimado cuando entró en mi oficina. Mencioné el único beneficio de estar asociado con mi firma: el de ser un contratista independiente y, por tanto, ser prácticamente autónomo.

»Mientras me hablaba de estas ventajas, él mismo descartó cada pensamiento negativo que tenía al entrar a la entrevista. Varias veces parecía que hablaba a medias consigo mismo mientras analizaba cada pensamiento. A veces tuve la tentación de añadir algo a sus reflexiones; sin embargo, al cierre de la entrevista sentí que se había convencido a sí mismo, por su propia cuenta, de que le gustaría trabajar para mi firma.

»Como había sido un buen oyente y dejé que Dick hablara la mayor parte del tiempo, él pudo sopesar ambos lados justamente en su mente, y llegó a la conclusión positiva, que fue un desafío que él creó para sí mismo. Lo contratamos y ha sido un representante destacado para nuestra firma».

Incluso nuestros amigos preferirían mucho más hablarnos de sus logros que escucharnos jactarnos de los nuestros.

La Rochefoucauld, el filósofo francés, dijo: «Si quieres tener enemigos, supera a tus amigos; pero si quieres tener amigos, deja que tus amigos te superen».

¿Por qué es esto cierto? Porque cuando nuestros amigos nos superan, se sienten importantes; pero cuando nosotros los superamos, ellos –o al menos algunos de ellos– se sentirán inferiores y envidiosos.

Con diferencia, la consejera de colocación más querida en la Midtown Personnel Agency en la ciudad de Nueva York era Henrietta G. No siempre había sido así. Durante los primeros meses de su asociación con la agencia, Henrietta no tenía ni un solo amigo entre sus colegas. ¿Por qué? Porque todos los días alardeaba de las colocaciones que había hecho, las nuevas cuentas que había abierto y cualquier otra cosa que hubiera logrado.

—Era buena en mi trabajo y estaba orgullosa de ello –contó Henrietta a una de nuestras clases–. Pero en lugar de compartir mis triunfos, mis colegas parecían resentirlos. Yo quería caerle bien a esta gente. Realmente quería que fueran mis amigos. Después de escuchar algunas de las sugerencias hechas en este curso, empecé a hablar menos de mí misma y a escuchar más a mis asociados. Ellos también tenían cosas de las que jactarse y estaban más entusiasmados por contarme sus logros que por escuchar mis alardes. Ahora, cuando tenemos tiempo para charlar, les pido que compartan sus alegrías conmigo, y sólo menciono mis logros cuando me preguntan.

♦

PRINCIPIO 6

Permite que la otra persona sea quien hable más.

♦

CAPÍTULO 7

CÓMO OBTENER COOPERACIÓN

¿No tienes acaso tú más fe en las ideas que descubres por ti mismo que en las que te sirven en bandeja de plata? Si es así, ¿no es un mal juicio tratar de imponer tus opiniones a los demás? ¿No es acaso más sabio hacer sugerencias y dejar que la otra persona llegue a la conclusión por sí misma?

Adolph Seltz de Filadelfia, gerente de ventas en una sala de exposición de automóviles y estudiante en uno de mis cursos, se encontró de repente ante la necesidad de inyectar entusiasmo a un grupo de vendedores de automóviles desanimados y desorganizados. Convocó una reunión de ventas e instó a su gente a decirle exactamente qué esperaban de él. Mientras hablaban, escribía sus ideas en la pizarra. Luego dijo:

—Yo les daré todas estas cualidades que esperan de mí. Ahora quiero que me digan qué tengo derecho a esperar de ustedes.

Las respuestas llegaron rápidas y veloces: lealtad, honestidad, iniciativa, optimismo, trabajo en equipo, ocho horas al día de trabajo entusiasta. La reunión terminó con un nuevo coraje, una nueva inspiración –un vendedor se ofreció a trabajar catorce horas al día– y el señor Seltz me informó que el aumento de ventas fue fenomenal.

«La gente había hecho una especie de trato moral conmigo –dijo el señor Seltz– y mientras yo cumpliera con mi parte, ellos estaban decididos a cumplir con la suya. Consultarles sobre sus deseos y anhelos fue justo el estímulo que necesitaban».

A nadie le gusta sentir que se le vende algo o que se le dice que haga una cosa. Preferimos mucho más sentir que compramos por nuestra propia voluntad o que actuamos según nuestras propias ideas. Nos gusta que nos consulten sobre nuestros deseos, nuestras necesidades, nuestros pensamientos.

Tomemos el caso de Eugene Wesson. Perdió incontables miles de dólares en comisiones antes de aprender esta verdad. El señor Wesson vendía bocetos para un estudio que creaba diseños para estilistas y fabricantes textiles. El señor Wesson había visitado a uno de los principales estilistas de Nueva York semanalmente durante tres años. «Nunca se negó a recibirme –dijo el señor Wesson–, «pero nunca compró. Siempre miraba mis bocetos con mucho cuidado y luego decía: "No, Wesson, supongo que hoy no cerramos trato"».

Después de 150 fracasos, Wesson se dio cuenta de que debía estar en un estancamiento mental, así que decidió dedicar una noche a la semana al estudio de la influencia en el comportamiento humano, para ayudarse a desarrollar nuevas ideas y generar nuevo entusiasmo.

Se decidió por este nuevo enfoque. Con media docena de bocetos de artistas sin terminar bajo el brazo, se precipitó a la oficina del comprador.

—Quiero que me haga un pequeño favor, si es tan amable –dijo–. Aquí hay algunos bocetos incompletos. ¿Podría decirme, por favor, cómo podríamos terminarlos de tal manera que le sean de utilidad?

El comprador miró los bocetos durante un rato sin pronunciar palabra. Finalmente dijo:

—Déjemelos unos días, Wesson, y luego vuelva a verme.

Wesson regresó tres días después, recibió sus sugerencias, llevó los bocetos de vuelta al estudio y los hizo terminar de acuerdo con las ideas del comprador. ¿El resultado? Todos aceptados.

Después de eso, este comprador encargó decenas de otros bocetos a Wesson, todos dibujados según las ideas del comprador. «Me di cuenta de por qué había fracasado durante años en venderle –dijo el señor Wesson–: le había instado a comprar lo que yo pensaba que debía tener. Entonces cambié mi enfoque por completo. Le insté a que me diera sus ideas. Esto le hizo sentir que él estaba creando los diseños. Y así era. No tuve que venderle. Él compró».

Dejar que la otra persona sienta que la idea es suya no sólo funciona en los negocios y la política, también funciona en la vida familiar. Paul M. Davis de Tulsa, Oklahoma, contó a su clase cómo aplicó este principio:

—Mi familia y yo disfrutamos de uno de los viajes de vacaciones turísticas más interesantes que jamás hayamos realizado. Yo había soñado durante mucho tiempo con visitar lugares históricos como el campo de batalla de la Guerra Civil en Gettysburg, el Independence Hall en Filadelfia y la capital de nuestra nación. Valley Forge, Jamestown y la aldea colonial restaurada de Williamsburg ocupaban un lugar destacado en la lista de cosas que quería ver.

»En marzo, mi esposa, Nancy, mencionó que tenía ideas para nuestras vacaciones de verano que incluían una gira por los estados del oeste, visitando puntos de interés en Nuevo México, Arizona, California y Nevada. Ella había querido hacer este viaje durante varios años. Pero obviamente no podíamos hacer ambos viajes.

»Nuestra hija, Anne, acababa de terminar un curso de historia de los Estados Unidos en la escuela secundaria y se había interesado mucho en los eventos que habían dado forma al crecimiento de nuestro país. Le pregunté si le gustaría visitar los lugares sobre los que había aprendido en nuestras próximas vacaciones. Dijo que le encantaría.

»Dos noches después, mientras estábamos sentados alrededor de la mesa, Nancy anunció que si todos estábamos de acuerdo, las vacaciones de verano serían en los estados del este, que sería un gran viaje para Anne y emocionante para todos nosotros. Todos coincidimos».

Esta misma psicología fue utilizada por un fabricante de rayos X para vender su equipo a uno de los hospitales más grandes de Brooklyn. Este hospital estaba construyendo un anexo y preparándose para equiparlo con el mejor departamento de rayos X de América. El doctor L., quien estaba a cargo del departamento de rayos X, estaba abrumado por los representantes de ventas, cada uno cantando las alabanzas del equipo de su propia compañía.

Un fabricante, sin embargo, fue más hábil. Sabía mucho más sobre el manejo de la naturaleza humana que los demás. Escribió una carta más o menos así:

> Nuestra fábrica ha completado recientemente una nueva línea de equipos de rayos X. El primer envío de estas máquinas acaba de llegar a nuestra oficina. No son perfectos. Lo sabemos y queremos mejorarlos. Por lo tanto, le estaríamos profundamente agradecidos si pudiera encontrar tiempo para examinarlos y darnos sus ideas sobre cómo pueden hacerse más útiles

para su profesión. Sabiendo lo ocupado que está, estaré encantado de enviar mi automóvil a buscarle a la hora que usted especifique.

—Me sorprendió recibir esa carta –dijo el doctor L. al relatar el incidente ante la clase–. Me sentí a la vez sorprendido y halagado. Nunca antes un fabricante de rayos X había buscado mi consejo. Me hizo sentir importante. Estuve ocupado todas las noches de esa semana, pero cancelé una cena para examinar el equipo. Cuanto más lo estudiaba, más descubría por mí mismo cuánto me gustaba.

»Nadie había tratado de vendérmelo. Sentí que la idea de comprar ese equipo para el hospital era mía. Me vendí a mí mismo sus cualidades superiores y ordené su instalación».

Ralph Waldo Emerson en su ensayo «Self-Reliance» declaró: «En toda obra de genio reconocemos nuestros propios pensamientos rechazados; vuelven a nosotros con cierta majestad ajena».

El coronel Edward M. House ejercía una enorme influencia en los asuntos nacionales e internacionales mientras Woodrow Wilson ocupaba la Casa Blanca. Wilson dependía del consejo secreto y el asesoramiento del coronel House más incluso que de los miembros de su propio gabinete.

¿Qué método utilizó el coronel para influir en el presidente? Afortunadamente, lo sabemos, porque el propio House se lo reveló a Arthur D. Howden Smith, y Smith citó a House en un artículo en *The Saturday Evening Post*:

«Después de conocer al presidente –dijo House–, aprendí que la mejor manera de convertirlo a una idea era plantarla en su mente casualmente, pero de modo que le interesara, para que pensara en ella por su propia cuenta. La primera vez que esto funcionó fue un accidente. Yo lo había estado visitando en la Casa Blanca y le había instado a seguir una política que él parecía desaprobar. Pero varios días después, en la cena, me asombró oírle exponer mi sugerencia como si fuera suya».

¿Acaso le interrumpió House y le dijo: «Ésa no es su idea, sino mía»? Oh, no. House no. Era demasiado hábil para eso. No le importaba el crédito. Quería resultados. Así que dejó que Wilson siguiera sintiendo que la idea era suya. House hizo aún más. Le dio a Wilson el crédito público por estas ideas.

Recordemos que todos con los que entramos en contacto son tan humanos como Woodrow Wilson. Así que usemos la técnica del coronel House.

Un hombre en la hermosa provincia canadiense de Nuevo Brunswick utilizó esta técnica conmigo y ganó mi patrocinio. Yo planeaba en ese momento pescar y navegar en canoa en Nuevo Brunswick. Así que escribí a la oficina de turismo para pedir información. Evidentemente, mi nombre y dirección se pusieron en una lista de correo, porque inmediatamente me sentí abrumado por decenas de cartas, folletos y testimonios impresos de campamentos y guías. Estaba desconcertado. No sabía cuál elegir. Entonces, el propietario de un campamento hizo algo inteligente. Me envió los nombres y números de teléfono de varias personas de Nueva York que se habían alojado en su campamento y me invitó a llamarlos y descubrir por mí mismo lo que tenía para ofrecer.

Descubrí con sorpresa que conocía a uno de los hombres de su lista. Lo llamé, averigüé cuál había sido su experiencia y luego telegrafié al campamento la fecha de mi llegada.

Los otros habían estado tratando de venderme sus servicios, pero uno dejó que yo me vendiera a mí mismo. Esa organización ganó.

Hace veinticinco siglos, Lao-Tsé, un sabio chino, dijo algunas cosas que los lectores de este libro podrían utilizar hoy:

«La razón por la que los ríos y los mares reciben el homenaje de cien torrentes de la montaña es que se mantienen por debajo de ellos. Así son capaces de reinar sobre todos los torrentes de la montaña. De igual modo, el sabio que desea estar por encima de los hombres se coloca por debajo de ellos; el que quiere estar delante de ellos, se coloca detrás. De esta manera, aunque su lugar sea por encima de los hombres, estos no sienten su peso; aunque su lugar sea delante de ellos, no lo consideran una ofensa».

◆

PRINCIPIO 7
Permite que la otra persona sienta que la idea es suya.

◆

CAPÍTULO 8:

UNA FÓRMULA QUE HARÁ MARAVILLAS

Recuerda que las otras personas pueden estar totalmente equivocadas. Pero ellas no lo creen. No las condenes. Cualquier tonto puede hacerlo. Trata de comprenderlas. Sólo las personas sabias, tolerantes y excepcionales saben hacerlo. Hay una razón por la cual el otro hombre piensa y actúa como lo hace. Descubre esa razón oculta y tendrás la llave de sus acciones, y quizá de su personalidad.

Trata honradamente de ponerte en el lugar del otro.

Si te dices a ti mismo: «¿Cómo me sentiría y cómo reaccionaría yo si estuviera en sus zapatos?», te ahorrarás mucho tiempo e irritación, pues «al interesarnos en las causas es menos probable que nos disgusten los efectos». Y, además, aumentarás considerablemente tu destreza en las relaciones humanas.

«Deténgase un minuto –dice Kenneth M. Goode en su libro *How to Turn People Into Gold*–, deténgase un minuto a comparar su intenso interés en sus propios asuntos con su escaso interés en todo lo demás. Comprenda entonces que todos los demás en el mundo sienten exactamente lo mismo. Entonces, junto con Lincoln y Roosevelt, habrá captado el único cimiento sólido para las relaciones interpersonales; a saber: que el éxito en el trato con los demás depende de una captación comprensiva del punto de vista de la otra persona».

Sam Douglas, de Hempstead, Nueva York, solía decirle a su esposa que ella pasaba demasiado tiempo trabajando en el jardín, arrancando malas hierbas, fertilizando y cortando el césped dos veces por semana, a pesar de que el jardín no lucía mejor que cuando se mudaron a su casa cuatro años atrás. Naturalmente, ella se sentía apenada por sus comentarios, y cada vez que él hacía esas observaciones, el resto de la velada quedaba arruinada.

Después de seguir nuestro curso, el señor Douglas se dio cuenta de lo tonto que había sido durante todos esos años. Nunca se le ocurrió que ella disfrutaba haciendo ese trabajo y que realmente podría apreciar un elogio a su diligencia.

Una noche después de la cena, su esposa dijo que quería arrancar algunas malas hierbas y lo invitó a hacerle compañía. Él primero declinó, pero luego lo pensó mejor, salió tras ella y comenzó a ayudarla a arrancar hierbas. Ella estaba visiblemente complacida, y juntos pasaron una hora de duro trabajo y conversación agradable.

Después de eso, a menudo la ayudaba con la jardinería y la elogiaba por lo bien que lucía el césped, y por el trabajo fantástico que estaba haciendo con un patio donde la tierra era como hormigón. Resultado: una vida más feliz para ambos porque él había aprendido a ver las cosas desde el punto de vista de ella, aunque el tema fuera sólo la maleza.

En su libro *Getting Through To People*, el doctor Gerald S. Nirenberg comentó: «La cooperación en la conversación se logra cuando usted demuestra que considera las ideas y sentimientos de la otra persona tan importantes como los propios. Empezar su conversación indicando a la otra persona el propósito o la dirección de su charla, rigiendo lo que usted dice por lo que le gustaría oír si usted fuera el oyente, y aceptando el punto de vista de ella, alentará al oyente a tener una mente abierta a sus ideas».[1]

Siempre he disfrutado de caminar y montar a caballo en un parque cerca de mi casa. Como los druidas de la antigua Galia, yo casi venero los robles, así que me angustiaba estación tras estación ver los árboles jóvenes y los arbustos asesinados por fuegos innecesarios. Estos incendios no eran causados por fumadores descuidados. Eran causados casi siempre por jovencitos que iban al parque a vivir como salvajes y cocinar una salchicha o un huevo bajo los árboles. A veces, estos fuegos ardían con tanta furia que había que llamar al departamento de bomberos para luchar contra la conflagración.

Había un letrero en el borde del parque que decía que cualquiera que iniciara un fuego estaba sujeto a multa y prisión, pero el letrero se encontraba en una parte poco frecuentada del parque, y pocos de los culpables lo veían. Se suponía que un policía montado cuidaba el parque, pero no se tomaba sus deberes demasiado en serio y los fuegos continuaban propagándose estación tras estación. En una ocasión, corrí hacia un policía y le conté sobre un fuego que se extendía rápidamente por el parque y le pedí que notificara al departamento de bomberos, y él respondió con indiferencia que no era asunto suyo ¡porque no estaba en su distrito! Yo estaba desesperado, así que después de eso, cuando iba a montar, actuaba como un comité unipersonal autodesignado para proteger el dominio público. Al principio, me temo que ni siquiera intentaba ver el punto de vista de las otras personas. Cuando veía un fuego ardiendo bajo los árboles, me sentía tan infeliz al respecto, tan ansioso por hacer lo co-

1. Nirenberg, G. S.: *Getting Through to People*. Prentice-Hall, Englewood Cliffs, Nueva Jersey, 1963, pág. 31.

rrecto, que hacía lo incorrecto. Me dirigía a los muchachos, les advertía que podían ser encarcelados por iniciar un fuego, les ordenaba con tono de autoridad que lo apagaran; y, si se negaban, los amenazaba con hacerlos arrestar. Yo simplemente estaba descargando mis sentimientos sin pensar en el punto de vista de ellos.

¿El resultado? Obedecían; obedecían con hosquedad y resentimiento. Después de que yo me alejara cabalgando sobre la colina, probablemente reconstruían el fuego y deseaban quemar todo el parque.

Con el paso de los años, adquirí un poco más de conocimiento sobre relaciones humanas, un poco más de tacto, y una tendencia algo mayor a ver las cosas desde el punto de vista del otro. Entonces, en lugar de dar órdenes, cabalgaba hasta el fuego y comenzaba con algo como esto:

—¿Os divertís, muchachos? ¿Qué vais a cocinar para la cena? A mí mismo me encantaba hacer fogatas cuando era niño, y todavía me gusta. Pero lo cierto es que son peligrosas aquí en el parque. Sé que no tenéis intención de hacer ningún daño, pero otros muchachos no son tan cuidadosos. Vienen y ven que habéis hecho una fogata; así que hacen una y no la apagan cuando se van a casa, y se extiende entre las hojas secas y mata los árboles. No tendremos árboles aquí si no somos más cuidadosos. Podríais ir a la cárcel por hacer este fuego. Pero no quiero ser mandón e interferir con vuestro placer. Me gusta ver que os divertís; pero, ¿podríais por favor rastrillar todas las hojas lejos del fuego ahora mismo, y cubrirlo con tierra, mucha tierra, antes de iros, verdad? Y la próxima vez que queráis divertiros, ¿podríais, por favor, hacer el fuego al otro lado de la colina, allá en el arenero? No puede hacer ningún daño allí… Muchas gracias, muchachos. Divertíos.

¡Qué diferencia lograba ese tipo de conversación! Hacía que los chicos quisieran cooperar. Sin hosquedad, sin resentimiento.

No se les había obligado a obedecer órdenes. Habían salvado su prestigio. Ellos se sentían mejor y yo me sentía mejor porque había manejado la situación con consideración por su punto de vista.

Ver las cosas a través de los ojos de otra persona puede aliviar tensiones cuando los problemas personales se vuelven abrumadores. Elizabeth Novak, de Nueva Gales del Sur, Australia, tenía un retraso de seis semanas en la cuota de su automóvil.

—Un viernes –contaba–, recibí una llamada telefónica desagradable del hombre que manejaba mi cuenta, informándome que si no presentaba 122 dólares para el lunes por la mañana podía anticipar más acciones por parte de la compañía. No tenía forma de recaudar el dinero durante el fin de semana, así que cuando recibí su llamada a primera hora del lunes por la mañana, esperaba lo peor. En lugar de molestarme, miré la situación desde su punto de vista. Me disculpé muy sinceramente por causarle tantos inconvenientes y comenté que yo debía ser su clienta más problemática, ya que no era la primera vez que me retrasaba en mis pagos. Su tono de voz cambió inmediatamente y me aseguró que yo estaba lejos de ser una de sus clientas realmente problemáticas. Continuó contándome varios ejemplos de lo groseros que a veces eran sus clientes, cómo le mentían y a menudo trataban de evitar hablar con él en absoluto. Yo no dije nada. Escuché y dejé que desahogara sus problemas conmigo. Entonces, sin ninguna sugerencia de mi parte, dijo que no importaba si no podía pagar todo el dinero inmediatamente. Estaría bien si le pagaba 20 dólares para fin de mes y completaba el saldo cuando me fuera conveniente hacerlo.

Mañana, antes de pedirle a alguien que apague un fuego o compre tu producto o contribuya a tu caridad favorita, ¿por qué no haces una pausa, cierras los ojos y tratas de pensar en todo el asunto desde el punto de vista de la otra persona? Pregúntate: «¿Por qué querría él o ella hacerlo?». Es cierto, esto tomará tiempo, pero evitará crear enemigos y obtendrá mejores resultados, y con menos fricción y menos desgaste.

«Prefiero caminar por la acera frente a la oficina de una persona durante dos horas antes de una entrevista –dijo el decano Donham de la escuela de negocios de Harvard–, que entrar en esa oficina sin una idea perfectamente clara de lo que voy a decir y de lo que esa persona, según mi conocimiento de sus intereses y motivos, probablemente responderá».

Eso es tan importante que voy a reproducirlo en negrita para darle énfasis:

Prefiero caminar por la acera frente a la oficina de una persona durante dos horas antes de una entrevista, que entrar en esa oficina sin una idea perfectamente clara de lo que voy a decir y de lo que esa persona, según mi conocimiento de sus intereses y motivos, probablemente responderá.

Si, como resultado de leer este libro, sólo obtienes una cosa –una mayor tendencia a pensar siempre en términos del punto de vista de la otra persona y a ver las cosas desde el ángulo de esa persona, tanto como del propio–; si obtienes sólo una cosa de este libro, fácilmente resultará ser uno de los peldaños más importantes de su carrera.

◆

PRINCIPIO 8

Trata de ver las cosas desde el punto de vista de la otra persona.

◆

CAPÍTULO 9

LO QUE TODOS QUIEREN

¿No te gustaría tener una frase mágica que detuviera las discusiones, eliminara los malos rollos, generara buena voluntad e hiciera que la otra persona te escuchara atentamente?

¿Sí? Muy bien. Pues aquí está: «No te culpo en lo más mínimo por sentirte como te sientes. Si yo fuese tú, indudablemente me sentiría igual».

Una respuesta como esta suavizará al viejo cascarrabias más irascible del mundo. Y puedes decir eso siendo 100 % sincero, porque si fueras la otra persona, por supuesto, te sentirías como ella. Toma a Al Capone, por ejemplo. Supón que hubieras heredado el mismo cuerpo, temperamento y mente que tenía Al Capone. Supón que hubieras tenido su entorno y sus experiencias. Serías nada más y nada menos que lo que él fue, y estarías donde él estuvo. Porque son esas cosas –y sólo esas cosas– las que le convirtieron en lo que era. La única razón, por ejemplo, por la que no eres una serpiente de cascabel es que tu madre y tu padre no eran serpientes de cascabel.

Tú mereces muy poco crédito por ser como eres; y recuerda que las personas que acuden a ti irritadas, intolerantes e irracionales merecen muy poco descrédito por ser como son. Siente lástima por los pobres diablos. Compadécelos. Simpatiza con ellos. Dite a ti mismo: «Ay, si no fuera por la gracia de Dios, ése sería yo».

Las tres cuartas partes de las personas con las que te encontrarás tienen hambre y sed de simpatía. Dásela, y te amarán.

Una vez di una transmisión sobre la autora de *Mujercitas*, Louisa May Alcott. Naturalmente, yo sabía que ella había vivido y escrito sus libros inmortales en Concord, Massachusetts. Pero, sin pensar en lo que decía, hablé de visitar su antiguo hogar en Concord, New Hampshire. Si hubiera dicho New Hampshire sólo una vez, podría haber sido perdonado. Pero, ¡ay de mí!, lo dije dos veces. Fui inundado con cartas y telegramas, mensajes hirientes que se arremolinaban alrededor de mi indefensa cabeza como un enjambre de avispones. Muchos estaban indignados. Unos pocos eran insultantes. Una mujer de la vieja escuela, que había sido criada en Concord, Massachusetts, y que entonces vivía en Filadelfia, descargó su ira abrasadora sobre mí. No podría haber sido más amarga si yo hubiera acusado a la señorita Alcott de ser una caníbal de Nueva Guinea. Al leer la carta, me dije: «Gracias a Dios que no estoy casado con esa mujer». Sentí ganas de escribirle y decirle que, aunque yo había cometido un error de geografía, ella había cometido un error mucho mayor en cortesía común. Ésa iba a ser sólo mi frase inicial. Luego iba a arremangarme y decirle lo que realmente pensaba. Pero no lo hice. Me controlé. Me di cuenta de que cualquier tonto exaltado podía hacer eso, y que la mayoría de los tontos harían justamente eso.

Yo quería estar por encima de los tontos. Así que resolví tratar de convertir su hostilidad en amistad. Sería un desafío, una especie de juego que podía jugar. Me dije a mí mismo: «Después de todo, si yo fuera ella, probablemente me sentiría igual». Así que decidí simpatizar con su punto de vista. La próxima vez que estuve en Filadelfia, la llamé por teléfono. La conversación fue algo así:

YO: Señorita, usted me escribió una carta hace unas semanas y quiero agradecérselo.

ELLA (en tono incisivo, culto y bien educado): ¿Con quién tengo el honor de hablar?

YO: Soy un desconocido para usted. Mi nombre es Dale Carnegie. Usted escuchó una transmisión que di sobre Louisa May Alcott hace algunos domingos, y cometí el error imperdonable de decir que ella había vivido en Concord, New Hampshire. Fue un error tonto y quiero disculparme por ello. Fue muy amable de su parte tomarse el tiempo para escribirme.

ELLA: Lo siento, señor Carnegie, por haberle escrito como lo hice; perdí la paciencia. Debo disculparme.

YO: ¡No! ¡No! No es usted quien debe disculparse, sino yo. Cualquier escolar habría sabido que lo que dije estaba mal. Me disculpé al aire el domingo siguiente, y ahora quería disculparme personalmente con usted.

ELLA: Nací en Concord, Massachusetts. Mi familia ha sido prominente en los asuntos de Massachusetts durante dos siglos, y estoy muy orgullosa de mi estado natal. Me sentí realmente muy molesta al oírle decir que la señorita Alcott había vivido en New Hampshire. Pero ahora me avergüenzo mucho de esa carta.

YO: Le aseguro que usted no estaba ni una décima parte tan molesta como yo. Mi error no perjudicó a Massachusetts, pero sí me perjudicó a mí. Es tan raro que personas de su posición y cultura se tomen el tiempo de escribir a quienes hablan por la radio, que espero de verdad que vuelva a escribirme si detecta algún error en mis charlas.

ELLA: ¿Sabe? Me gusta mucho la manera en que ha aceptado la crítica. Debe de ser usted una persona muy agradable. Me gustaría conocerlo mejor.

Así que, debido a que me había disculpado y simpatizado con su punto de vista, ella comenzó a disculparse y a simpatizar con mi punto de vista. Tuve la satisfacción de controlar mi temperamento, la satisfacción de devolver bondad por un insulto. Obtuve infinitamente más diversión al hacer que yo le agradara de lo que jamás podría haber obtenido diciéndole que se fuera a saltar al río Schuylkill.

Todo hombre que ocupa la Casa Blanca se enfrenta casi a diario con problemas espinosos en las relaciones humanas. El presidente Taft no fue la excepción, y aprendió por experiencia el enorme valor químico de la simpatía para neutralizar el ácido de los resentimientos. En su libro *Ethics in Service*, Taft da una ilustración bastante divertida de cómo suavizó la ira de una madre decepcionada y ambiciosa.

«Una dama en Washington –escribió Taft–, cuyo esposo tenía cierta influencia política, vino e insistió conmigo durante seis semanas o más para que nombrara a su hijo para un puesto. Ella consiguió la ayuda de senadores y congresistas en número formidable y vino con ellos para ver que hablaran con énfasis. El lugar era uno que requería calificación técnica, y siguiendo la recomendación del jefe de la Oficina, nombré a otra persona. Entonces recibí una carta de la madre, diciendo que yo era muy ingrato, ya que me negaba a hacerla una mujer feliz como podría haberlo hecho con un movimiento de mi mano. Se quejó además de que había trabajado con la delegación de su estado y conseguido todos los votos para un proyecto de ley de la administración en el que yo estaba especialmente interesado y ésta era la forma en que la había recompensado.

»Cuando uno recibe una carta como esa, lo primero que hace es pensar cómo puede ser severo con una persona que ha cometido una impropiedad, o incluso ha sido un poco impertinente. Entonces puede componer una respuesta. Luego, si es sabio, pondrá la carta en un cajón y cerrará el cajón con llave. Sáquela en el transcurso de dos días –tales comunicaciones siempre soportarán dos días de retraso en la respuesta– y cuando la saque después de ese intervalo, no la enviará. Ése es justamente el curso que tomé. Después de eso, me senté y le escribí una carta tan cortés como pude, diciéndole que comprendía la decepción de una madre bajo tales circunstancias, pero que realmente el nombramiento no se dejaba a mi mera preferencia personal, que tenía que seleccionar a un hombre con calificaciones técnicas y tenía, por lo tanto, que seguir las recomendaciones del jefe de la Oficina. Expresé la esperanza de que su hijo llegara a lograr lo que ella había esperado para él en la posición que tenía entonces. Eso la apaciguó y me escribió una nota diciendo que lamentaba haber escrito como lo había hecho.

»Pero el nombramiento que envié no fue confirmado de inmediato, y después de un intervalo recibí una carta que pretendía venir de su esposo, aunque estaba en la misma letra que todas las demás. Allí se me informaba que, debido a la postración nerviosa que había seguido a su decepción en este caso, ella había tenido que guardar cama y había desarrollado un caso muy grave de cáncer de estómago. ¿No le devolvería yo la salud retirando el primer nombre y reemplazándolo por el de su hijo? Tuve que escribir otra carta, esta vez al esposo, para decir que esperaba que el diagnóstico resultara inexacto, que simpatizaba con él en el dolor que debía tener por la grave enfermedad de su esposa, pero que era imposible retirar el nombre enviado. El hombre a quien nombré fue confirmado, y dos días después de recibir esa carta, dimos un recital musical en la Casa Blanca. Las dos primeras personas en saludar a la señora Taft y a mí fueron este esposo y esposa, aunque la esposa había estado tan recientemente *in articulo mortis*».

Jay Mangum representaba a una compañía de mantenimiento de escaleras mecánicas y elevadores en Tulsa, Oklahoma, que tenía el contrato de mantenimiento para las escaleras mecánicas en uno de los principales hoteles de Tulsa.

El gerente del hotel no quería cerrar la escalera mecánica por más de dos horas seguidas porque no quería incomodar a los huéspedes del hotel.

La reparación que debía hacerse tomaría al menos ocho horas, y su compañía no siempre tenía un mecánico especialmente calificado disponible a conveniencia del hotel.

Cuando el señor Mangum pudo programar a un mecánico de primera categoría para este trabajo, telefoneó al gerente del hotel y, en lugar de discutir con él para que le diera el tiempo necesario, le dijo:

—Rick, sé que su hotel está bastante ocupado y que le gustaría mantener el tiempo de cierre de la escalera mecánica al mínimo. Entiendo su preocupación por esto, y queremos hacer todo lo posible para acomodarlo. Sin embargo, nuestro diagnóstico de la situación muestra que si no hacemos un trabajo completo ahora, su escalera mecánica puede sufrir daños más graves y eso causaría un cierre mucho más largo. Sé que usted no querría incomodar a sus huéspedes durante varios días.

El gerente tuvo que estar de acuerdo en que un cierre de ocho horas era más deseable que uno de varios días. Al simpatizar con el deseo del gerente de mantener contentos a sus clientes, el señor Mangum pudo ganar al gerente del hotel a su forma de pensar fácilmente y sin rencor.

Joyce Norris, una profesora de piano en St. Louis, Missouri, contó cómo había manejado un problema que los profesores de piano a menudo tienen con las adolescentes. Babette tenía las uñas excepcionalmente largas.

Esto es un serio obstáculo para cualquiera que quiera desarrollar hábitos adecuados para tocar el piano.

La señora Norris nos contó:

—Sabía que sus largas uñas serían una barrera para ella en su deseo de tocar bien. Durante nuestra discusión antes de comenzar sus lecciones conmigo, no le mencioné nada sobre sus uñas. No quería desalentarla de tomar lecciones, y también sabía que ella no querría perder aquello de lo que se enorgullecía tanto y cuidaba tanto para hacerlo atractivo.

»Después de su primera lección, cuando sentí que el momento era el correcto, dije:

»—Babette, tienes manos atractivas y uñas hermosas. Si quieres tocar el piano tan bien como eres capaz y tan bien como te gustaría, te sorprendería cuánto más rápido y fácil sería para ti si te cortaras las uñas más cortas. Sólo piénsalo, ¿de acuerdo?

»Ella hizo una mueca que fue definitivamente negativa. También hablé con su madre sobre esta situación, mencionando nuevamente lo encantadoras que eran sus uñas. Otra reacción negativa. Era obvio que las uñas bellamente cuidadas de Babette eran importantes para ella.

»La semana siguiente Babette regresó para su segunda lección. Para mi gran sorpresa, las uñas habían sido cortadas. La elogié y la alabé por hacer tal sacrificio. También agradecí a su madre por influir en Babette para que se cortara las uñas. Su respuesta fue:

»—Oh, yo no tuve nada que ver con eso. Babette decidió hacerlo por su cuenta, y ésta es la primera vez que se ha cortado las uñas por alguien».

¿Amenazó la señora Norris a Babette? ¿Le dijo que se negaría a enseñar a una estudiante con las uñas largas? No, no lo hizo. Le hizo saber a Babette que sus uñas eran una belleza y que cortárselas supondría un sacrificio. Dio a entender: «Comprendo tu situación; sé que no será fácil, pero valdrá la pena para tu mejor desarrollo musical».

Sol Hurok fue, probablemente, el empresario número uno de los Estados Unidos. Durante casi medio siglo manejó a artistas de la talla mundial de Chaliapin, Isadora Duncan y Pavlova. El señor Hurok me dijo que una de las primeras lecciones que había aprendido al tratar con sus temperamentales estrellas era la necesidad de simpatía, simpatía y más simpatía hacia sus idiosincrasias.

Durante tres años fue el empresario de Feodor Chaliapin, uno de los bajos más grandes que jamás haya emocionado a los aristócratas de los palcos del Metropolitan. Sin embargo, Chaliapin era un problema constante. Se comportaba como un niño mimado. Para decirlo con las inimitables palabras del propio señor Hurok: «Era un demonio de hombre en todos los aspectos».

Por ejemplo, Chaliapin llamaba al señor Hurok al mediodía del día en que debía cantar y le decía:

—Sol, me siento terrible. Tengo la garganta como carne picada cruda. Me será imposible cantar esta noche.

¿Discutía el señor Hurok con él? Oh, no. Sabía que un empresario no podía tratar a los artistas de esa manera.

Así que corría al hotel de Chaliapin, rebosante de conmiseración.

—Qué lástima –se lamentaba–. ¡Qué lástima! Mi pobre amigo. Por supuesto, usted no puede cantar. Cancelaré el contrato de inmediato. Sólo le costará un par de miles de dólares, pero eso no es nada en comparación con su reputación.

Entonces Chaliapin suspiraba y decía:

—Quizás sea mejor que vuelvas más tarde. Ven a las cinco y veremos cómo me siento.

A las cinco, el señor Hurok corría nuevamente a su hotel, rebosante de conmiseración. Insistía otra vez en cancelar la función y, de nuevo, Chaliapin suspiraba y decía:

—Bueno, tal vez sea mejor que vengas a verme más tarde. Quizás mejore entonces.

A las siete y media, el gran bajo consentía en cantar, sólo con la condición de que el señor Hurok saliera al escenario del Metropolitan y anunciara que Chaliapin tenía un resfriado muy fuerte y no estaba en buena voz. El señor Hurok mentía y decía que lo haría, pues sabía que era la única forma de llevar al bajo al escenario.

El doctor Arthur I. Gates dijo en su espléndido libro *Educational psychology*: «La especie humana ansía universalmente la simpatía. El niño muestra con avidez su lastimadura, o incluso se inflige un corte o un moretón para cosechar abundante simpatía.

»Con el mismo propósito, los adultos muestran sus heridas, relatan sus accidentes, enfermedades y, especialmente, los detalles de sus operaciones quirúrgicas. La "autocompasión" por los infortunios reales o imaginarios es, en cierta medida, una práctica prácticamente universal».

Por lo tanto, si quieres convencer a las personas de tu manera de pensar, pon en práctica el...

◆

PRINCIPIO 9

Muestra simpatía por las ideas y deseos de la otra persona.

◆

CAPÍTULO 10

UN ATRACTIVO UNIVERSAL

Me crié en los lindes del territorio de Jesse James, en Missouri, y visité la granja de los James en Kearney, Missouri, donde vivía entonces el hijo de Jesse James.

Su esposa me contó historias de cómo Jesse asaltaba trenes y robaba bancos para luego dar dinero a los granjeros vecinos para que pagaran sus hipotecas.

Jesse James probablemente se consideraba un idealista de corazón, tal como lo hicieron generaciones más tarde Dutch Schultz, Crowley «Dos Pistolas», Al Capone y muchos otros «padrinos» del crimen organizado. El hecho es que todas las personas con las que te encuentras tienen un alto concepto de sí mismas y les gusta considerarse nobles y altruistas ante su propia estimación.

J. Pierpont Morgan observó, en uno de sus interludios analíticos, que una persona suele tener dos razones para hacer una cosa: una que suena bien y la verdadera.

La persona misma pensará en la razón real. No es necesario que tú hagas hincapié en ella. Pero a todos nosotros, al ser idealistas de corazón, nos gusta pensar en los motivos que suenan bien. Por lo tanto, para cambiar a la gente, apela a los motivos más nobles.

¿Es esto demasiado idealista para funcionar en los negocios? Veamos. Tomemos el caso de Hamilton J. Farrell, de la

Farrell-Mitchell Company de Glenolden, Pensilvania. El señor Farrell tenía un inquilino descontento que amenazaba con mudarse. Al contrato de arrendamiento del inquilino todavía le quedaban cuatro meses; sin embargo, notificó que desalojaría inmediatamente, sin importar el contrato.

—Esta gente había vivido en mi casa todo el invierno, la parte más cara del año –dijo el señor Farrell al contar la historia a la clase–, y yo sabía que sería difícil volver a alquilar el apartamento antes del otoño. Veía esfumarse todos esos ingresos del alquiler y, créanme, vi todo rojo.

»Ahora bien, ordinariamente, habría arremetido contra ese inquilino y le habría aconsejado que leyera su contrato otra vez. Le habría señalado que si se mudaba, el saldo total de su alquiler vencería de inmediato, y que yo podía, y lo haría, tomar medidas para cobrarlo.

»Sin embargo, en lugar de perder los estribos y armar una escena, decidí probar otras tácticas. Así que empecé de esta manera:

»—Señor Doe –le dije–, he escuchado su historia y sigo sin creer que tenga intención de mudarse. Los años en el negocio de los alquileres me han enseñado algo sobre la naturaleza humana, y desde el principio lo juzgué a usted como un hombre de palabra. De hecho, estoy tan seguro de ello que estoy dispuesto a hacer una apuesta. Ésta es mi propuesta. Ponga su decisión sobre la mesa durante unos días y piénselo. Si viene a verme entre hoy y el primero del mes, cuando vence su alquiler, y me dice que todavía tiene la intención de mudarse, le doy mi palabra de que aceptaré su decisión como definitiva. Le daré el privilegio de mudarse y admitiré para mis adentros que me he equivocado en mi juicio. Pero sigo creyendo que usted es un hombre de palabra y que cumplirá su contrato. Porque, después de todo, ¡somos hombres o monos, y la elección suele depender de nosotros mismos!

»Bueno, cuando llegó el nuevo mes, este caballero vino a verme y pagó su alquiler en persona. Él y su esposa lo habían hablado –dijo– y decidieron quedarse. Habían llegado a la conclusión de que lo único honorable era cumplir con su contrato».

Cuando el difunto Lord Northcliffe descubrió que un periódico utilizaba una fotografía suya que él no quería que se publicara, escribió una carta al editor. Sin embargo, ¿acaso dijo: «Por favor, no publiquen más esa foto mía; no me gusta»? No, apeló a un motivo más noble. Apeló al respeto y al amor que todos tenemos por la maternidad. Escribió: «Por favor, no publiquen más esa foto mía. A mi madre no le gusta».

Cuando John D. Rockefeller hijo quiso impedir que los fotógrafos de los periódicos tomaran instantáneas de sus hijos, también apeló a los motivos más nobles. No dijo: «No quiero que se publiquen sus fotos». No, apeló al deseo, profundo en todos nosotros, de abstenernos de hacer daño a los niños. Dijo: «Ustedes saben cómo son las cosas, muchachos. Algunos de ustedes también tienen hijos. Y saben que no es bueno para los pequeños recibir demasiada publicidad».

Cuando Cyrus H. K. Curtis, aquel niño pobre de Maine, iniciaba su meteórica carrera que estaba destinada a hacerle ganar millones como propietario del *Saturday Evening Post* y del *Ladies' Home Journal*, no podía permitirse pagar a sus colaboradores los precios que pagaban otras revistas. No podía permitirse contratar a autores de primera clase para que escribieran sólo por dinero. Así que apeló a sus motivos más nobles. Por ejemplo, persuadió incluso a Louisa May Alcott, la inmortal autora de *Mujercitas*, para que escribiera para él cuando estaba en la cúspide de su fama; y lo hizo ofreciéndole enviar un cheque por cien dólares, no a ella, sino a su obra de caridad favorita.

Justo aquí, el lector escéptico podría decir: «Oh, esa palabrería está muy bien para Northcliffe y Rockefeller o para un novelista sentimental. ¡Pero me gustaría ver cómo hace usted que funcione con los tipos duros a los que tengo que cobrar facturas!». Y puede que tenga razón. Nada funcionará en todos los casos, y nada funcionará con todas las personas. Si estás satisfecho con los resultados que obtienes ahora, ¿por qué cambiar? Si no estás satisfecho, ¿por qué no experimentar?

De todos modos, creo que disfrutarás leyendo la siguiente historia real que nos contó James L. Thomas, un antiguo alumno mío.

Seis clientes de cierta compañía de automóviles se negaban a pagar sus facturas por servicios de reparación. Ninguno de los clientes protestaba por la totalidad de la factura, pero cada uno alegaba que algún cargo específico estaba equivocado.

En cada caso, el cliente había firmado por el trabajo realizado, así que la empresa sabía que tenía razón, y así lo dijo. Ése fue el primer error.

He aquí los pasos que tomaron los hombres del departamento de crédito para cobrar estas facturas vencidas. ¿Crees que tuvieron éxito?

1. Visitaron a cada cliente y le dijeron sin rodeos que habían venido a cobrar una factura que llevaba mucho tiempo vencida.

2. Dejaron muy claro que la empresa tenía la razón absoluta e incondicional; por lo tanto, él, el cliente, estaba absoluta e incondicionalmente equivocado.
3. Insinuaron que ellos, la empresa, sabían más sobre automóviles de lo que él jamás podría esperar saber. Entonces, ¿para qué discutir?
4. Resultado: discutieron.

¿Alguno de estos métodos reconcilió al cliente y saldó la cuenta? Creo que tú mismo puedes responder a esa pregunta.

En esta etapa del asunto, el gerente de crédito estaba a punto de abrir fuego con una batería de talento legal, cuando afortunadamente el asunto llegó a la atención del gerente general.

El gerente investigó a estos clientes morosos y descubrió que todos tenían la reputación de pagar sus facturas puntualmente. Algo andaba drásticamente mal en el método de cobro. Así que llamó a James L. Thomas y le dijo que cobrara estas cuentas «incobrables».

Aquí están los pasos que el señor Thomas siguió, según sus propias palabras:

1. «Mi visita a cada cliente fue igualmente para cobrar una factura vencida hace mucho tiempo, una factura que sabíamos que era absolutamente correcta. Pero no dije ni una palabra sobre eso. Expliqué que había ido para averiguar qué era lo que la empresa había hecho, o dejado de hacer».
2. «Dejé claro que, hasta haber escuchado la historia del cliente, no tenía ninguna opinión que ofrecer. Le dije que la empresa no pretendía ser infalible».

3. «Le dije que sólo me interesaba su coche, y que él sabía más sobre su coche que cualquier otra persona en el mundo; que él era la autoridad en la materia».
4. «Le dejé hablar, y lo escuché con todo el interés y la simpatía que él quería, y que había esperado».
5. «Finalmente, cuando el cliente estuvo en un estado de ánimo razonable, apelé a su sentido de juego limpio. Apelé a los motivos más nobles. "Primero –dije–, quiero que sepa que también siento que este asunto haya sido mal gestionado. Usted ha sido incomodado, molestado e irritado por uno de nuestros representantes. Eso nunca debió haber ocurrido. Lo siento y, como representante de la empresa, me disculpo. Mientras estaba sentado aquí escuchando su versión de la historia, no pude evitar quedar impresionado por su rectitud y paciencia. Y ahora, porque usted es imparcial y paciente, le voy a pedir que haga algo por mí. Es algo que usted puede hacer mejor que nadie, algo de lo que sabe más que nadie. Aquí está su factura; sé que es seguro pedirle que la ajuste, tal como lo haría si usted fuera el presidente de mi compañía. Voy a dejarlo todo en sus manos. Lo que usted diga, se hará"».

¿Ajustó la factura? Ciertamente lo hizo, y gratamente. Las facturas oscilaban entre 150 y 400 dólares, pero ¿se aprovechó el cliente de la situación? ¡Sí, uno de ellos lo hizo! Uno de ellos se negó a pagar ni un centavo del cargo en disputa; ¡pero los otros cinco dieron a la empresa el beneficio de la duda! Y aquí está la crema de todo el asunto: ¡entregamos coches nuevos a los seis clientes en los dos años siguientes!

«La experiencia me ha enseñado –dice el señor Thomas– que cuando no se puede obtener información sobre el cliente, la única base sólida sobre la cual proceder es asumir que él o ella es sincero, honrado, veraz y que está dispuesto y ansioso por pagar los cargos, una vez convencido de que son correctos. Para decirlo de otra manera y quizás más claramente: la gente es honrada y quiere cumplir con sus obligaciones. Las excepciones a esa regla son comparativamente pocas, y estoy convencido de que los individuos que se inclinan a estafar reaccionarán favorablemente en la mayoría de los casos si usted les hace sentir que los considera honrados, rectos y justos».

◆

PRINCIPIO 10

Apela a los motivos más nobles.

◆

CAPÍTULO 11

ASÍ SE HACE EN EL CINE Y EN LA TELEVISIÓN. ¿POR QUÉ NO EN LA VIDA REAL?

Hace muchos años, el *Philadelphia Evening Bulletin* estaba siendo difamado por una peligrosa campaña de rumores. Se hacía circular un rumor malicioso. Se decía a los anunciantes que el periódico ya no resultaba atractivo para los lectores porque llevaba demasiada publicidad y muy pocas noticias. Era necesaria una acción inmediata. Había que aplastar el chisme.

Pero, ¿cómo?

Así es como se hizo.

El *Bulletin* recortó de su edición regular todo el material de lectura de todo tipo de un día promedio, lo clasificó y lo publicó como un libro. El libro se tituló *One day*. Contenía 307 páginas, tantas como un libro de tapa dura; sin embargo, el *Bulletin* había impreso todas estas noticias y material de fondo en un solo día y lo vendió, no por varios dólares, sino por unos pocos centavos.

La impresión de ese libro teatralizó el hecho de que el *Bulletin* llevaba una enorme cantidad de material de lectura interesante. Transmitió los hechos de manera más vívida, más interesante y más impresionante de lo que podrían haberlo hecho páginas de cifras y mera charla.

Ésta es la época de la dramatización. No basta con decir una verdad. Hay que hacer que la verdad sea vívida, interesante, dramática. Tienes que utilizar dotes de espectáculo. El cine lo hace. La televisión lo hace. Y tú tendrás que hacerlo si quieres llamar la atención.

Los expertos en escaparates conocen el poder de la dramatización. Por ejemplo, los fabricantes de un nuevo veneno para ratas dieron a los comerciantes un escaparate que incluía dos ratas vivas. La semana en que se mostraron las ratas, las ventas se dispararon a cinco veces su ritmo normal.

Los anuncios de televisión abundan en ejemplos del uso de técnicas dramáticas para vender productos. Siéntate una noche frente a su televisor y analiza lo que hacen los anunciantes en cada una de sus presentaciones. Notarás cómo un medicamento antiácido cambia el color del ácido en un tubo de ensayo mientras que el de su competidor no lo hace; cómo una marca de jabón o detergente deja limpia una camisa grasienta cuando la otra marca la deja gris. Verás un coche maniobrar alrededor de una serie de giros y curvas, mucho mejor que si simplemente se lo contaran. Rostros felices mostrarán satisfacción con una variedad de productos. Todo esto dramatiza para el espectador las ventajas que ofrece lo que se vende, y consigue que la gente lo compre.

Tú puedes dramatizar tus ideas en los negocios o en cualquier otro aspecto de tu vida. Es fácil. Jim Yeamans, que vende para la compañía NCR (National Cash Register) en Richmond, Virginia, contó cómo hizo una venta mediante una demostración dramática.

—La semana pasada visité a un tendero del barrio y vi que las cajas registradoras que usaba en sus mostradores de salida eran muy anticuadas. Me acerqué al dueño y le dije:

»—Usted está literalmente tirando centavos cada vez que un cliente pasa por su fila.

»Y con eso, arrojé un puñado de monedas al suelo. Rápidamente se mostró más atento. Las meras palabras deberían haberle interesado, pero el sonido de los centavos golpeando el suelo realmente lo detuvo. Pude conseguir un pedido para reemplazar todas sus máquinas viejas».

Funciona también en la vida doméstica. Cuando el amante de antaño se proponía a su novia, ¿usaba sólo palabras de amor? ¡No! Se ponía de rodillas. Eso realmente demostraba que decía en serio lo que decía. Ya no nos declaramos de rodillas, pero muchos pretendientes todavía preparan una atmósfera romántica antes de hacer la gran pregunta.

Dramatizar lo que uno quiere funciona también con los niños. Joe B. Fant hijo, de Birmingham, Alabama, tenía dificultades para conseguir que su hijo de cinco años y su hija de tres recogieran sus juguetes, así que inventó un «tren». Joey era el maquinista (el capitán Casey Jones) en su triciclo. El vagón de Janet se enganchaba detrás, y por la noche ella cargaba todo el «carbón» en el furgón de cola (su vagón) y luego saltaba dentro mientras su hermano la paseaba por la habitación. De esta manera se limpiaba la habitación, sin sermones, discusiones ni amenazas.

Mary Catherine Wolf, de Mishawaka, Indiana, tenía algunos problemas en el trabajo y decidió que tenía que discutirlos con el jefe. El lunes por la mañana solicitó una cita con él, pero le dijeron que estaba muy ocupado y que debía arreglar una cita con su secretaria para más adelante en la semana. La secretaria indicó que su agenda estaba muy apretada, pero que intentaría hacerle un hueco.

La señora Wolf describió lo que sucedió:

—No recibí respuesta de ella en toda la semana. Siempre que le preguntaba, me daba una razón por la que el jefe no podía verme. Llegó el viernes por la mañana y no había oído nada definitivo. Realmente quería verlo y discutir mis problemas antes del fin de semana, así que me pregunté cómo podía conseguir que me viera.

»Lo que finalmente hice fue esto. Le escribí una carta formal. Indiqué en la carta que entendía perfectamente lo extremadamente ocupado que había estado toda la semana, pero que era importante que hablara con él. Adjunté un formulario y un sobre con mi propia dirección y le pedí que por favor lo rellenara o le pidiera a su secretaria que lo hiciera y me lo devolviera. El formulario decía lo siguiente:

> Señora Wolf:
> Podré verla el día (...) a las (...). Le concederé (...) minutos de mi tiempo.

»Puse esta carta en su bandeja de entrada a las once de la mañana. A las dos del mediodía revisé mi buzón. Allí estaba mi sobre. Él mismo había contestado mi formulario e indicó que podía verme esa tarde y que podía concederme diez minutos de su tiempo. Me reuní con él, hablamos durante más de una hora y resolvimos mis problemas.

»Si no le hubiera dramatizado el hecho de que realmente quería verlo, probablemente todavía estaría esperando una cita».

James B. Boynton tuvo que presentar un extenso informe de mercado. Su empresa acababa de terminar un estudio exhaustivo para una marca líder de crema facial. Se necesitaban datos inmediatamente sobre la competencia en este mercado; el cliente potencial era uno de los hombres más grandes –y más formidables– del negocio de la publicidad.

Y su primer acercamiento fracasó casi antes de empezar.

—La primera vez que entré –explica el señor Boynton–, me encontré desviado hacia una discusión inútil sobre los métodos utilizados en la investigación. Él discutía y yo discutía. Me dijo que yo estaba equivocado, y yo traté de probar que tenía razón.

»Finalmente gané mi punto, para mi propia satisfacción, pero mi tiempo se había agotado, la entrevista había terminado y todavía no había producido resultados.

»La segunda vez, no me molesté con tabulaciones de cifras y datos. Fui a ver a este hombre y dramaticé mis hechos.

»Al entrar en su oficina, él estaba ocupado al teléfono. Mientras terminaba su conversación, abrí una maleta y volqué treinta y dos tarros de crema facial sobre su escritorio: todos productos que él conocía, todos competidores de su crema.

»En cada tarro, tenía una etiqueta que detallaba los resultados de la investigación comercial. Y cada etiqueta contaba su historia breve y dramáticamente.

»¿Qué sucedió?

»Ya no hubo discusión. Aquí había algo nuevo, algo diferente. Cogió primero uno y luego otro de los tarros de crema facial y leyó la información de la etiqueta. Se desarrolló una conversación amistosa. Hizo preguntas adicionales. Estaba intensamente interesado. Originalmente me había dado sólo diez minutos para presentar mis hechos, pero pasaron diez minutos, veinte minutos, cuarenta minutos, y al final de una hora todavía estábamos hablando.

»Esta vez presentaba los mismos hechos que había presentado anteriormente. Pero esta vez utilizaba la dramatización, la puesta en escena… ¡y qué diferencia hubo!».

♦

PRINCIPIO 11

Teatraliza tus ideas.

♦

CAPÍTULO 12

CUANDO NINGUNA OTRA COSA TE DÉ RESULTADO, PRUEBA ESTO

Charles Schwab tenía un jefe de planta cuyos hombres no estaban llegando a su cuota de trabajo.

—¿Cómo es posible –le preguntó Schwab– que un gerente tan capaz como usted no logre que esta planta produzca lo que debe?

—No lo sé –respondió el gerente–. He engatusado a los hombres, los he instado, he jurado y maldecido, los he amenazado con el infierno y con el despido. Pero nada funciona. Simplemente no producen.

Esta conversación tuvo lugar al final de la jornada, justo antes de que entrara el turno de noche. Schwab pidió al gerente un trozo de tiza, se volvió hacia el hombre más cercano y preguntó:

—¿Cuántas fundiciones hizo su turno hoy?

—Seis.

Sin decir palabra, Schwab trazó un gran número «6» en el suelo y se alejó.

Cuando entró el turno de noche, vieron el «6» y preguntaron qué significaba.

—El gran jefe estuvo aquí hoy –dijo la gente del turno de día–. Nos preguntó cuántas fundiciones hicimos y le dijimos que seis. Lo anotó en el suelo.

A la mañana siguiente, Schwab volvió a recorrer la planta. El turno de noche había borrado el «6» y lo había reemplazado por un gran «7».

Cuando el turno de día se presentó a trabajar a la mañana siguiente, vieron un gran «7» escrito con tiza en el suelo. ¿Así que el turno de noche se creía mejor que el de día? Bueno, pues iban a enseñarles un par de cosas. Los trabajadores se lanzaron a la faena con entusiasmo, y cuando terminaron esa noche, dejaron tras de sí un enorme y fanfarrón «10». Las cosas marchaban.

En poco tiempo, esta planta, que se había quedado muy atrás en producción, estaba produciendo más trabajo que cualquier otra de la fábrica.

¿El principio?

Dejemos que Charles Schwab lo diga con sus propias palabras: «La forma de conseguir que se hagan las cosas –dice Schwab– es estimular la competencia. No me refiero a una competencia sórdida por dinero, sino al deseo de superarse».

¡El deseo de superarse! ¡El desafío! ¡Arrojar el guante! Una forma infalible de apelar a las personas de espíritu.

Sin un desafío, Theodore Roosevelt nunca habría sido presidente de los Estados Unidos. El Rough Rider, recién llegado de Cuba, fue elegido candidato a gobernador del estado de Nueva York.

La oposición descubrió que ya no era residente legal del estado, y Roosevelt, asustado, deseaba retirarse. Entonces Thomas Collier Platt, por aquel entonces senador de los Estados Unidos por Nueva York, le lanzó el desafío. Volviéndose repentinamente hacia Theodore Roosevelt, gritó con voz resonante: «¿Es el héroe de la colina de San Juan un cobarde?».

Roosevelt se mantuvo en la lucha... y el resto es historia. Un desafío no sólo cambió su vida; tuvo un efecto real sobre el futuro de su nación.

«Todos los hombres tienen miedos, pero los valientes reprimen sus miedos y siguen adelante, a veces hacia la muerte, pero siempre hacia la victoria», era el lema de la guardia real en la Antigua Grecia. ¿Qué mayor desafío puede ofrecerse que la oportunidad de superar esos miedos?

Cuando Al Smith era gobernador de Nueva York, se encontró en un aprieto. Sing Sing, en aquel momento la penitenciaría más notoria al oeste de la isla del Diablo, estaba sin alcaide. Los escándalos habían barrido los muros de la prisión, escándalos y rumores desagradables. Smith necesitaba un hombre fuerte para gobernar Sing Sing, un hombre de hierro. Pero, ¿quién? Mandó llamar a Lewis E. Lawes, de New Hampton.

—¿Qué le parecería ir allá y hacerse cargo de Sing Sing? –dijo jovialmente cuando Lawes se presentó ante él–. Necesitan un hombre con experiencia allí arriba.

Lawes estaba estupefacto. Conocía los peligros de Sing Sing. Era un cargo político, sujeto a los caprichos de la política. Los alcaides habían ido y venido; uno duró sólo tres semanas. Tenía una carrera que considerar. ¿Valía la pena el riesgo?

Entonces Smith, que vio su vacilación, se reclinó en su silla y sonrió.

—Joven –dijo–, no lo culpo en lo más mínimo por tener miedo. Es un lugar difícil. Hará falta una gran persona para ir allá y quedarse.

Así que fue. Y se quedó. Se quedó para convertirse en el alcaide más famoso de su tiempo. Su libro *20 000 años en*

Sing Sing vendió cientos de miles de copias. Sus emisiones en la radio y sus historias de la vida en prisión han inspirado docenas de películas. Su «humanización» de los criminales obró milagros en el ámbito de la reforma penitenciaria.

«Nunca he descubierto –dijo Harvey S. Firestone, fundador de la gran compañía Firestone Tire and Rubber– que la paga y sólo la paga pueda reunir o retener a gente buena. Creo que fue el juego en sí mismo».

Frederic Herzberg, uno de los grandes científicos del comportamiento, coincidió. Estudió en profundidad las actitudes laborales de miles de personas, desde trabajadores de fábrica hasta altos ejecutivos. ¿Cuál creen que descubrió que era el factor más motivador, la faceta del empleo más estimulante? ¿El dinero? ¿Las buenas condiciones de trabajo? ¿Los beneficios adicionales? No, ninguno de esos. El único factor importante que motivaba a la gente era el trabajo en sí. Si el trabajo era emocionante e interesante, el trabajador deseaba hacerlo y se sentía motivado para realizar una buena labor.

Eso es lo que ama toda persona de éxito: el juego. La oportunidad de expresarse. La oportunidad de demostrar su valía, de superarse, de ganar. Eso es lo que hace posibles las carreras a pie, los concursos de llamar a los cerdos y los concursos de comer pasteles. El deseo de superarse. El deseo de sentirse importante.

◆

PRINCIPIO 12

Plantea un desafío.

◆

♦♦♦

EN RESUMEN...

CÓMO LOGRAR QUE LOS DEMÁS PIENSEN COMO TÚ

PRINCIPIO 1

La única forma de salir ganando en una discusión es evitándola.

PRINCIPIO 2

Demuestra respeto por las opiniones ajenas. Nunca digas: «Estás equivocado y punto».

PRINCIPIO 3

Si estás equivocado, admítelo rápida y enfáticamente.

PRINCIPIO 4

Empieza siendo amigable.

PRINCIPIO 5

Consigue que la otra persona diga «sí, sí» desde el principio.

PRINCIPIO 6

Permite que la otra persona sea quien hable más.

PRINCIPIO 7

Permite que la otra persona sienta que la idea es suya.

PRINCIPIO 8

Trata de ver las cosas desde el punto de vista de la otra persona.

PRINCIPIO 9

Muestra simpatía por las ideas y deseos de la otra persona.

PRINCIPIO 10

Apela a los motivos más nobles.

PRINCIPIO 11

Teatraliza tus ideas.

PRINCIPIO 12

Plantea un desafío.

♦ ♦ ♦

CUARTA PARTE

SÉ UN LÍDER: CÓMO CAMBIAR A LOS DEMÁS SIN OFENDERLOS NI DESPERTAR RESENTIMIENTO

CAPÍTULO 1:

SI TIENES QUE ENCONTRAR DEFECTOS, EMPIEZA POR AQUÍ

Un amigo mío fue invitado a la Casa Blanca durante un fin de semana bajo la administración de Calvin Coolidge. Al entrar en el despacho privado del presidente, oyó a Coolidge decir a una de sus secretarias:

—Ese vestido que lleva esta mañana es muy bonito, y usted es una joven muy atractiva.

Aquel fue probablemente el elogio más efusivo que el «Silencioso Cal» había concedido a una secretaria en su vida. Fue tan inusual, tan inesperado, que la secretaria se ruborizó, confundida. Entonces Coolidge dijo:

—Ahora, no se envanezca. Sólo lo dije para que se sintiera bien. De ahora en adelante, desearía que tuviera un poco más de cuidado con la puntuación.

Su método fue probablemente un poco obvio, pero la psicología era soberbia. Siempre es más fácil escuchar cosas desagradables después de haber oído algún elogio sobre nuestros puntos fuertes.

Un barbero enjabona a un hombre antes de afeitarlo; y eso es precisamente lo que hizo McKinley allá en 1896, cuando se postulaba para presidente. Uno de los republicanos prominentes de la época había escrito un discurso de campaña que consideraba un poco mejor que Cicerón, Patrick Henry y Daniel Webster, todos juntos. Con gran regocijo, éste sujeto leyó su inmortal discurso en voz alta a McKinley. El discurso tenía sus puntos buenos, pero simplemente no serviría. McKinley no quería herir los sentimientos del hombre. No debía matar el espléndido entusiasmo de aquel hombre, y sin embargo tenía que decir «no». Note con qué destreza lo hizo.

—Amigo mío, es un discurso espléndido, un discurso magnífico –dijo McKinley–. Nadie podría haber preparado uno mejor. Hay muchas ocasiones en las que sería exactamente lo correcto para decir, pero ¿es del todo adecuado para esta ocasión en particular? Por sensato y sobrio que sea desde su punto de vista, debo considerar su efecto desde el punto de vista del partido. Ahora vaya a casa y escriba un discurso siguiendo las líneas que le indico, y envíeme una copia.

Hizo exactamente eso. McKinley lo corrigió y le ayudó a reescribir su segundo discurso, y se convirtió en uno de los oradores eficaces de la campaña.

He aquí la segunda carta más famosa que escribió Abraham Lincoln. (La más famosa fue escrita a la señora Bixby, expresando su pesar por la muerte de los cinco hijos que ella había perdido en batalla). Lincoln probablemente redactó esta carta en cinco minutos. Sin embargo, se vendió en subasta pública en 1926 por 12 000 dólares, y eso, por cierto, era más dinero del que Lincoln pudo ahorrar durante medio siglo de arduo trabajo. La carta fue escrita al general Joseph Hooker el 26 de abril de 1863, durante el período más oscuro de la Guerra Civil. Durante dieciocho meses, los generales de Lincoln habían estado llevando al Ejército de la Unión de una trágica derrota a otra. Nada más que una inútil y estúpida carnicería humana. La nación estaba horrorizada. Miles de soldados habían desertado del ejército, e incluso los miembros republicanos del Senado se habían rebelado y querían forzar a Lincoln a salir de la Casa Blanca. «Estamos ahora al borde de la destrucción –dijo Lincoln–. Me parece que incluso el Todopoderoso está contra nosotros. Apenas puedo ver un rayo de esperanza». Tal era el período de negra tristeza y caos del que surgió esta carta.

Reproduzco aquí la carta porque muestra cómo Lincoln trató de cambiar a un general revoltoso cuando el destino mismo de la nación podía haber dependido de la acción del general.

Ésta es quizás la carta más severa que escribió Abe Lincoln después de convertirse en presidente. Sin embargo, notarás que elogió al general Hooker antes de hablar de sus graves faltas.

Sí, eran faltas graves, pero Lincoln no las llamó así. Lincoln fue más conservador, más diplomático. Lincoln escribió: «Hay algunas cosas respecto a las cuales no estoy del todo satisfecho con usted». ¡Eso sí es tacto! ¡Y diplomacia!

Aquí está la carta dirigida al general Hooker:

> Lo he puesto a la cabeza del Ejército del Potomac. Por supuesto, lo he hecho basándome en lo que me parecen razones suficientes y, sin embargo, creo que es mejor que sepa que hay algunas cosas respecto a las cuales no estoy del todo satisfecho con usted.
>
> Creo que es usted un soldado valiente y hábil, lo cual, por supuesto, me agrada. También creo que no mezcla la política con su profesión, en lo cual tiene razón. Tiene confianza en sí mismo, lo cual es una cualidad valiosa, si no indispensable.

Usted es ambicioso, lo cual, dentro de límites razonables, hace bien más que mal. Pero creo que, durante el mando del general Burnside en el ejército, usted se ha dejado aconsejar por su ambición y lo ha obstaculizado tanto como ha podido, con lo cual ha hecho un gran mal al país y a un muy meritorio y honorable compañero de armas.

He oído, de tal manera que lo creo, que ha dicho usted recientemente que tanto el ejército como el Gobierno necesitaban un dictador. Por supuesto, no fue por esto, sino a pesar de ello, que le he dado el mando.

Sólo aquellos generales que obtienen éxitos pueden erigirse en dictadores. Lo que le pido ahora es éxito militar, y yo correré el riesgo de la dictadura.

El Gobierno le apoyará al máximo de su capacidad, que no es ni más ni menos de lo que ha hecho y hará por todos los comandantes. Mucho me temo que el espíritu que usted ha ayudado a infundir en el ejército, de criticar a su comandante y retirarle la confianza, se vuelva ahora contra usted. Le ayudaré, hasta donde pueda, a sofocarlo.

Ni usted ni Napoleón, si estuviera vivo de nuevo, podrían sacar nada bueno de un ejército mientras prevalezca tal espíritu; y ahora, guárdese de la temeridad. Guárdese de la temeridad, pero con energía y vigilancia insomne, avance y denos victorias.

Tú no eres un Coolidge, un McKinley o un Lincoln. Tú quieres saber si esta filosofía funcionará para ti en los contactos comerciales cotidianos. ¿Y lo hará? Veamos. Tomemos el caso de W. P. Gaw, de la Wark Company, Filadelfia.

La Wark Company había contratado la construcción y finalización de un gran edificio de oficinas en Filadelfia para una fecha específica. Todo iba bien; el edificio estaba casi terminado, cuando de repente el subcontratista que hacía el trabajo ornamental de bronce para el exterior del edificio declaró que no podía hacer la entrega a tiempo. ¿Qué? ¡Todo un edificio detenido! ¡Fuertes penalizaciones! ¡Pérdidas angustiosas! ¡Todo por culpa de un solo hombre!

Llamadas telefónicas de larga distancia. ¡Discusiones! ¡Conversaciones acaloradas! Todo en vano. Entonces el señor Gaw fue enviado a Nueva York para enfrentarse al león de bronce en su guarida.

—¿Sabe usted que es la única persona en Brooklyn que tiene su apellido? –preguntó el señor Gaw al presidente de la empresa subcontratista poco después de ser presentados.

El presidente se sorprendió.

—No, no lo sabía.

—Bueno –dijo el señor Gaw–, cuando bajé del tren esta mañana, busqué en la guía telefónica para obtener su dirección, y usted es la única persona en la guía telefónica de Brooklyn con su apellido.

—Pues no, no lo sabía –dijo el subcontratista. Revisó la guía telefónica con interés–. Bueno, es un nombre poco común –dijo con orgullo–. Mi familia vino de Holanda y se estableció en Nueva York hace casi doscientos años.

Continuó hablando de su familia y sus antepasados durante varios minutos. Cuando terminó, el señor Gaw lo felicitó por lo grande que era su planta y la comparó favorablemente con varias plantas similares que había visitado.

—Es una de las fábricas de bronce más limpias y ordenadas que he visto jamás –dijo Gaw.

—He pasado toda una vida levantando este negocio –dijo el subcontratista–, y estoy bastante orgulloso de él. ¿Le gustaría echar un vistazo a la fábrica?

Durante esta visita de inspección, el señor Gaw felicitó al otro hombre por su sistema de fabricación y le dijo cómo y por qué parecía superior a los de algunos de sus competidores. Gaw comentó sobre algunas máquinas inusuales, y el subcontratista anunció que él mismo había inventado esas máquinas. Pasó un tiempo considerable mostrando a Gaw cómo funcionaban y el trabajo superior que producían. Insistió en llevar a su visitante a almorzar. Hasta ahora, fíjese bien, no se había dicho ni una palabra sobre el verdadero propósito de la visita de Gaw.

Después del almuerzo, el subcontratista dijo:

—Ahora, vayamos al grano. Naturalmente, sé por qué está aquí. No esperaba que nuestra reunión fuera tan agradable. Puede volver a Filadelfia con mi promesa de que su material será fabricado y enviado, incluso si hay que retrasar otros pedidos.

El señor Gaw consiguió todo lo que quería sin siquiera pedirlo. El material llegó a tiempo y el edificio se completó en el día que especificaba el contrato de finalización.

¿Habría ocurrido esto si el señor Gaw hubiera utilizado el método del martillo y la dinamita que generalmente se emplea en tales ocasiones?

Dorothy Wrublewski, gerente de una sucursal de la Cooperativa Federal de Crédito de Fort Monmouth, Nueva Jersey, informó a una de nuestras clases sobre cómo pudo ayudar a una de sus empleadas a ser más productiva.

—Recientemente contratamos a una joven como cajera en prácticas. Su contacto con nuestros clientes era muy bueno. Era precisa y eficiente en el manejo de transacciones individuales. El problema surgía al final del día, cuando llegaba la hora de cuadrar la caja.

»La jefa de cajeros vino a verme y me sugirió encarecidamente que despidiera a esta mujer.

»—Está retrasando a todos los demás porque es muy lenta para cuadrar. Se lo he enseñado una y otra vez, pero no lo capta. Tiene que irse.

»Al día siguiente la observé trabajando con rapidez y precisión al manejar las transacciones diarias normales, y era muy agradable con nuestros clientes.

»No tardé mucho en descubrir por qué tenía problemas para cuadrar. Después de cerrar la oficina, fui a hablar con ella. Estaba visiblemente nerviosa y alterada. La elogié por ser tan amable y extrovertida con los clientes y la felicité por la precisión y velocidad utilizadas en ese trabajo. Luego sugerí que revisáramos el procedimiento que usamos para cuadrar el cajón del efectivo. Una vez que se dio cuenta de que yo tenía confianza en ella, siguió fácilmente mis sugerencias y pronto dominó esta función. No hemos tenido problemas con ella desde entonces».

Empezar con elogios es como el dentista que empieza su trabajo con novocaína. El paciente sigue recibiendo el taladrado, pero la novocaína quita el dolor. Un verdadero líder hará uso del…

◆

PRINCIPIO 1

Empieza con elogios y aprecio honrado y sincero.

◆

CAPÍTULO 2:

CÓMO CRITICAR Y NO SER ODIADO POR ELLO

Charles Schwab pasaba por una de sus plantas siderúrgicas un día al mediodía cuando se encontró con algunos de sus empleados fumando. Inmediatamente encima de sus cabezas había un letrero que decía «Prohibido fumar». ¿Señaló Schwab el letrero y se preguntó si es que no sabían leer? Oh, no, Schwab no. Se acercó a los hombres, les entregó a cada uno un cigarro y dijo: Les agradecería, muchachos, que se los fumaran afuera. Ellos sabían que él sabía que habían infringido una regla, y lo admiraron porque no dijo nada al respecto, les dio un pequeño obsequio y les hizo sentirse importantes. No se podría evitar amar a un hombre así, ¿verdad?

John Wanamaker utilizaba la misma técnica. Wanamaker solía hacer un recorrido por su gran tienda en Filadelfia todos los días. Una vez vio a una clienta esperando en un mostrador. Nadie le prestaba la más mínima atención. ¿Los vendedores? Oh, estaban reunidos en el otro extremo del mostrador riendo y hablando entre ellos. Wanamaker no dijo nada. Deslizándose silenciosamente detrás del mostrador, atendió él mismo a la mujer y luego entregó la compra a los vendedores para que la envolvieran mientras él seguía su camino.

Los funcionarios públicos son a menudo criticados por no ser accesibles a sus electores. Son personas ocupadas, y la culpa a veces recae en asistentes sobreprotectores que no quieren sobrecargar a sus jefes con demasiados visitantes. Carl Langford, quien ha sido alcalde de Orlando, Florida, el hogar de Disney World, durante muchos años, amonestaba frecuentemente a su personal para que permitieran a la gente verlo. Afirmaba que tenía una política de «puertas abiertas». Sin embargo, los ciudadanos de su comunidad eran bloqueados por secretarias y administradores cuando llamaban.

Finalmente, el alcalde encontró la solución. ¡Quitó la puerta de su despacho! Sus ayudantes captaron el mensaje, y el alcalde ha tenido una administración verdaderamente abierta desde el día en que su puerta fue simbólicamente desechada.

Simplemente cambiar una palabra de tres letras a menudo puede significar la diferencia entre el fracaso y el éxito al cambiar a las personas sin ofenderlas ni despertar resentimiento.

Muchas personas comienzan su crítica con un elogio sincero seguido de la palabra «pero» y terminan con una declaración crítica. Por ejemplo, al tratar de cambiar la actitud descuidada de un niño hacia los estudios, podríamos decir: «Estamos realmente orgullosos de ti, Juanito, por subir tus notas este trimestre. Pero si hubieras trabajado más duro en tu álgebra, los resultados habrían sido mejores».

En este caso, Juanito podría sentirse animado hasta que oyera la palabra «pero». Podría entonces cuestionar la sinceridad del elogio original. Para él, el elogio parecería ser sólo un preámbulo artificial para una inferencia crítica de fracaso. La credibilidad se vería forzada, y probablemente no lograríamos nuestros objetivos de cambiar la actitud de Juanito hacia sus estudios.

Esto podría superarse fácilmente cambiando la palabra «pero» por «y». «Estamos realmente orgullosos de ti, Juanito, por subir tus notas este trimestre, y si continúas con los mismos esfuerzos concienzudos el próximo trimestre, tu nota de álgebra puede estar a la altura de todas las demás».

Ahora, Juanito aceptaría el elogio porque no hubo un seguimiento de inferencia de fracaso. Hemos llamado su atención sobre el comportamiento que deseábamos cambiar indirectamente, y lo más probable es que trate de estar a la altura de nuestras expectativas.

Llamar la atención sobre los errores de uno indirectamente hace maravillas con personas sensibles que pueden resentir amargamente cualquier crítica directa. Marge Jacob, de Woonsocket, Rhode Island, contó a una de nuestras clases cómo convenció a unos trabajadores de la construcción descuidados para que limpiaran después de terminar cuando estaban construyendo ampliaciones en su casa.

Durante los primeros días del trabajo, cuando la señora Jacob regresaba de su empleo, notaba que el patio estaba sembrado de los recortes de madera. No quería enemistarse con los constructores, porque hacían un trabajo excelente. Así que, después de que los trabajadores se hubieran ido a casa, ella y sus hijos recogieron y apilaron ordenadamente todos los restos de madera en una esquina. A la mañana siguiente llamó aparte al capataz y le dijo: «Estoy realmente complacida por cómo dejaron el césped delantero anoche; está bonito y limpio y no ofende a los vecinos». Desde ese día en adelante, los trabajadores recogieron y apilaron los escombros a un lado, y el capataz venía cada día buscando aprobación sobre la condición en que quedaba el césped después de un día de trabajo.

Una de las principales áreas de controversia entre los miembros de la reserva del ejército y sus instructores del ejército regular es el corte de pelo. Los reservistas se consideran civiles (lo cual son la mayor parte del tiempo) y les molesta tener que cortarse el cabello.

El sargento maestre Harley Kaiser, de la Escuela 542 de la USAR, se enfrentó a este problema mientras trabajaba con un grupo de suboficiales de la reserva. Como sargento maestre del ejército regular de la vieja escuela, cabría esperar que gritara a sus tropas y las amenazara. En lugar de eso, optó por exponer su punto de vista indirectamente.

—Caballeros –comenzó–, ustedes son líderes. Serán más eficaces cuando lideren con el ejemplo. Deben ser el modelo que sigan sus hombres. Ustedes saben lo que dice el reglamento del ejército sobre los cortes de pelo. Yo voy a cortarme el pelo hoy, aunque lo tengo mucho más corto que algunos de ustedes. Mírense al espejo y, si sienten que necesitan un corte de pelo para ser un buen ejemplo, organizaremos tiempo para que visiten la barbería de la base.

El resultado fue predecible. Varios de los candidatos se miraron al espejo, fueron a la barbería esa misma tarde y recibieron cortes de pelo «reglamentarios». El sargento Kaiser comentó a la mañana siguiente que ya podía ver el desarrollo de cualidades de liderazgo en algunos de los miembros del escuadrón.

El 8 de marzo de 1887 murió el elocuente Henry Ward Beecher. El domingo siguiente, Lyman Abbott fue invitado a hablar en el púlpito que el fallecimiento de Beecher había dejado en silencio. Ansioso por hacerlo lo mejor posible, escribió, reescribió y pulió su sermón con el cuidado meticuloso de un Flaubert. Luego se lo leyó a su esposa. Era mediocre, como la mayoría de los discursos escritos. Ella podría haber dicho, si hubiera tenido menos juicio: «Lyman, eso es terrible. No servirá de nada. Dormirás a la gente. Parece una enciclopedia. Deberías saberlo mejor después de todos los años que llevas predicando. Por el amor del cielo, ¿por qué no hablas como un ser humano? ¿Por qué no actúas con naturalidad? Te pondrás en ridículo si lees eso».

Eso es lo que ella podría haber dicho. Y, si lo hubiera hecho, sabes perfectamente lo que hubiera sucedido. Y ella también lo sabía. Así que se limitó a comentar que aquel texto sería un artículo excelente para la *North American Review*. En otras palabras, lo elogió y al mismo tiempo sugirió sutilmente que no serviría como discurso. Lyman Abbott captó la indirecta, rompió su manuscrito cuidadosamente preparado y predicó sin usar siquiera notas.

Una forma eficaz de corregir los errores de los demás es...

◆

PRINCIPIO 2

Llama la atención sobre los errores de los demás de forma indirecta.

◆

CAPÍTULO 3:

HABLA PRIMERO DE TUS PROPIOS ERRORES

Mi sobrina, Jospehine Carnegie, había venido a Nueva York para ser mi secretaria. Tenía diecinueve años, se había graduado de la escuela secundaria tres años antes y su experiencia empresarial era cercana a cero. Llegó a convertirse en una de las secretarias más competentes al oeste de Suez, pero al principio era... Bueno, susceptible de mejorar. Un día, cuando empecé a criticarla, me dije a mí mismo: «Un momento, Dale Carnegie; un momento. Tú tienes el doble de edad que Josephine. Tienes diez mil veces más experiencia en los negocios. ¿Cómo puedes esperar que ella tenga tu punto de vista, tu juicio, tu iniciativa, por mediocres que sean? Y un momento, Dale, ¿qué hacías tú a los diecinueve años? ¿Recuerdas los errores y gigantescas torpezas que cometías? ¿Recuerdas la vez que hiciste esto... y aquello...?».

Después de pensar el asunto honesta e imparcialmente, llegué a la conclusión de que el promedio de eficiencia de Josephine a los diecinueve años era mejor que el mío, y eso, lamento confesarlo, no es hacerle un gran cumplido a Josephine. Así que, a partir de entonces, cuando quería llamar la atención de Josephine sobre un error, solía empezar diciendo: «Has cometido un error, Josephine, pero Dios sabe que no es peor que muchos de los que yo he cometido. No naciste con juicio. Eso sólo llega con la experiencia, y eres mejor de lo que yo era a tu edad. Yo mismo he sido culpable de tantas cosas estúpidas y tontas que tengo muy poca inclinación a criticarte a ti o a nadie. Pero, ¿no crees que habría sido más prudente si hubieras hecho esto y lo otro?».

No es tan difícil escuchar una lista de tus fallos si la persona que critica empieza admitiendo humildemente que él también está lejos de ser impecable.

E. G. Dillistone, un ingeniero de Brandon, Manitoba, Canadá, tenía problemas con su nueva secretaria. Las cartas que dictaba llegaban a su escritorio para la firma con dos o tres errores ortográficos por página. El señor Dillistone informó cómo manejó esto:

—Como muchos ingenieros, no he destacado por mi excelente inglés o mi ortografía. Durante años he mantenido una pequeña libreta negra con índice para las palabras que me costaba deletrear. Cuando se hizo evidente que limitarme a señalar los errores no iba a hacer que mi secretaria se esforzara más en la corrección de pruebas y el uso del diccionario, decidí adoptar otro enfoque.

»Cuando llegó a mi atención la siguiente carta con errores, me senté con la mecanógrafa y le dije:

»—Por alguna razón, esta palabra no me parece correcta. Es una de las palabras con las que siempre he tenido problemas. Ésa es la razón por la que empecé este libro de ortografía mío. –Abrí el libro en la página apropiada–. Sí, aquí está. Soy muy consciente de mi ortografía ahora porque la gente nos juzga por nuestras cartas y las faltas de ortografía nos hacen parecer menos profesionales.

»No sé si ella copió mi sistema o no, pero desde esa conversación, su frecuencia de errores ortográficos se ha reducido significativamente».

El refinado príncipe Bernhard von Bülow aprendió la aguda necesidad de hacer esto allá por 1909. Von Bülow era entonces el canciller real de Alemania, y en el trono se sentaba Guillermo II: Guillermo el altivo, Guillermo el arrogante, Guillermo, el último de los káiseres alemanes, construyendo un ejército y una armada de los que se jactaba que podían vencer a un ejército de fieras.

Entonces sucedió algo asombroso. El káiser dijo cosas, cosas increíbles, cosas que sacudieron el continente e iniciaron una serie de explosiones que se escucharon en todo el mundo. Para empeorar las cosas infinitamente, el káiser hizo anuncios tontos, egoístas y absurdos en público; los hizo mientras era huésped en Inglaterra, y dio su permiso real para que se imprimieran en el *Daily Telegraph*. Por ejemplo, declaró que era el único alemán que sentía amistad hacia los ingleses; que estaba construyendo una armada contra la amenaza de Japón; que él, y sólo él, había salvado a Inglaterra de ser humillada en el polvo por Rusia y Francia; que había sido su plan de campaña el que permitió a lord Roberts de Inglaterra derrotar a los bóeres en Sudáfrica; y así sucesivamente.

Jamás habían salido palabras tan asombrosas de los labios de un rey europeo en tiempos de paz en los últimos cien años. Todo el continente zumbaba con la furia de un avispero. Inglaterra estaba indignada. Los estadistas alemanes estaban horrorizados. Y en medio de toda esta consternación, el káiser entró en pánico y sugirió al príncipe von Bülow, el canciller real, que asumiera la culpa. Sí, quería que von Bülow anunciara que todo era responsabilidad suya, que él había aconsejado a su monarca decir esas cosas increíbles.

—Pero, su majestad –protestó von Bülow–, me parece totalmente imposible que alguien en Alemania o en Inglaterra pueda suponerme capaz de haber aconsejado a su majestad decir tal cosa.

En el momento en que esas palabras salieron de la boca de von Bülow, se dio cuenta de que había cometido un grave error. El káiser estalló.

—¡Me tomas por un asno –gritó–, capaz de cometer errores que tú mismo jamás habrías cometido!

Von Bülow sabía que debería haber elogiado antes de condenar; pero como ya era demasiado tarde, hizo lo siguiente mejor. Elogió después de haber criticado. Y obró un milagro.

—Lejos de mí sugerir tal cosa –respondió respetuosamente–. Su majestad me supera en muchos aspectos. No sólo, por supuesto, en conocimiento naval y militar, sino sobre todo en ciencias naturales. A menudo he escuchado con admiración cuando su majestad explicaba el barómetro, la telegrafía sin hilos o los rayos Roentgen. Yo soy vergonzosamente ignorante en todas las ramas de las ciencias naturales, no tengo noción de química o física, y soy totalmente incapaz de explicar el más simple de los fenómenos naturales. Pero –continuó von Bülow–, en compensación, poseo cierto conocimiento histórico y quizás ciertas cualidades útiles en política, especialmente en diplomacia.

El káiser sonrió radiante. Von Bülow lo había elogiado. Von Bülow lo había exaltado y se había humillado a sí mismo. El káiser podía perdonar cualquier cosa después de eso.

—¿No te he dicho siempre –exclamó con entusiasmo– que nos complementamos maravillosamente? ¡Deberíamos mantenernos unidos, y lo haremos!

Estrechó la mano de von Bülow, no una vez, sino varias veces. Y más tarde ese día estaba tan entusiasmado que exclamó con los puños cerrados:

—¡Si alguien me dice algo en contra del príncipe von Bülow, le daré un puñetazo en la nariz!

Von Bülow se salvó a tiempo, pero, astuto diplomático como era, había cometido sin embargo un error: debería haber empezado hablando de sus propios defectos y de la superioridad de Guillermo, no insinuando que el káiser era un imbécil que necesitaba un tutor.

Si unas pocas frases humillándose a uno mismo y elogiando a la otra parte pueden convertir a un káiser altivo e insultado en un amigo leal, imagine lo que la humildad y el elogio pueden hacer por usted y por mí en nuestros contactos diarios. Usados correctamente, obrarán verdaderos milagros en las relaciones humanas.

Admitir los propios errores –incluso cuando uno no los ha corregido– puede ayudar a convencer a alguien de cambiar su comportamiento. Esto fue ilustrado más recientemente por Clarence Zerhusen de Timonium, Maryland, cuando descubrió que su hijo de quince años estaba experimentando con cigarrillos.

—Naturalmente, yo no quería que David fumara –nos contó el señor Zerhusen–, pero su madre y yo fumábamos cigarrillos; le estábamos dando un mal ejemplo todo el tiempo. Le expliqué a Dave cómo empecé a fumar más o menos a su edad y cómo la nicotina me había dominado y ahora me resultaba casi imposible dejarlo. Le recordé lo irritante que era mi tos y cómo él me había estado insistiendo para que dejara los cigarrillos no muchos años antes.

»No lo exhorté a que parara ni le amenacé ni le advertí sobre sus peligros. Todo lo que hice fue señalar cómo yo estaba enganchado a los cigarrillos y lo que eso había significado para mí.

»Él pensó en ello durante un rato y decidió que no fumaría hasta haberse graduado de la escuela secundaria. Con el paso de los años, David nunca empezó a fumar y no tiene intención de hacerlo jamás.

»Como resultado de esa conversación, tomé la decisión de dejar de fumar yo mismo, y con el apoyo de mi familia, lo he logrado».

Un buen líder sigue este principio:

◆

PRINCIPIO 3

Habla de tus propios errores antes de criticar los de los demás.

◆

CAPÍTULO 4:

A NADIE LE GUSTA RECIBIR ÓRDENES

Una vez tuve el placer de cenar con la señorita Ida Tarbell, la decana de los biógrafos estadounidenses. Cuando le dije que estaba escribiendo este libro, empezamos a discutir este tema tan importante de llevarse bien con la gente, y ella me contó que mientras escribía su biografía de Owen D. Young, entrevistó a un hombre que había compartido despacho durante tres años con el señor Young. Este hombre declaró que durante todo ese tiempo nunca había oído a Owen D. Young dar una orden directa a nadie. Siempre daba sugerencias, no órdenes. Owen D. Young nunca decía, por ejemplo: «Haga esto o haga aquello», o «No haga esto o no haga aquello». Decía: «Podría considerar esto», o «¿Cree que eso funcionaría?». Con frecuencia decía, después de haber dictado una carta: «¿Qué le parece esto?». Al revisar una carta de uno de sus asistentes, decía: «Quizás si lo expresáramos de esta manera sería mejor». Siempre daba a la gente la oportunidad de hacer las cosas por sí mismos; nunca decía a sus asistentes que hicieran cosas; dejaba que las hicieran, dejaba que aprendieran de sus errores.

Una técnica así facilita que una persona corrija sus errores. Una técnica así permite a la persona salvar su prestigio y le da una sensación de importancia. Fomenta la cooperación en lugar de la rebelión.

El resentimiento causado por una orden brusca puede durar mucho tiempo, incluso si la orden se dio para corregir una situación evidentemente mala. Dan Santarelli, maestro en una escuela vocacional en Wyoming, Pensilvania, contó a una de nuestras clases cómo uno de sus estudiantes había bloqueado la entrada a uno de los talleres de la escuela estacionando ilegalmente su coche en ella. Uno de los otros instructores irrumpió en el aula y preguntó en tono arrogante:

—¿De quién es el coche que bloquea la entrada? –Cuando el estudiante dueño del coche respondió, el instructor gritó–: Mueve ese coche y muévelo ahora mismo, o le pondré una cadena y lo arrastraré fuera de ahí.

Cierto es que aquel estudiante estaba equivocado. El coche no debería haber estado estacionado allí. Pero desde ese día en adelante, no sólo ese estudiante se sintió resentido por la acción del instructor, sino que todos los estudiantes de la clase hicieron todo lo posible para complicarle la vida al instructor y hacer su trabajo desagradable.

¿Cómo podría haberlo manejado de otra manera? Si hubiera preguntado de manera amistosa: «¿De quién es el coche que está en la entrada?» y luego hubiera sugerido que si se movía, otros autos podrían entrar y salir, el estudiante lo habría movido con gusto y ni él ni sus compañeros de clase se habrían sentido molestos y resentidos.

Hacer preguntas no sólo hace que una orden sea más aceptable; a menudo estimula la creatividad de las personas a quienes se pregunta. Es más probable que la gente acepte una orden si ha participado en la decisión que causó que la orden se emitiera.

Cuando Ian Macdonald de Johannesburgo, Sudáfrica, gerente general de una pequeña planta de fabricación especialización en piezas de maquinaria de precisión, tuvo la oportunidad de aceptar un pedido muy grande, estaba convencido de que no cumpliría con la fecha de entrega prometida. El trabajo ya programado en el taller y el corto tiempo de finalización necesario para este pedido hacían que pareciera imposible aceptarlo.

En lugar de presionar a su gente para acelerar el trabajo y apresurar el pedido, reunió a todos, les explicó la situación y les dijo cuánto significaría para la compañía y para ellos si pudieran hacer posible producir el pedido a tiempo. Luego comenzó a hacer preguntas:

«¿Hay algo que podamos hacer para manejar este pedido?».

«¿A alguien se le ocurren formas diferentes de procesarlo en el taller que hagan posible aceptar el pedido?».

«¿Hay alguna forma de ajustar nuestros horarios o asignaciones de personal que ayudaría?».

Los empleados propusieron muchas ideas e insistieron en que aceptara el pedido. Abordaron el asunto con una actitud de «podemos hacerlo», y el pedido fue aceptado, producido y entregado a tiempo.

Un líder eficaz usará el…

◆

PRINCIPIO 4

Haz preguntas en vez de dar órdenes directas.

◆

CAPÍTULO 5

PERMITE QUE LA OTRA PERSONA SALVE SU PRESTIGIO

Hace años, la General Electric Company se enfrentó a la delicada tarea de retirar a Charles Steinmetz de la jefatura de un departamento. Steinmetz, un genio de primera magnitud en lo que respecta a la electricidad, era un fracaso como jefe del departamento de cálculo. Sin embargo, la compañía no se atrevía a ofender al hombre. Era indispensable, y muy sensible. Así que le dieron un nuevo título. Lo nombraron Ingeniero Consultor de la General Electric Company –un nuevo título para el trabajo que ya estaba haciendo– y dejaron que otra persona dirigiera el departamento.

Steinmetz estaba feliz.

También lo estaban los directivos. Habían maniobrado suavemente con su estrella más temperamental, y lo habían hecho sin tormenta, permitiéndole salvar su prestigio.

¡Permitir que uno salve su prestigio! ¡Qué importante, qué vitalmente importante es eso! ¡Y qué pocos de nosotros nos detenemos a pensar en ello! Atropellamos los sentimientos de los demás para salirnos con la nuestra, encontrando fallos, lanzando amenazas, criticando a un niño o a un empleado frente a otros, sin siquiera considerar la herida al orgullo de la otra persona. Mientras que unos minutos de reflexión, una o dos palabras consideradas, una comprensión genuina de la actitud de la otra persona, ¡harían mucho para aliviar el escozor! Recordemos eso la próxima vez que nos enfrentemos a la desagradable necesidad de despedir o reprender a un empleado.

«Despedir empleados no es muy divertido. Ser despedido es aún menos divertido –cito ahora una carta que me escribió Marshall A. Granger, un contador público certificado–. Nuestro negocio es mayoritariamente estacional. Por lo tanto, tenemos que dejar ir a mucha gente después de que pase la fiebre del impuesto sobre la renta».

»Es un dicho en nuestra profesión que nadie disfruta blandiendo el hacha. En consecuencia, se ha desarrollado la costumbre de acabar con ello lo antes posible, y generalmente de la siguiente manera: "Siéntese, señor Smith. La temporada ha terminado y no parece que tengamos más asignaciones para usted. Por supuesto, usted entendía que sólo estaba empleado para la temporada alta de todos modos, etcétera".

«El efecto en estas personas es de decepción y una sensación de haber sido "defraudados". La mayoría de ellos están en el campo de la contabilidad de por vida, y no conservan ningún cariño particular por la firma que los despide tan casualmente.

»Recientemente, decidí dejar ir a nuestro personal estacional con un poco más de tacto y consideración. Así que llamo a cada uno sólo después de pensar cuidadosamente en su trabajo durante el invierno. Y he dicho algo como esto: "Señor Smith, ha hecho un buen trabajo (si lo ha hecho). Aquella vez que lo enviamos a Newark, tuvo una asignación difícil. Estaba en una situación complicada, pero salió airoso con todos los honores, y queremos que sepa que la firma está orgullosa de usted. Usted tiene madera, llegará lejos dondequiera que trabaje. Esta firma cree en usted, le apoya, y no queremos que lo olvide".

»¿Cuál es el efecto? La gente se va sintiéndose mucho mejor por haber sido despedida. No se sienten "defraudados". Saben que, si tuviéramos trabajo para ellos, los mantendríamos. Y cuando los necesitamos de nuevo, vienen a nosotros con un agudo afecto personal».

En una sesión de nuestro curso, dos miembros de la clase discutieron los efectos negativos de buscar faltas frente a los efectos positivos de permitir que la otra persona salve su prestigio.

Fred Clark de Harrisburg, Pensilvania, contó un incidente que ocurrió en su compañía:

—En una de nuestras reuniones de producción, un vicepresidente estaba haciendo preguntas muy incisivas a uno de nuestros supervisores de producción con respecto a un proceso de producción. Su tono de voz era agresivo y dirigido a señalar un desempeño defectuoso por parte del supervisor. No queriendo ser avergonzado frente a sus compañeros, el supervisor fue evasivo en sus respuestas. Esto provocó que el vicepresidente perdiera los estribos, reprendiera al supervisor y lo acusara de mentir.

»Cualquier relación laboral que pudiera haber existido antes de este encuentro fue destruida en unos breves momentos. Este supervisor, que era básicamente un buen trabajador, fue inútil para nuestra compañía a partir de ese momento. Unos meses más tarde dejó nuestra firma y se fue a trabajar para un competidor, donde entiendo que está haciendo un buen trabajo».

Otro miembro de la clase, Anna Mazzone, relató cómo había ocurrido un incidente similar en su trabajo, ¡pero qué diferencia en el enfoque y los resultados! A la señora Mazzone, especialista en marketing para una envasadora de alimentos, se le asignó su primera tarea importante: la prueba de mercado de un nuevo producto. Ella contó a la clase:

—Cuando llegaron los resultados de la prueba, quedé devastada. Había cometido un grave error en mi planificación, y toda la prueba tuvo que hacerse de nuevo. Para empeorar esto, no tuve tiempo de discutirlo con mi jefe antes de la reunión en la que debía presentar mi informe sobre el proyecto.

»Cuando me llamaron para dar el informe, temblaba de miedo. Hice todo lo que pude para no derrumbarme, pero resolví que no lloraría y no dejaría que todos esos hombres hicieran comentarios sobre que las mujeres no son capaces de manejar un trabajo de gestión porque son demasiado emocionales. Hice mi informe brevemente y declaré que debido a un error repetiría el estudio antes de la próxima reunión. Me senté, esperando que mi jefe estallara.

»En lugar de eso, me agradeció mi trabajo y comentó que no era inusual que una persona cometiera un error en un nuevo proyecto y que tenía confianza en que la encuesta repetida sería precisa y significativa para la compañía. Me aseguró, frente a todos mis colegas, que tenía fe en mí y sabía que había hecho lo mejor que podía, y que mi falta de experiencia, no mi falta de capacidad, era la razón del fracaso.

»Salí de aquella reunión con la frente en alto y con la determinación de no defraudar jamás a ese jefe mío».

Aunque tengamos razón y la otra persona esté claramente equivocada, sólo destruimos su ego si la humillamos. El legendario pionero de la aviación y escritor francés Antoine de Saint-Exupéry escribió: «No tengo derecho a decir o hacer nada que disminuya a un hombre ante sus propios ojos. Lo que importa no es lo que yo piense de él, sino lo que él piensa de sí mismo. Herir a un hombre en su dignidad es un crimen».

Un verdadero líder seguirá siempre el…

◆

PRINCIPIO 5

Permite que la otra persona salve su prestigio.

◆

CAPÍTULO 6

CÓMO ESTIMULAR A LAS PERSONAS HACIA EL TRIUNFO

Pete Barlow era un viejo amigo mío. Tenía un espectáculo de perros y ponis, y se pasó la vida viajando con circos y compañías de variedades. Me encantaba ver a Pete entrenar a sus nuevos perros. Noté que, en el momento en que un perro mostraba la menor mejoría, Pete lo acariciaba, lo elogiaba, le daba carne y armaba un gran alboroto por ello.

Eso no es ninguna novedad. Los adiestradores de animales han utilizado esa misma técnica durante siglos.

Me pregunto por qué no utilizamos el mismo sentido común cuando tratamos de cambiar a la gente que cuando tratamos de cambiar a los perros. ¿Por qué no utilizamos carne en lugar de un látigo? ¿Por qué no usamos el elogio en lugar de la condena?

Elogiemos hasta la menor mejoría. Eso inspira a la otra persona a seguir mejorando.

En su libro *I Ain't Much, Baby – But I'm All I Got*, el psicólogo Jess Lair comenta: «El elogio es como la luz del sol para el espíritu humano; no podemos florecer y crecer sin él. Y, sin embargo, aunque la mayoría de nosotros estamos siempre listos para aplicar a los demás el viento frío de la crítica, nos mostramos reticentes a brindar a nuestro prójimo la cálida luz del sol del elogio».

Puedo mirar atrás en mi propia vida y ver dónde unas pocas palabras de elogio han cambiado drásticamente todo mi futuro. ¿No puedes decir tú también lo mismo de tu vida? La historia está repleta de ejemplos impactantes de la pura magia del elogio.

Por ejemplo, hace muchos años, un niño de diez años trabajaba en una fábrica de Nápoles. Anhelaba ser cantante, pero su primer maestro lo desalentó.

—No puedes cantar –le dijo–. No tienes voz alguna. Suena como el viento en las persianas.

Pero su madre, una pobre campesina, lo abrazó y lo elogió, y le dijo que sabía que podía cantar, que ya veía una mejoría, y anduvo descalza para ahorrar dinero y pagar sus lecciones de música.

El elogio y el aliento de esa madre campesina cambiaron la vida de aquel muchacho. Su nombre era Enrico Caruso, y se convirtió en el cantante de ópera más importante y famoso de su época.

A principios del siglo XIX, un joven de Londres aspiraba a ser escritor. Pero todo parecía estar en su contra. Nunca había podido asistir a la escuela más de cuatro años. Su padre había sido encarcelado por no poder pagar sus deudas, y este joven conocía a menudo los tormentos del hambre. Finalmente, consiguió un trabajo pegando etiquetas en botellas de betún en un almacén infestado de ratas, y dormía por la noche en un lúgubre desván con otros dos muchachos, pilluelos de los barrios bajos de Londres.

Tenía tan poca confianza en su capacidad para escribir que se escabullía para enviar su primer manuscrito en la oscuridad de la noche, para que nadie se riera de él. Historia tras historia fue rechazada. Finalmente llegó el gran día en que una fue aceptada. Es cierto que no le pagaron ni un chelín por ella, pero un editor lo había elogiado. Un editor le había dado reconocimiento. Estaba tan emocionado que vagó sin rumbo por las calles con las lágrimas rodando por sus mejillas.

El elogio, el reconocimiento que recibió al ver una historia suya impresa, cambió toda su vida; pues si no hubiera sido por ese aliento, podría haber pasado toda su existencia trabajando en fábricas infestadas de ratas. Es posible que haya oído hablar de ese muchacho. Se llamaba Charles Dickens.

Otro muchacho de Londres se ganaba la vida como empleado en una tienda de tejidos. Tenía que levantarse a las cinco, barrer la tienda y trabajar como un esclavo durante catorce horas al día.

Era puro trabajo forzado y lo despreciaba. Después de dos años, no pudo soportarlo más, así que se levantó una mañana y, sin esperar el desayuno, caminó veinticuatro kilómetros para hablar con su madre, que trabajaba como ama de llaves.

Estaba frenético. Le suplicó. Lloró. Juró que se mataría si tenía que quedarse en la tienda un momento más. Luego escribió una carta larga y patética a su antiguo maestro, declarando que tenía el corazón roto, que ya no quería vivir. Su viejo maestro le dio un poco de elogio y le aseguró que realmente era muy inteligente y apto para cosas más finas, y le ofreció un trabajo como maestro.

Ese elogio cambió el futuro de aquel muchacho y dejó una impresión duradera en la historia de la literatura inglesa. Porque aquel chico llegó a escribir innumerables *bestsellers* y ganó más de un millón de dólares con su pluma. Probablemente haya oído hablar de él. Su nombre: H. G. Wells.

El uso del elogio en lugar de la crítica es el concepto básico de las enseñanzas de B. F. Skinner. Este gran psicólogo contemporáneo ha demostrado mediante experimentos con animales y humanos que, cuando se minimiza la crítica y se enfatiza el elogio, se refuerzan las cosas buenas que hace la gente y las cosas peores se atrofian por falta de atención.

John Ringelspaugh, de Rocky Mount, Carolina del Norte, utilizó esto al tratar con sus hijos. Parecía que, como en tantas familias, la principal forma de comunicación de mamá y papá con los niños consistía en gritarles. Y, como en tantos casos, los niños se portaban un poco peor en lugar de mejorar después de cada sesión; y lo mismo les pasaba a los padres. No parecía haber un final a la vista para este problema.

El señor Ringelspaugh decidió utilizar algunos de los principios que estaba aprendiendo en nuestro curso para resolver esta situación. Contó:

—Decidimos probar con el elogio en lugar de machacar con sus faltas. No fue fácil cuando todo lo que podíamos ver eran las cosas negativas que hacían; fue realmente difícil encontrar cosas que elogiar. Logramos encontrar algo y, en el primer o segundo día, algunas de las cosas realmente molestas que hacían dejaron de ocurrir. Luego, algunos de sus otros defectos comenzaron a desaparecer. Empezaron a sacar provecho de los elogios que les dábamos. Incluso empezaron a esforzarse por hacer las cosas bien. Ninguno de los dos podía creerlo. Por supuesto, no duró para siempre, pero la norma alcanzada después de que las cosas se nivelaron fue mucho mejor. Ya no era necesario reaccionar como solíamos hacerlo. Los niños hacían muchas más cosas bien que mal.

Todo esto fue resultado de elogiar la más mínima mejora en los niños en lugar de condenar todo lo que hacían mal.

Esto funciona también en el trabajo. Keith Roper, de Woodland Hills, California, aplicó este principio a una situación en su compañía. A su imprenta llegó cierto material de una calidad excepcionalmente alta.

El impresor que había hecho este trabajo era un empleado nuevo que había tenido dificultades para adaptarse al puesto. Su supervisor estaba molesto por lo que consideraba una actitud negativa y estaba pensando seriamente en despedirlo.

Cuando se informó al señor Roper de esta situación, fue personalmente a la imprenta y tuvo una charla con el joven. Le dijo lo complacido que estaba con el trabajo que acababa de recibir y señaló que era el mejor trabajo que había visto producir en ese taller en mucho tiempo. Señaló exactamente por qué era superior y cuán importante era la contribución del joven para la compañía.

¿Cree usted que esto afectó la actitud de aquel joven impresor hacia la empresa? En cuestión de días hubo un cambio total. Les contó a varios de sus compañeros sobre la conversación y cómo alguien en la compañía realmente apreciaba el buen trabajo. Y desde ese día en adelante, fue un trabajador leal y dedicado.

Lo que hizo el señor Roper no fue simplemente adular al joven impresor y decirle: «Eres bueno». Señaló específicamente en qué era superior su trabajo. Debido a que había destacado un logro específico, en lugar de hacer observaciones generales de adulación, su elogio se volvió mucho más significativo para la persona que lo recibió. A todos les gusta ser elogiados, pero cuando el elogio es específico, se percibe como sincero, no como algo que la otra persona dice sólo para hacer que uno se sienta bien.

Recuerda: todos anhelamos aprecio y reconocimiento, y haremos casi cualquier cosa para conseguirlo. Pero nadie quiere falta de sinceridad. Nadie quiere adulación.

Permíteme repetir: los principios enseñados en este libro funcionarán sólo cuando salgan del corazón. No estoy abogando por una bolsa de trucos. Estoy hablando de una nueva forma de vida.

Hablando de cambiar a la gente. Si tú y yo inspiramos a las personas con las que entramos en contacto para que se den cuenta de los tesoros ocultos que poseen, podemos hacer mucho más que cambiarlas. Podemos literalmente transformarlas.

¿Exageración? Entonces escucha estas sabias palabras de William James, uno de los psicólogos y filósofos más distinguidos que ha producido Estados Unidos:

«En comparación con lo que deberíamos ser, estamos sólo medio despiertos. Estamos haciendo uso de sólo una pequeña parte de nuestros recursos físicos y mentales. Dicho en términos generales, el individuo humano vive muy por debajo de sus límites. Posee poderes de diversa índole que habitualmente no utiliza».

Sí, tú que estás leyendo estas líneas posees poderes de diversa índole que habitualmente no utilizas, y uno de estos poderes que probablemente no estás utilizando en toda su extensión es tu mágica capacidad para elogiar a la gente e inspirarla con la comprensión de sus posibilidades latentes.

Las habilidades se marchitan bajo la crítica; florecen bajo el estímulo. Para convertirte en un líder más eficaz de la gente, aplica el…

◆

PRINCIPIO 6

Elogia el más pequeño progreso y celebra toda mejora. Sé «sincero en tu aprobación y generoso en tus elogios».

◆

CAPÍTULO 7

DA UNA BUENA REPUTACIÓN A QUIEN SE LA MERECE

¿Qué haces cuando una persona que ha sido un buen trabajador comienza a entregar un trabajo de mala calidad? Puedes despedirlo, pero eso realmente no resuelve nada. Puedes reprender al trabajador, pero esto generalmente causa resentimiento. Henry Henke, gerente de servicio de un gran concesionario de camiones en Lowell, Indiana, tenía un mecánico cuyo trabajo se había vuelto menos que satisfactorio. En lugar de echarle una bronca o amenazarlo, el señor Henke lo llamó a su oficina y tuvo una charla sincera con él.

—Bill –le dijo–, usted es un excelente mecánico. Lleva en este ramo un buen número de años. Ha reparado muchos vehículos a satisfacción de los clientes. De hecho, hemos recibido varios cumplidos sobre el buen trabajo que ha realizado. Sin embargo, últimamente, el tiempo que se toma para completar cada trabajo ha ido aumentando y su trabajo no ha estado a la altura de sus propios estándares antiguos. Como ha sido un mecánico tan sobresaliente en el pasado, estaba seguro de que querría saber que no estoy contento con esta situación, y tal vez juntos podamos encontrar alguna manera de corregir el problema.

Bill respondió que no se había dado cuenta de que había estado fallando en sus deberes y aseguró a su jefe que el trabajo que estaba recibiendo no estaba fuera de su rango de experiencia y que trataría de mejorar en el futuro.

¿Lo hizo? Puede estar seguro de que sí. Una vez más se convirtió en un mecánico rápido y minucioso. Con esa reputación que el señor Henke le había dado para mantener, ¿cómo podría hacer otra cosa que no fuera entregar un trabajo comparable al que había hecho en el pasado?

«La persona promedio –dijo Samuel Vauclain, entonces presidente de Baldwin Locomotive Works– puede ser guiada fácilmente si usted tiene su respeto y si le demuestra que la respeta por algún tipo de habilidad».

En resumen, si deseas mejorar a una persona en cierto sentido, actúa como si ese rasgo particular fuera ya una de sus características sobresalientes. Shakespeare dijo: «Asumid una virtud si no la tenéis». Y podría ser bueno asumir y declarar abiertamente que otras personas tienen la virtud que usted quiere que desarrollen. Dales una buena reputación a la que hacer honor, y harán esfuerzos prodigiosos antes que verte desilusionado.

Georgette Leblanc, en su libro *Mi vida con Maeterlinck*, describe la asombrosa transformación de una humilde Cenicienta belga.

«Una sirvienta de un hotel vecino me traía las comidas», escribió. «La llamaban "Marie la Lavaplatos" porque había comenzado su carrera como ayudante de cocina. Era una especie de monstruo, bizca, patizamba, pobre en carne y en espíritu».

»Un día, mientras sostenía mi plato de macarrones con su mano enrojecida, le dije a quemarropa:

»—Marie, no sabes qué tesoros hay dentro de ti.

»Acostumbrada a contener su emoción, Marie esperó unos momentos, sin atreverse a arriesgar el menor gesto por miedo a una catástrofe. Luego puso el plato sobre la mesa, suspiró y dijo ingenuamente:

»—Madame, nunca lo hubiera creído.

»No dudó, no hizo ninguna pregunta. Simplemente regresó a la cocina y repitió lo que yo había dicho, y tal es la fuerza de la fe que nadie se burló de ella. Desde ese día, se le dio incluso cierta consideración. Pero el cambio más curioso de todos ocurrió en la propia y humilde Marie. Creyendo que era el tabernáculo de maravillas invisibles, comenzó a cuidar su rostro y su cuerpo con tanto esmero que su juventud hambrienta pareció florecer y ocultar modestamente su fealdad.

»Dos meses después, anunció su próximo matrimonio con el sobrino del chef.

»—Voy a ser una señora –dijo, y me dio las gracias.

»Una pequeña frase había cambiado toda su vida».

Georgette Leblanc le había dado a «Marie la Lavaplatos» una reputación a la que hacer honor, y esa reputación la había transformado.

Bill Parker, un representante de ventas de una compañía de alimentos en Daytona Beach, Florida, estaba muy entusiasmado con la nueva línea de productos que su compañía estaba introduciendo y se molestó cuando el gerente de un gran mercado de alimentos independiente rechazó la oportunidad de venderla en su tienda. Bill meditó todo el día sobre este rechazo y decidió regresar a la tienda antes de irse a casa esa noche e intentarlo de nuevo.

—Jack –dijo–, desde que me fui esta mañana me di cuenta de que no le había dado el panorama completo de nuestra nueva línea, y le agradecería un poco de su tiempo para contarle los puntos que omití. He respetado el hecho de que usted siempre está dispuesto a escuchar y es lo suficientemente grande como para cambiar de opinión cuando los hechos justifican un cambio.

¿Podría Jack negarse a escucharlo de nuevo? No con esa reputación que mantener.

Una mañana, el doctor Martin Fitzhugh, un dentista de Dublín, Irlanda, se sorprendió cuando una de sus pacientes le señaló que el soporte metálico para vasos que estaba usando para enjuagarse la boca no estaba muy limpio. Es cierto que la paciente bebía del vaso de papel, no del soporte, pero ciertamente no era profesional utilizar un equipo deslustrado.

Cuando la paciente se fue, el doctor Fitzhugh se retiró a su oficina privada para escribir una nota a Bridgit, la señora de la limpieza, que venía dos veces por semana a limpiar su consultorio. Escribió:

> Mi querida Bridgit:
> La veo tan raras veces que pensé en tomarme el tiempo para agradecerle por el excelente trabajo de limpieza que ha estado haciendo. Por cierto, pensé en mencionar que, dado que dos horas, dos veces por semana, es una cantidad de tiempo muy limitada, por favor siéntase libre de trabajar media hora extra de vez en cuando si siente que necesita hacer esas cosas «de vez en cuando», como pulir los portavasos y cosas similares. Yo, por supuesto, le pagaré el tiempo extra.

—Al día siguiente, cuando entré en mi consultorio –contó el doctor Fitzhugh– mi escritorio había sido pulido hasta quedar como un espejo, al igual que mi silla, de la que casi me resbalo. Cuando entré en la sala de tratamiento, encontré el portavasos cromado más brillante y limpio que jamás había visto anidado en su receptáculo. Le había dado a mi señora de la limpieza una excelente reputación a la que hacer honor, y debido a este pequeño gesto superó todos sus esfuerzos pasados. ¿Cuánto tiempo adicional dedicó a esto? Exacto: ninguno en absoluto.

Hay un viejo dicho: «Ponle un mal nombre a un perro y ya puedes ahorcarlo». Pero dele un buen nombre, ¡y vea lo que sucede!

Cuando la señora Ruth Hopkins, una maestra de cuarto grado en Brooklyn, Nueva York, miró la lista de su clase el primer día de clases, su emoción y alegría por comenzar un nuevo trimestre se tiñeron de ansiedad. En su clase este año tendría a Tommy T., el «chico malo» más notorio de la escuela. Su maestra de tercer grado se había quejado constantemente de Tommy con sus colegas, con el director y con cualquiera que quisiera escuchar. No sólo era travieso; causaba serios problemas de disciplina en la clase, se peleaba con los niños, molestaba a las niñas, era insolente con la maestra y parecía empeorar a medida que crecía. Su único rasgo redentor era su capacidad para aprender rápidamente y dominar el trabajo escolar con facilidad.

La señora Hopkins decidió enfrentar el «problema Tommy» de inmediato. Cuando saludó a sus nuevos estudiantes, les hizo pequeños comentarios a cada uno: «Rose, qué lindo vestido llevas puesto», «Alicia, me han dicho que dibujas maravillosamente». Cuando llegó a Tommy, lo miró directamente a los ojos y dijo: «Tommy, entiendo que eres un líder nato. Voy a depender de ti para que me ayudes a hacer de esta clase la mejor clase del cuarto grado este año». Ella reforzó esto durante los primeros días felicitando a Tommy por todo lo que hacía y comentando cómo esto demostraba lo buen estudiante que era. Con esa reputación que mantener, incluso un niño de nueve años no podía defraudarla; y no lo hizo.

Si quieres sobresalir en ese difícil papel de liderazgo de cambiar la actitud o el comportamiento de los demás, utiliza el…

◆

PRINCIPIO 7

Atribuye a la otra persona una buena reputación para que se interese en mantenerla.

◆

CAPÍTULO 8:

HAZ QUE EL ERROR PAREZCA FÁCIL DE CORREGIR

Un amigo mío soltero, de unos cuarenta años, se comprometió, y su prometida lo persuadió para que tomara algunas lecciones de baile atrasadas.

—Dios sabe que necesitaba lecciones de baile –confesó mientras me contaba la historia,– pues bailaba exactamente igual que cuando empecé hace veinte años. La primera maestra que contraté probablemente me dijo la verdad. Dijo que yo estaba todo mal; que tendría que olvidar todo y empezar de nuevo. Pero eso me desanimó por completo. No tenía ningún incentivo para seguir. Así que la dejé.

»La siguiente maestra puede haber estado mintiendo, pero me gustó. Dijo con indiferencia que mi baile era quizás un poco anticuado, pero que los fundamentos estaban bien, y me aseguró que no tendría ningún problema para aprender unos cuantos pasos nuevos. La primera maestra me había desalentado al enfatizar mis errores. Esta nueva maestra hizo lo contrario. Siguió elogiando las cosas que hacía bien y minimizando mis errores.

»—Usted tiene un sentido natural del ritmo –me aseguró–. Realmente es un bailarín nato.

»Ahora mi sentido común me dice que siempre he sido y siempre seré un bailarín de cuarta categoría; sin embargo, en el fondo de mi corazón, todavía me gusta pensar que tal vez lo decía en serio. Seguramente, le estaba pagando para que lo dijera; pero ¿por qué sacar eso a colación?

»De todos modos, sé que soy mejor bailarín de lo que habría sido si ella no me hubiera dicho que tenía un sentido natural del ritmo. Eso me animó. Eso me dio esperanza. Eso me hizo querer mejorar».

Dile a tu hijo, a tu cónyuge o a tu empleado que es estúpido o torpe en cierta cosa, que no tiene talento para ello y que lo hace todo mal, y habrás destruido casi todos los incentivos para intentar mejorar. Pero utiliza la técnica opuesta: sé generoso con tu aliento, haz que la cosa parezca fácil de hacer, deja que la otra persona sepa que tienes fe en su capacidad para hacerlo, que tiene un talento no desarrollado para ello, y practicará hasta que la luz del alba entre por la ventana con tal de sobresalir.

Lowell Thomas, un artista soberbio en las relaciones humanas, usaba esta técnica. Él le infundía confianza a uno, le inspiraba valor y fe.

Por ejemplo, pasé un fin de semana con el señor y la señora Thomas; y la noche del sábado, me invitaron a participar en una partida amistosa de bridge frente a una chimenea crepitante. ¿Bridge? ¡Oh, no! ¡No! Yo no. No sabía nada al respecto. El juego siempre había sido un oscuro misterio para mí. ¡No! ¡No! ¡Imposible!

—Pero Dale, si no tiene ningún truco –respondió Lowell–. En el bridge no hay más que memoria y juicio. Usted ha escrito artículos sobre la memoria. El bridge será pan comido para usted. Es justo su especialidad.

Y presto, casi antes de darme cuenta de lo que estaba haciendo, me encontré por primera vez en una mesa de bridge.

Todo porque me dijeron que tenía un talento natural para ello y porque hicieron que el juego pareciera fácil.

Hablar de bridge me recuerda a Ely Culbertson, cuyos libros sobre el tema se han traducido a doce idiomas y han vendido más de un millón de ejemplares. Sin embargo, él me contó que jamás habría hecho de este juego su profesión si una joven mujer no le hubiese asegurado que tenía talento para ello.

Cuando llegó a Estados Unidos en 1922, intentó conseguir trabajo enseñando filosofía y sociología, pero no pudo.

Luego intentó vender carbón, y fracasó en eso.

Luego intentó vender café, y fracasó en eso también.

Había jugado algo al bridge, pero en aquellos días jamás se le ocurrió que algún día lo enseñaría. No sólo era un mal jugador de cartas, sino que también era muy terco. Hacía tantas preguntas y realizaba tantos «análisis *post mortem*» de las jugadas, que nadie quería jugar con él.

Entonces conoció a una linda profesora de bridge, Josephine Dillon, se enamoró y se casó con ella. Ella notó con qué cuidado analizaba él sus cartas y lo persuadió de que era un genio en potencia sobre el tapete verde. Fue ese aliento, y sólo eso, según me dijo Culbertson, lo que le llevó a hacer del bridge su profesión.

Clarence M. Jones, uno de los instructores de nuestro curso en Cincinnati, Ohio, contó cómo el aliento y el hacer que los defectos parecieran fáciles de corregir cambiaron por completo la vida de su hijo.

—En 1970 mi hijo David, que entonces tenía quince años, vino a vivir conmigo a Cincinnati. Había llevado una vida dura. En 1958 se abrió la cabeza en un accidente automovilístico, lo que le dejó una cicatriz muy fea en la frente.

En 1960 su madre y yo nos divorciamos y él se mudó a Dallas, Texas, con su madre.

»Hasta los quince años había pasado la mayor parte de sus años escolares en clases especiales para alumnos de aprendizaje lento en el sistema escolar de Dallas. Posiblemente debido a la cicatriz, los administradores escolares habían decidido que tenía una lesión cerebral y que no podía funcionar a un nivel normal. Estaba dos años atrasado respecto a su grupo de edad, por lo que sólo estaba en séptimo grado. Sin embargo, no se sabía las tablas de multiplicar, sumaba con los dedos y apenas podía leer.

»Había un punto positivo. Le encantaba trabajar con aparatos de radio y televisión. Quería convertirse en técnico de televisión. Yo alenté esto y le señalé que necesitaba matemáticas para calificar en la formación. Decidí ayudarlo a ser competente en esta materia. Conseguimos cuatro juegos de tarjetas didácticas: multiplicación, división, suma y resta. A medida que pasábamos las tarjetas, poníamos las respuestas correctas en una pila de descarte. Cuando David fallaba una, yo le daba la respuesta correcta y luego ponía la tarjeta en la pila de repetición hasta que no quedaban tarjetas. Hacía una gran fiesta por cada tarjeta que acertaba, especialmente si la había fallado anteriormente. Cada noche pasábamos por la pila de repetición hasta que no quedaban cartas. Cada noche cronometrábamos el ejercicio. Le prometí que cuando pudiera acertar todas las tarjetas en ocho minutos sin respuestas incorrectas, dejaríamos de hacerlo todas las noches. Esto le pareció una meta imposible a David. La primera noche tardó 52 minutos; la segunda, 48; luego 45, 44, 41, y después bajó de 40 minutos. Celebrábamos cada reducción. Yo llamaba a mi esposa, ambos lo abrazábamos y todos bailábamos de alegría. A fin de mes estaba haciendo todas las tarjetas perfectamente en menos de ocho minutos. Cuando lograba una pequeña mejora, pedía hacerlo de nuevo. Había hecho el fantástico descubrimiento de que aprender era fácil y divertido.

»Naturalmente, sus calificaciones en álgebra dieron un salto. Es asombroso cuánto más fácil es el álgebra cuando uno sabe multiplicar. Se asombró a sí mismo al traer a casa una buena nota en matemáticas. Eso nunca había sucedido antes. Otros cambios llegaron con una rapidez casi increíble. Su lectura mejoró rápidamente y comenzó a usar sus talentos naturales en el dibujo. Más tarde en el año escolar, su profesor de ciencias le asignó desarrollar una exhibición. Eligió desarrollar una serie de modelos altamente complejos para demostrar el efecto de las palancas. Requería habilidad no sólo en dibujo y maquetación, sino en matemáticas aplicadas. La exhibición ganó el primer premio en la feria de ciencias de su escuela, ingresó en la competición de la ciudad y ganó el tercer premio para toda la ciudad de Cincinnati.

»Eso fue todo. Aquí había un chico que había repetido dos grados, a quien le habían dicho que tenía "daños cerebrales", a quien sus compañeros de clase habían llamado "Frankenstein" y le habían dicho que su cerebro se le debía haber salido por el corte de la cabeza. De repente descubrió que realmente podía aprender y lograr cosas. ¿El resultado? Desde el último trimestre del octavo grado hasta terminar la escuela secundaria, nunca dejó de estar en el cuadro de honor; en la secundaria fue elegido para la sociedad nacional de honor. Una vez que descubrió que aprender era fácil, toda su vida cambió».

Si quieres ayudar a otros a mejorar, recuerda el…

♦

PRINCIPIO 8

Alienta a la otra persona. Haz que los errores parezcan fáciles de corregir.

♦

CAPÍTULO 9

PROCURA QUE LA OTRA PERSONA SE SIENTA SATISFECHA DE HACER LO QUE TÚ QUIERES QUE HAGA

Allá por 1915, los Estados Unidos estaba sumido en un estado de pánico. Durante más de un año, las naciones de Europa se habían estado masacrando unas a otras en una escala jamás soñada en todos los sangrientos anales de la humanidad. ¿Podría lograrse la paz? Nadie lo sabía. Pero Woodrow Wilson estaba decidido a intentarlo. Enviaría un representante personal, un emisario de paz, para conferenciar con los señores de la guerra de Europa.

William Jennings Bryan, secretario de Estado, Bryan, el defensor de la paz, anhelaba ir. Veía una oportunidad de realizar un gran servicio y hacer inmortal su nombre. Pero Wilson nombró a otro hombre, su amigo íntimo y consejero, el coronel Edward M. House; y fue la espinosa tarea de House darle la desagradable noticia a Bryan sin ofenderlo.

«Bryan se sintió claramente decepcionado cuando oyó que yo iba a ir a Europa como emisario de paz –registra el coronel House en su diario–. Dijo que había planeado hacer esto él mismo».

»Le respondí que el presidente pensaba que no sería prudente que alguien hiciera esto oficialmente, y que su ida atraería una gran cantidad de atención y la gente se preguntaría por qué estaba allí».

¿Ves la insinuación? House prácticamente le dijo a Bryan que él era demasiado importante para el trabajo, y Bryan quedó satisfecho.

El coronel House, hábil y experimentado en las cosas del mundo, estaba siguiendo una de las reglas importantes de las relaciones humanas: procura que la otra persona se sienta satisfecha de hacer lo que tú sugieres.

Woodrow Wilson siguió esa política incluso cuando invitó a William Gibbs McAdoo a convertirse en miembro de su gabinete. Ése era el honor más alto que podía conferir a alguien y, sin embargo, Wilson extendió la invitación de tal manera que hizo sentir a McAdoo doblemente importante. Aquí está la historia en las propias palabras de McAdoo: «Él [Wilson] dijo que estaba formando su gabinete y que estaría muy contento si yo aceptara un lugar en él como secretario del Tesoro. Tenía una manera encantadora de decir las cosas; creó la impresión de que, al aceptar este gran honor, yo le estaría haciendo un favor a él».

Desafortunadamente, Wilson no siempre empleó tal tacto. Si lo hubiera hecho, la historia podría haber sido diferente. Por ejemplo, Wilson no hizo felices al Senado y al Partido Republicano al introducir a Estados Unidos en la Sociedad de Naciones. Wilson se negó a llevar consigo a la conferencia de paz a líderes republicanos tan prominentes como Elihu Root, Charles Evans Hughes o Henry Cabot Lodge. En su lugar, llevó a hombres desconocidos de su propio partido. Desairó a los republicanos, se negó a dejarles sentir que la Sociedad era idea de ellos tanto como suya, se negó a dejarles participar en el asunto; y, como resultado de este manejo tosco de las relaciones humanas, destruyó su propia carrera, arruinó su salud, acortó su vida, causó que Estados Unidos se quedara fuera de la Sociedad y alteró la historia del mundo.

Los estadistas y diplomáticos no son los únicos que usan este enfoque de «hacer-que-la-persona-esté-feliz-de-hacer-lo-que-tu-quieres-que-haga». Dale O. Ferrier de Fort Wayne, Indiana, contó cómo alentó a uno de sus hijos pequeños a hacer voluntariamente la tarea que se le asignó.

—Una de las tareas de Jeff era recoger peras de debajo del peral para que la persona que cortaba el césped no tuviera que detenerse a recogerlas. No le gustaba esta tarea, y con frecuencia o no la hacía en absoluto o la hacía tan mal que el cortador de césped tenía que parar y recoger varias peras que él había pasado por alto.

»En lugar de tener una confrontación cara a cara al respecto, un día le dije:

»—Jeff, haré un trato contigo. Por cada cesto lleno de peras que recojas, te pagaré un dólar. Pero cuando termines, por cada pera que yo encuentre en el patio, te quitaré un dólar. ¿Qué te parece?

»Como era de esperar, no sólo recogió todas las peras, sino que tuve que vigilarlo para que no arrancara algunas de los árboles para llenar los cestos».

Conocí a un hombre que tenía que rechazar muchas invitaciones para hablar, invitaciones extendidas por amigos, invitaciones que venían de personas con quienes tenía obligaciones; y, sin embargo, lo hacía tan hábilmente que la otra persona quedaba al menos contenta con su negativa. ¿Cómo lo hacía? No meramente hablando del hecho de que estaba demasiado ocupado y demasiado esto y demasiado aquello. No; después de expresar su aprecio por la invitación y lamentar su incapacidad para aceptarla, sugería un orador sustituto. En otras palabras, no le daba a la otra persona tiempo para sentirse infeliz por la negativa. Inmediatamente cambiaba los pensamientos de la otra persona hacia algún otro orador que pudiera aceptar la invitación.

Gunter Schmidt, quien tomó nuestro curso en Alemania Occidental, contó sobre una empleada en la tienda de alimentos que él administraba, quien era negligente en poner las etiquetas de precios correctas en los estantes donde se exhibían los artículos. Esto causaba confusión y quejas de los clientes. Los recordatorios, las amonestaciones y las confrontaciones con ella sobre esto no sirvieron de mucho. Finalmente, el señor Schmidt la llamó a su oficina y le dijo que la nombraba «Supervisora de Etiquetado de Precios» para toda la tienda y que ella sería responsable de mantener todos los estantes debidamente etiquetados. Esta nueva responsabilidad y título cambiaron su actitud completamente, y cumplió sus deberes satisfactoriamente a partir de entonces.

¿Infantil? Quizás. Pero eso es lo que le dijeron a Napoleón cuando creó la Legión de Honor y distribuyó 15 000 cruces a sus soldados e hizo a dieciocho de sus generales «Mariscales de Francia» y llamó a sus tropas el «Gran Ejército». Napoleón fue criticado por dar «juguetes» a veteranos endurecidos por la guerra, y Napoleón respondió: «Los hombres son gobernados por juguetes».

Esta técnica de otorgar títulos y autoridad funcionó para Napoleón y funcionará para usted. Por ejemplo, una amiga mía, la señora Ernest Gent de Scarsdale, Nueva York, estaba preocupada por unos niños que corrían y destrozaban su césped. Intentó persuadirlos con buenas palabras. No funcionó. Entonces intentó darle al peor pecador de la pandilla un título y un sentimiento de autoridad. Lo nombró su «detective» y lo puso a cargo de mantener a todos los intrusos fuera de su césped. Eso resolvió su problema. Su «detective» hizo una hoguera en el patio trasero, calentó un hierro al rojo vivo y amenazó con marcar a cualquier niño que pisara el césped.

El líder eficaz debe tener en mente las siguientes pautas cuando sea necesario cambiar actitudes o conductas:

1. Sé sincero. No prometas nada que no puedas cumplir. Olvídate de tus propios beneficios y concéntrate en los beneficios para la otra persona.
2. Sabe exactamente qué es lo que quieres que haga la otra persona.
3. Sé empático. Pregúntate qué es lo que realmente quiere la otra persona.
4. Ten en cuenta los beneficios que esa persona recibirá por hacer lo que tú sugieres.
5. Haz coincidir esos beneficios con los deseos de la otra persona.
6. Al plantear tu petición, hazlo de una forma que comunique a la otra persona la idea de la que se beneficiará personalmente. Podríamos dar una orden seca como ésta: «John, mañana vendrán clientes y necesito que el almacén esté limpio. Así que bárralo, apile la mercancía ordenadamente en los estantes y lustre el mostrador». O podríamos expresar la misma idea mostrándole a John los beneficios que obtendrá al realizar la tarea: «John, tenemos un trabajo que debe completarse de inmediato. Si se hace ahora, no tendremos que preocuparnos luego. Mañana traeré a unos clientes para mostrarles nuestras instalaciones.

> Me gustaría enseñarles el almacén, pero está un poco desordenado. Si usted pudiera barrerlo, apilar la mercancía ordenadamente en los estantes y lustrar el mostrador, nos haría parecer eficientes y usted habría hecho su parte para ofrecer una buena imagen de la empresa».

¿Estará John feliz de hacer lo que tú sugieres? Probablemente no, pero sí más feliz que si no le hubieras señalado los beneficios. Asumiendo que sabes que John siente orgullo por el aspecto de su almacén y que le interesa contribuir a la imagen de la compañía, será más probable que se muestre cooperativo. También se le habrá señalado a John que el trabajo habrá que hacerlo tarde o temprano y que, al hacerlo ahora, no tendrá que enfrentarse a él después.

Es ingenuo creer que siempre obtendrás una reacción favorable de las demás personas cuando utilices estos enfoques, pero la experiencia de la mayoría de la gente demuestra que es más probable cambiar actitudes de esta manera que no utilizando estos principios; y si tú aumentas tus éxitos en sólo 10 %, te habrás vuelto un 10 % más eficaz como líder de lo que eras antes, y ése será tu beneficio.

Es más probable que la gente haga lo que tú desearías que hicieran si haces uso del…

◆

PRINCIPIO 9

Haz que la otra persona se sienta feliz de hacer lo que tú sugieres.

◆

◆◆◆

EN RESUMEN...

SÉ UN LÍDER

El trabajo de un líder a menudo incluye cambiar las actitudes y la conducta de su gente. Algunas sugerencias para lograrlo:

PRINCIPIO 1
Empieza con elogios y aprecio honrado y sincero.

PRINCIPIO 2
Llama la atención sobre los errores de los demás de forma indirecta.

PRINCIPIO 3
Habla de tus propios errores antes de criticar los de los demás.

PRINCIPIO 4
Haz preguntas en vez de dar órdenes directas.

PRINCIPIO 5
Permite que la otra persona salve su prestigio.

PRINCIPIO 6
Elogia el más pequeño progreso y, celebra toda mejora. Sé «sincero en tu aprobación y generoso en tus elogios».

PRINCIPIO 7

Atribuye a la otra persona una buena reputación para que se interese en mantenerla.

PRINCIPIO 8

Alienta a la otra persona. Haz que los errores parezcan fáciles de corregir.

PRINCIPIO 9

Haz que la otra persona se sienta feliz de hacer lo que tú sugieres.

◆◆◆

UN ATAJO HACIA LA DISTINCIÓN

Esta información biográfica sobre Dale Carnegie fue escrita como introducción a la edición original de Cómo ganar amigos e influir sobre las personas. *Se reimprime en esta edición para ofrecer a los lectores antecedentes adicionales sobre Dale Carnegie.*

Era una fría noche de enero de 1935, pero el clima no pudo mantenerlos alejados. Dos mil quinientos hombres y mujeres se agolparon en el gran salón de baile del Hotel Pennsylvania en Nueva York. Todos los asientos disponibles estaban ocupados a las siete y media. A las ocho, la ansiosa multitud seguía entrando a raudales. El espacioso balcón pronto estuvo atestado. En poco tiempo, incluso el espacio para estar de pie era un lujo, y cientos de personas, cansadas tras un día de negocios, permanecieron de pie durante una hora y media aquella noche para presenciar… ¿El qué?

¿Un desfile de moda?

¿Una carrera de bicicletas de seis días o una aparición personal de Clark Gable?

No. Estas personas habían sido atraídas allí por un anuncio de periódico. Dos noches antes, habían visto este anuncio a página completa en el *New York Sun* mirándolos directamente:

Aprenda a hablar eficazmente:
prepárese para el liderazgo

¿Lo de siempre? Puede ser, pero, lo creas o no, en la ciudad más sofisticada de la Tierra, durante una depresión con el 20 % de la población recibiendo asistencia pública, dos mil quinientas personas habían dejado sus hogares y se habían apresurado al hotel en respuesta a ese anuncio. Las personas que respondieron pertenecían a los estratos económicos superiores: ejecutivos, empleadores y profesionales.

Estos hombres y mujeres habían venido a escuchar el pistoletazo de salida de un curso ultramoderno y ultrapráctico sobre «Oratoria eficaz e influencia sobre las personas en el mundo de los negocios», un curso impartido por el Instituto Dale Carnegie de Oratoria Eficaz y Relaciones Humanas.

¿Por qué estaban allí estos dos mil quinientos hombres y mujeres de negocios?

¿Debido a una repentina sed de más educación a causa de la depresión?

Aparentemente no, pues este mismo curso había estado llenando salas en la ciudad de Nueva York cada temporada durante los veinticuatro años anteriores. Durante ese tiempo, más de quince mil personas de negocios y profesionales habían sido formadas por Dale Carnegie. Incluso grandes organizaciones escépticas y conservadoras como la Westinghouse Electric Company, la McGraw-Hill Publishing Company, la Brooklyn Union Gas Company, la Cámara de Comercio de Brooklyn, el Instituto Americano de Ingenieros Eléctricos y la New York Telephone Company han hecho que esta formación se imparta en sus propias oficinas para el beneficio de sus miembros y ejecutivos.

El hecho de que estas personas, diez o veinte años después de dejar la escuela primaria, la secundaria o la universidad, vengan y tomen esta formación es un comentario evidente sobre las espantosas deficiencias de nuestro sistema educativo.

¿Qué quieren estudiar realmente los adultos? Ésa es una pregunta importante y, para responderla, la Universidad de Chicago, la Asociación Americana para la Educación de Adultos y las Escuelas Y. M. C. A. realizaron una encuesta durante un período de dos años.

Esa encuesta reveló que el interés principal de los adultos es la salud. También reveló que su segundo interés es desarrollar habilidades en las relaciones humanas: quieren aprender la técnica de llevarse bien con los demás e influir en ellos. No quieren escuchar un montón de charlas rimbombantes sobre psicología; quieren sugerencias que puedan usar inmediatamente en los negocios, en los contactos sociales y en el hogar.

Así que eso era lo que los adultos querían estudiar, ¿verdad?

«Muy bien –se dijeron las personas que hacían la encuesta–. Perfecto. Si eso es lo que quieren, se lo daremos».

Buscando un libro de texto, descubrieron que nunca se había escrito ningún manual de trabajo para ayudar a la gente a resolver sus problemas diarios en las relaciones humanas.

¡Menudo lío! Durante cientos de años se habían escrito volúmenes eruditos sobre griego, latín y matemáticas superiores, temas que al adulto promedio no le importan un bledo. Pero sobre el único tema por el cual tiene sed de conocimiento, una verdadera pasión por recibir orientación y ayuda... ¡Nada!

Esto explicaba la presencia de dos mil quinientos adultos ansiosos abarrotando el gran salón de baile del Hotel Pennsylvania en respuesta a un anuncio de periódico. Aquí, aparentemente, estaba por fin lo que habían estado buscando durante mucho tiempo.

En la escuela secundaria y la universidad, se habían quemado las pestañas sobre los libros, creyendo que el conocimiento por sí solo era el «ábrete sésamo» para las recompensas financieras y profesionales.

Pero unos pocos años en el ajetreo de la vida comercial y profesional les habían traído una aguda desilusión. Habían visto que algunos de los éxitos empresariales más importantes los ganaban hombres que poseían, además de sus conocimientos, la capacidad de hablar bien, de ganar a la gente para su manera de pensar y de «venderse» a sí mismos y a sus ideas.

Pronto descubrieron que, si uno aspiraba a llevar la gorra de capitán y navegar el barco de los negocios, la personalidad y la capacidad de hablar son más importantes que el conocimiento de los verbos latinos o un diploma de Harvard.

El anuncio en el *New York Sun* prometía que la reunión sería sumamente entretenida. Y lo fue.

Dieciocho personas que habían tomado el curso fueron alineadas frente al altavoz, y a quince de ellas se les dio precisamente setenta y cinco segundos a cada una para contar su historia. Sólo setenta y cinco segundos de charla, luego el mazo golpeaba, *¡bang!*, y el presidente gritaba: «¡Tiempo! ¡Siguiente orador!».

El evento se movió con la velocidad de una manada de búfalos atronando a través de las llanuras. Los espectadores permanecieron de pie durante una hora y media para ver la actuación.

Los oradores eran una muestra representativa de la vida: varios representantes de ventas, un ejecutivo de una cadena de tiendas, un panadero, el presidente de una asociación comercial, dos banqueros, un agente de seguros, un contable, un dentista, un arquitecto, un farmacéutico que había venido desde Indianápolis a Nueva York para tomar el curso, y un abogado que había venido desde La Habana para prepararse para dar un importante discurso de tres minutos.

El primer orador llevaba el nombre gaélico de Patrick J. O'Haire. Nacido en Irlanda, asistió a la escuela sólo durante cuatro años, emigró a América, trabajó como mecánico y luego como chófer.

Ahora, sin embargo, tenía cuarenta años, una familia en crecimiento y necesitaba más dinero, así que intentó vender camiones. Sufriendo de un complejo de inferioridad que, como él decía, le «carcomía el alma», tenía que caminar de un lado a otro frente a una oficina media docena de veces antes de poder reunir el valor suficiente para abrir la puerta. Estaba tan desanimado como vendedor que pensaba volver a trabajar con sus manos en un taller mecánico, cuando un día recibió una carta invitándolo a una reunión de organización del curso de Dale Carnegie sobre oratoria eficaz.

No quería asistir. Temía tener que asociarse con un montón de graduados universitarios, que estaría fuera de lugar.

Su desesperada esposa insistió en que fuera, diciendo: «Puede que te haga bien, Pat. Dios sabe que lo necesitas». Bajó al lugar donde se iba a celebrar la reunión y se quedó en la acera durante cinco minutos antes de poder generar suficiente confianza en sí mismo para entrar en la sala.

Las primeras veces que intentó hablar frente a los demás, estaba mareado de miedo. Pero a medida que pasaban las semanas, perdió todo temor a las audiencias y pronto descubrió que le encantaba hablar: cuanto más grande la multitud, mejor. Y también perdió su miedo a los individuos y a sus superiores. Les presentó sus ideas y pronto fue ascendido al departamento de ventas. Se había convertido en un miembro valorado y muy apreciado de su compañía. Aquella noche, en el Hotel Pennsylvania, Patrick O'Haire se paró frente a dos mil quinientas personas y contó una historia alegre y divertida sobre sus logros. Ola tras ola de risas barrió a la audiencia. Pocos oradores profesionales podrían haber igualado su actuación.

El siguiente orador, Godfrey Meyer, era un banquero de cabello gris, padre de once hijos. La primera vez que intentó hablar en clase, se quedó literalmente mudo. Su mente se negó a funcionar. Su historia es una vívida ilustración de cómo el liderazgo gravita hacia la persona que sabe hablar.

Trabajaba en Wall Street y durante veinticinco años había vivido en Clifton, Nueva Jersey. Durante ese tiempo, no había tomado parte activa en los asuntos comunitarios y conocía quizás a quinientas personas.

Poco después de inscribirse en el curso Carnegie, recibió su factura de impuestos y se enfureció por lo que consideraba cargos injustos. Normalmente, se habría sentado en casa a echar humo, o se habría desahogado refunfuñando con sus vecinos. Pero en cambio, se puso el sombrero esa noche, entró en la reunión del ayuntamiento y soltó todo el vapor en público.

Como resultado de esa charla de indignación, los ciudadanos de Clifton, Nueva Jersey, le instaron a presentarse para el consejo municipal. Así que durante semanas fue de una reunión a otra, denunciando el despilfarro y la extravagancia municipal.

Había noventa y seis candidatos en liza. Cuando se contaron los votos, he aquí que el nombre de Godfrey Meyer encabezaba a todos los demás. Casi de la noche a la mañana, se había convertido en una figura pública entre las cuarenta mil personas de su comunidad. Como resultado de sus charlas, hizo ochenta veces más amigos en seis semanas de los que había podido hacer anteriormente en veinticinco años.

Y su salario como concejal significó que obtuvo un retorno del 1 000 % anual sobre su inversión en el curso Carnegie.

El tercer orador, jefe de una gran asociación nacional de fabricantes de alimentos, contó cómo había sido incapaz de ponerse de pie y expresar sus ideas en las reuniones de una junta directiva.

Como resultado de aprender a pensar de pie, sucedieron dos cosas asombrosas. Pronto fue nombrado presidente de su asociación y, en esa capacidad, se vio obligado a dirigir reuniones por todo Estados Unidos. Extractos de sus charlas se pusieron en los cables de Associated Press y se imprimieron en periódicos y revistas comerciales de todo el país.

En dos años, tras aprender a hablar más eficazmente, recibió más publicidad gratuita para su compañía y sus productos de la que había podido conseguir anteriormente con un cuarto de millón de dólares gastados en publicidad directa. Este orador admitió que antes había dudado en telefonear a algunos de los ejecutivos de negocios más importantes de Manhattan para invitarlos a almorzar con él. Pero como resultado del prestigio que había adquirido con sus charlas, estas mismas personas le telefoneaban y le invitaban a almorzar, disculpándose por invadir su tiempo.

La capacidad de hablar es un atajo hacia la distinción. Pone a una persona en el centro de atención, la eleva por encima de la multitud. Y a la persona que puede hablar aceptablemente se le suele dar crédito por una capacidad desproporcionada con respecto a lo que realmente posee.

Un movimiento de educación para adultos ha estado barriendo la nación; y la fuerza más espectacular en ese movimiento fue Dale Carnegie, un hombre que escuchó y criticó más charlas de adultos que cualquier otro hombre en cautiverio. Según una caricatura de Ripley en *Aunque usted no lo crea*, había criticado 150 000 discursos. Si ese gran total no te impresiona, recuerda que es casi equivalente a una charla por cada día que ha pasado desde que Colón descubrió América. O, para ponerlo en otras palabras, si todas las personas que habían hablado ante él hubieran usado sólo tres minutos y hubieran aparecido ante él una tras otra, habría tardado diez meses, escuchando día y noche, para oírlos a todos.

La propia carrera de Dale Carnegie, llena de agudos contrastes, fue un ejemplo sorprendente de lo que una persona puede lograr cuando está obsesionada con una idea original y arde de entusiasmo.

Nacido en una granja de Missouri a dieciséis kilómetros de un ferrocarril, nunca vio un tranvía hasta que tuvo doce años. Sin embargo, para cuando tenía cuarenta y seis, estaba familiarizado con los rincones más lejanos de la Tierra, desde Hong Kong hasta Hammerfest; y en una ocasión, se acercó más al Polo Norte de lo que el cuartel general del Almirante Byrd en Little America estaba del Polo Sur.

Este muchacho de Missouri, que una vez había recogido fresas y cortado abrojos por cinco centavos la hora, se convirtió en el formador altamente pagado de los ejecutivos de grandes corporaciones en el arte de la autoexpresión.

Este antiguo vaquero que una vez había arreado ganado, marcado terneros y recorrido cercas en el oeste de Dakota del Sur, fue más tarde a Londres para organizar espectáculos bajo el patrocinio de la familia real.

Este tipo que fue un fracaso total la media docena de veces que intentó hablar en público se convirtió más tarde en mi gerente personal. Gran parte de mi éxito se ha debido a la formación bajo Dale Carnegie.

El joven Carnegie tuvo que luchar por una educación, pues la mala suerte siempre estaba golpeando la vieja granja en el noroeste de Missouri con placajes y golpes de cuerpo. Año tras año, el río «102» crecía, ahogaba el maíz y se llevaba el heno. Temporada tras temporada, los cerdos gordos enfermaban y morían de cólera, el mercado de ganado y mulas se desplomaba y el banco amenazaba con ejecutar la hipoteca.

Enferma de desánimo, la familia vendió y compró otra granja cerca de la Escuela Normal del Estado en Warrensburg, Missouri. Se podía conseguir alojamiento y comida en la ciudad por un dólar al día, pero el joven Carnegie no podía permitírselo. Así que se quedó en la granja y viajaba a caballo cinco kilómetros hasta la universidad cada día. En casa, ordeñaba las vacas, cortaba la leña, alimentaba a los cerdos y estudiaba sus verbos latinos a la luz de una lámpara de queroseno hasta que se le nublaban los ojos y empezaba a cabecear.

Incluso cuando se acostaba a medianoche, ponía la alarma para las tres de la mañana. Su padre criaba cerdos Duroc-Jersey de pedigrí, y existía el peligro, durante las noches de frío intenso, de que los lechones murieran congelados: así que los ponían en una cesta, los cubrían con un saco de arpillera y los colocaban detrás de la estufa de la cocina. Fieles a su naturaleza, los cerdos exigían una comida caliente a las tres de la mañana. Así que cuando sonaba la alarma, Dale

Carnegie salía a rastras de las mantas, llevaba la cesta de cerdos a su madre, esperaba a que mamaran y luego los traía de vuelta al calor de la estufa de la cocina.

Había seiscientos estudiantes en la Escuela Normal del Estado, y Dale Carnegie era uno de la media docena aislada que no podía permitirse el alojamiento en la ciudad. Se avergonzaba de la pobreza que le hacía necesario volver a caballo a la granja y ordeñar las vacas cada noche. Se avergonzaba de su abrigo, que le quedaba demasiado apretado, y de sus pantalones, que eran demasiado cortos. Desarrollando rápidamente un complejo de inferioridad, buscó algún atajo hacia la distinción. Pronto vio que había ciertos grupos en la universidad que gozaban de influencia y prestigio: los jugadores de fútbol y béisbol y los tipos que ganaban los concursos de debate y oratoria.

Al darse cuenta de que no tenía talento para el atletismo, decidió ganar uno de los concursos de oratoria. Pasó meses preparando sus charlas. Practicaba mientras iba sentado en la silla de montar galopando hacia la universidad y de regreso; practicaba sus discursos mientras ordeñaba las vacas; y luego se subía a un fardo de heno en el granero y con gran gusto y gestos arengaba a las asustadas palomas sobre los temas del día.

Pero a pesar de toda su seriedad y preparación, se encontró con derrota tras derrota. Tenía dieciocho años en ese momento, era sensible y orgulloso. Se desanimó tanto, se deprimió tanto, que incluso pensó en el suicidio. Y entonces, de repente, comenzó a ganar; no un concurso, sino todos los concursos de oratoria en la universidad.

Otros estudiantes le suplicaron que los entrenara; y ellos también ganaron.

Después de graduarse de la universidad, comenzó a vender cursos por correspondencia a los rancheros entre las colinas de arena del oeste de Nebraska y el este de Wyoming. A pesar de toda su energía y entusiasmo ilimitados, no pudo lograrlo. Se desanimó tanto que fue a su habitación de hotel en Alliance, Nebraska, a mitad del día, se tiró sobre la cama y lloró de desesperación. Anhelaba volver a la universidad, anhelaba retirarse de la dura batalla de la vida; pero no podía. Así que resolvió ir a Omaha y conseguir otro trabajo. No tenía dinero para un billete de tren, así que viajó en un tren de carga, alimentando y dando agua a dos vagones de caballos salvajes a cambio de su pasaje. Después de aterrizar en el sur de Omaha, consiguió un trabajo vendiendo tocino, jabón y manteca para Armour and Company. Su territorio estaba arriba, entre las tierras baldías y el territorio de vaqueros e indios del oeste de Dakota del Sur. Cubría su territorio en tren de carga, diligencia y a caballo, y dormía en hoteles pioneros donde la única partición entre las habitaciones era una sábana de muselina. Estudió libros sobre ventas, montó broncos salvajes, jugó al póquer con los indios y aprendió a cobrar dinero. Y cuando, por ejemplo, un tendero del interior no podía pagar en efectivo el tocino y los jamones que había pedido, Dale Carnegie tomaba una docena de pares de zapatos de su estante, vendía los zapatos a los ferroviarios y enviaba los recibos a Armour and Company.

A menudo recorría en un tren de carga ciento sesenta kilómetros al día. Cuando el tren se detenía para descargar mercancía, corría al centro, veía a tres o cuatro comerciantes, conseguía sus pedidos; y cuando sonaba el silbato, corría calle abajo de nuevo a toda velocidad y saltaba al tren mientras este se movía.

En dos años, había tomado un territorio improductivo que ocupaba el vigésimo quinto lugar y lo había impulsado al primer lugar entre todas las veintinueve rutas de vagones que salían del sur de Omaha. Armour and Company se ofreció a ascenderlo, diciendo: «Has logrado lo que parecía imposible». Pero él rechazó el ascenso y renunció, fue a Nueva York, estudió en la Academia Americana de Artes Dramáticas y recorrió el país interpretando el papel del doctor Harley en *Polly of the Circus*.

Nunca sería un Booth o un Barrymore. Tuvo el buen sentido de reconocerlo. Así que volvió al trabajo de ventas, vendiendo automóviles y camiones para la Packard Motor Car Company.

No sabía nada de maquinaria y no le importaba nada. Terriblemente infeliz, tenía que fustigarse a sí mismo para realizar su tarea cada día. Anhelaba tener tiempo para estudiar, para escribir los libros que había soñado escribir en la universidad. Así que renunció. Iba a pasar sus días escribiendo historias y novelas y a mantenerse enseñando en una escuela nocturna.

¿Enseñando qué? Al mirar atrás y evaluar su trabajo universitario, vio que su formación en oratoria había hecho más para darle confianza, valor, aplomo y la capacidad de conocer y tratar con la gente en los negocios que todo el resto de sus cursos universitarios juntos. Así que instó a las escuelas de la Y. M. C. A. en Nueva York a darle la oportunidad de impartir cursos de oratoria para gente de negocios.

¿Que qué? ¿Hacer oradores de la gente de negocios? Absurdo. La gente de la Y. M. C. A. lo sabía. Habían intentado tales cursos, y siempre habían fracasado. Cuando se negaron a pagarle un salario de dos dólares por noche, acordó enseñar a comisión y tomar un porcentaje de las ganancias netas, si es que había alguna ganancia que tomar. Y en tres años le estaban pagando treinta dólares por noche sobre esa base, en lugar de dos.

El curso creció. Otras «Y» oyeron hablar de él, luego otros críticos. Dale Carnegie pronto se convirtió en una especie de conferenciante itinerante glorificado cubriendo Nueva York, Filadelfia, Baltimore y más tarde Londres y París. Todos los libros de texto eran demasiado académicos y poco prácticos para la gente de negocios que acudía en masa a sus cursos.

Debido a esto, escribió su propio libro titulado *Cómo hablar en público e influir en los hombres de negocios*. Se convirtió en el texto oficial de todas las Y. M. C. A., así como de la Asociación Americana de Banqueros y la Asociación Nacional de Hombres de Crédito.

Dale Carnegie afirmaba que todas las personas pueden hablar cuando se enfadan. Decía que si golpeas al hombre más ignorante de la ciudad en la mandíbula y lo derribas, se pondrá de pie y hablará con una elocuencia, calor y énfasis que habrían rivalizado con el mundialmente famoso orador William Jennings Bryan en el apogeo de su carrera. Afirmaba que casi cualquier persona puede hablar aceptablemente en público si tiene confianza en sí misma y una idea que está hirviendo y cocinándose en su interior.

La manera de desarrollar la confianza en uno mismo, decía, es hacer lo que temes hacer y obtener un historial de experiencias exitosas a tus espaldas. Así que obligaba a cada miembro de la clase a hablar en cada sesión del curso. La audiencia es comprensiva. Todos están en el mismo barco y, mediante la práctica constante, desarrollan un valor, una confianza y un entusiasmo que se trasladan a su oratoria privada.

Dale Carnegie te diría que se había ganado la vida todos estos años no enseñando oratoria –porque eso había sido incidental– sino que lo había hecho ayudando a la gente a conquistar sus miedos y desarrollar valor.

Comenzó al principio impartiendo simplemente un curso de oratoria, pero los estudiantes que venían eran hombres y mujeres de negocios. Muchos de ellos no habían visto el interior de un aula en treinta años. La mayoría pagaba su matrícula a plazos.

Querían resultados y los querían rápido: resultados que pudieran usar al día siguiente en entrevistas de negocios y al hablar ante grupos.

Así que se vio obligado a ser rápido y práctico. En consecuencia, desarrolló un sistema de formación que es único: una sorprendente combinación de oratoria, ventas, relaciones humanas y psicología aplicada.

Esclavo de ninguna regla rígida, desarrolló un curso que es tan real como el sarampión, y el doble de divertido.

Cuando las clases terminaron, los graduados formaron clubes propios y continuaron reuniéndose quincenalmente durante años.

Un grupo de diecinueve en Filadelfia se reunió dos veces al mes durante la temporada de invierno durante diecisiete años. Los miembros de la clase frecuentemente viajan ochenta o ciento sesenta kilómetros para asistir a las clases. Un estudiante solía viajar cada semana desde Chicago a Nueva York.

El profesor William James de Harvard solía decir que la persona promedio desarrolla sólo el 10 % de su capacidad mental latente. Dale Carnegie, al ayudar a los hombres y mujeres de negocios a desarrollar sus posibilidades latentes, creó uno de los movimientos más significativos en la educación de adultos.

LOWELL THOMAS, 1936

ACERCA DEL AUTOR

Dale Carnegie, conocido como «el gran sacerdote del arte de hacer amigos», fue un pionero en el desarrollo de habilidades empresariales interpersonales, la confianza en uno mismo y las técnicas de motivación. Sus libros –en particular *Cómo ganar amigos e influir sobre las personas*– han vendido decenas de millones de ejemplares en todo el mundo y, aún en el cambiante clima actual, siguen siendo tan populares como siempre.

ÍNDICE